"课程思政"建设探索教材

校企"双元"合作教材

新时代新理念职业教育教材·铁道运输类

行业紧缺人才、关键岗位从业人员培训教材

铁路客运设备设施

袁绍东　刘　涛　张万成　主编

北京交通大学出版社

·北京·

内 容 简 介

　　本书根据职业教育改革精神进行编写，是高校教师与铁路企业专家联合编写的校企"双元"合作教材。本书贯彻立德树人根本任务，遵循"课程思政"建设精神的要求，将"思政"元素与专业知识、技能融为一体。本书共分 5 个项目，分别为铁路设备设施基础认知、铁路车站客运设备设施认知、普速客运列车认知、高速动车组认知、站车移动设备认知。本书图文并茂、系统全面，适合作为职业教育铁道运营管理、高速铁路客运服务等专业的教材。

图书在版编目（CIP）数据

铁路客运设备设施 / 袁绍东，刘涛主编. —北京：北京交通大学出版社，2023.7
ISBN 978-7-5121-4967-0

Ⅰ. ① 铁…　Ⅱ. ① 袁…　② 刘…　Ⅲ. ① 铁路运输－旅客运输－机械设备
Ⅳ. ① U293

中国国家版本馆 CIP 数据核字（2023）第 099197 号

铁路客运设备设施
TIELU KEYUN SHEBEI SHESHI

策划编辑：刘　辉　　责任编辑：刘　辉
出版发行：北京交通大学出版社　　　　电话：010-51686414　　　http://www.bjtup.com.cn
地　　址：北京市海淀区高粱桥斜街 44 号　　邮编：100044
印 刷 者：三河市华骏印务包装有限公司
经　　销：全国新华书店
开　　本：185 mm×260 mm　　印张：11.5　　字数：289 千字
版 印 次：2023 年 7 月第 1 版　　2023 年 7 月第 1 次印刷
印　　数：1～3 000 册　　定价：49.80 元

本书如有质量问题，请向北京交通大学出版社质监组反映。对您的意见和批评，我们表示欢迎和感谢。
投诉电话：010-51686043，51686008；传真：010-62225406；E-mail：press@bjtu.edu.cn。

铁路客运设备设施是铁道交通运营类专业的专业基础课。

本书根据职业教育改革精神进行编写，是高校教师与铁路企业专家联合编写的校企"双元"合作教材。本书贯彻立德树人根本任务，遵循"课程思政"建设精神的要求，将"思政"元素与专业知识、技能融为一体。本书共分 5 个项目，分别为铁路设备设施基础认知、铁路车站客运设备设施认知、普速客运列车认知、高速动车组认知、站车移动设备认知。本书图文并茂、系统全面，适合作为铁道交通运营管理、高速铁路客运服务等专业的教材。

本书具有以下特点。

（1）本书在"国家职业教育改革实施方案"精神的指引下，根据《职业教育专业简介》（2022 年修订）、《职业学校专业教学标准》等规范进行编写，职业院校学生通过阅读本书，将客运设备设施知识与客运服务职业技能进行融合，以提高就业、创业本领。

（2）本书贯彻立德树人根本任务，将"思政"教育和客运设备设施专业知识传授进行融合。在传授专业知识、技能的过程中，完成对学生社会主义人生观、价值观、世界观的塑造。

（3）本书是校企"双元"合作教材，由职业院校一线教师与铁路企业一线专家联合编写。

本书由袁绍东、刘涛、张万成担任主编，具体编写分工如下：袁绍东编写项目 1，刘涛编写项目 2，张万成编写项目 3，韩磊编写项目 4、项目 5。

由于编者水平有限，本书不足之处在所难免，恳请广大读者批评、指正。索取本书相关教学资源，可与出版社编辑刘辉联系（cbslh@jg.bjtu.edu.cn;QQ39116920）。

编　者
2023 年 7 月

目录

铁路设备设施基础认知

项目描述

　　铁路设备设施体系复杂、价格昂贵。铁路设备设施是国家重要的基础设施。高速铁路因技术等级高等原因，其设备设施的科技含量和单位价值往往更高。

　　本项目对铁路设备设施特别是高速铁路设备设施的基础知识进行了介绍，使学生对铁路客运设备设施课程有整体认知，方便制订课程学习规划。

项目导入

"一带一路"与中国铁路互相助力

　　基础设施是互联互通的基石，中国铁路积极为"一带一路"倡议服务。铁路运输比公路运输承载量大，并且更安全；比航空运输节省80%的成本，比远洋运输节省一半的时间。以铁路为例，纵观近6年来共建"一带一路"的成就：与沿线相关国家共同加速推进亚吉铁路、蒙内铁路、中老铁路、中泰铁路等项目，中欧、中俄、中亚国际集装箱运输形成班列规模化运输。随着独具中国特色的货物通过"钢铁"丝路，奔向"一带一路"的沿线各国，全球的物流发展格局已然发生变化。中国商务部统计数据显示，目前中国境外经贸合作区累计投资已经接近400亿美元，这些园区为东道国贡献了30多亿美元的税费、30多万个就业岗位。世界银行的研究显示，通过加强基础设施（特别是铁路设施）联通，"一带一路"合作将显著减少货运时间和贸易成本。其中，经济走廊沿线国家获益最大，货运时间最多可降低11.9%，贸易成本最多可降低10.2%。这充分印证了以铁路设施为代表的基础设施联通有效地促进了贸易畅通。

　　在"一带一路"的框架下，"硬件"联通在对接沿线各国发展战略的同时，也为中国铁路带来新机遇。首先，加快铁路货运的发展有助于建立完善的运营体系和提高自身的物流服务能力。其次，带动中国制造实质性地走出国门，实现合作共赢。以中欧班列为例，自2011年开行以来，中欧班列快速发展，数量呈现井喷式增长，到2019年3月底，中欧班列累计开行数量超过1.4万列。中欧班列成为"新丝绸之路经济带"沿线国家间经济往来的"使者"，架起了经济交流的便利桥梁。最后，有助于中国铁路在与国际交流的同时与时俱进，不断创新。虽然我国高铁飞速发展，总里程与运营时速双双跃居世界第一，但应当明确的是，创新才是引领发展的第一动力。我们只有借助"一带一路"倡议的契机，进行技术装备的再研发，再创新，才能真正使中国铁路立于世界之林而不败。

　　"一带一路"倡议顺应了合作共赢的时代潮流，"一带一路"与铁路设施建设相辅相成，互相助力。铁路作为货运的重要载体向着"一带一路"的方向延伸，成为构建人类命运共同体的幸福纽带。在"一带一路"倡议下，铁路面临前所未有的机遇，将迎来更大的发展！

（改编自 2019 年 5 月 31 日人民网文章《一带一路与中国铁路互相助力》，作者于洋）

点拨要点、领会精髓：

（1）生产力是社会成员共同改造自然、改造社会的能力。生产关系是劳动者在生产过程中所结成的相互关系。马克思主义认为生产力决定生产关系，生产关系对生产力具有反作用。

（2）习近平新时代中国特色社会主义经济思想继承和发展了马克思主义经济思想，强调坚持解放和发展社会生产力；创新是引领发展的第一动力；使创新成果更快转化为现实生产力。

（3）铁路设备设施的发展是生产力进步的重要体现，铁路基础设施是人类生产力的重要表现形式。重视铁路设备设施的研发、生产，加快铁路基础设施的开发、建设，对于构建人类命运共同体具有重要意义。

任务 1.1　铁路设备设施概述

🔊 **知识目标**

（1）了解铁路设备设施的特点；

（2）了解铁路设备设施的作用。

📇 **能力目标**

通过对铁路设备设施的特点与作用的学习，建立对铁路系统的宏观认识。

📔 **素质目标**

（1）了解铁路设备设施的特点及作用等知识；

（2）树立爱国主义情怀，激发民族自信心。

人类为了生产和生活的需要，从利用人力、畜力、水力、风力等进行搬运开始，逐步发展到利用各种现代交通运输设备设施。铁路设备设施作为现代交通设备设施之一，是国家重要的基础设施。铁路设备设施的设计研发、生产制造、运营维护水平代表了一个国家的工业水平、科技实力，以及文明程度。

1.1.1　铁路设备设施的特点

铁路运输是以固定轨道作为运输线路，由机车车辆运送旅客和货物的运输方式。铁路运输设备设施具有以下特点。

1. 体系庞大、协同运作

铁路运输大规模、高度集中的特点，要求庞大、复杂的铁路运输设备必须紧密联系、协同配合。

我国铁路运输生产过程是在全国纵横交错的铁路网上进行的。截至 2022 年，我国铁路运营里程达到 15.5 万 km，其中高铁 4.2 万 km。在我国的铁路网上，有几千个车站、几百万职工，配备了大量的技术设备，并设有运输、机车、车辆、工务、电务、供电、给水、信息等业务部门，每天有上万台机车和几十万辆车辆编成数以千计的各种列车及动车组列车，在四通八达的铁路线上昼夜不停地运行。同时，铁路运输的作业环节多且复杂，要求各单位和各工种间积极配合、紧密联系、协同运作，要像一架庞大的联动机，环环紧扣，有节奏地运行。为此，在铁路运输组织工作中必须贯彻高度集中、统一指挥的原则。

2. 社会经济综合效益好

1）运量大

运量大主要体现为单列客运列车能运送几百到上千名旅客，单列货物列车能运送几千吨货物，如果是重载货物列车则可以运送上万吨货物（目前我国的"大秦"铁路已经开行两万吨重载货物列车）。

2）速度快

以机车为代表的铁路运输设备设施带来了 100 km/h 以上的速度，城际、客运专线旅客列车速度则可达 200～350 km/h；铁路货物列车的速度也普遍在 80 km/h 以上。

3）安全、准时、可靠

铁路设备设施的运行基本上不受气候条件的影响，一年四季可以不分昼夜地进行运用。可靠的安全行车设施和保证安全的规章制度，使铁路运输设备设施具有安全、准时、可靠的特点。

铁路设备设施安全、准时、可靠的特点在这一过程中得到了展现。在特殊情况下，铁路设备设施具有其他交通运输设备设施所不具备的优点，发挥不可替代的作用。

3. 建设周期长，价格昂贵

铁路运输设备设施存在建设周期长、初期投资大的问题。在铁路施工过程中，修建路基、架桥、开凿隧道及铺设轨道都需要大量的钢铁、水泥、木材及各种设备等，还要完成大量的土石方工程。铁路机车、车辆的单体设备价值也达到了上百万，甚至上千万。因而铁路从开始修建到投入运营的时间周期较长、初期投资也较大。

1.1.2   铁路设备设施的作用

铁路是国民经济的命脉，国民经济发展的规模和速度在很大程度上是以铁路运输的发展为前提条件的。铁路运输也是流通领域的支柱，它是沟通工农业、城乡、地区、企业之间经济活动的纽带，是面向社会为公众服务的公用事业，是对国民经济和社会发展具有全局性、先行性影响的基础行业。

铁路设备设施中的路网，像是遍布中国大地的脉络，把全国连成一个统一的整体，为团结各族人民，提高人民群众的生活水平发挥着重要作用。铁路设备设施是发展社会主义市场经济和实现工农业现代化的先导。铁路在巩固国防、实现国防现代化方面具有重要作用，其在某些方面的作用是用经济尺度所不能衡量的。

在我国综合交通运输体系中，铁路设备设施承担了主要的大宗和长距离货物运输任务，在交通运输网络中起着重要的支撑作用。另外，铁路设备的制造水平，代表了一个国家的工业现代化水平。铁路设备设施的作用主要表现如下。

1. 社会作用

铁路设备设施对社会的发展具有重要的作用。

（1）每一次新的、革命性的运输设备设施及其对应交通方式的出现，都推动了社会的进步。近代铁路的出现，导致工业布局和城市发展由沿江、沿海向内陆转移，铁路设备设施伴随人类文明的发展，不断推陈出新，以适应和推动社会的进步。

（2）铁路设备设施的设计与制造，必须满足社会发展的需要，是社会生产、生活的重要组成部分，其生产与制造不仅可创造巨大的物质财富，而且可以解决大量就业与消费等社会问题。

（3）现代化的铁路设备设施，必须不间断地、不分昼夜与季节地、全天候地从事正常运输，其是与国家政治、经济休戚相关的，当遇到非常时期，发生灾害（如地震、洪水、大火、海啸等）、战争或国家财产受到威胁时，铁路相关设备都会被用来进行紧急救援，恢复社会正常秩序。此时，铁路设备设施这种超越经济作用的社会公益作用会显得更为突出。

2. 经济作用

铁路设备设施的经济作用十分明显。

（1）各种设备设施的研制与生产可以产生巨大的经济效益。铁路设备设施装备制造业是国民经济的重要战略性产业。

（2）各种铁路设备设施在完成客货运输任务时，自身所创造的经济价值也是十分可观的。

（3）当国民经济失调而需要调整或治理整顿时，铁路设备设施作为国家宏观调控工具的作用会显得更加突出，如抢运煤炭、进行全国性的粮食调运等。

（4）铁路设备设施及其对应的交通方式，在促进地区经济合理布局、协调发展方面作用显著，在形成运输大通道、扶持若干跨地区的重点产业带、优化生产力布局、优化资源配置、减少重复浪费等方面，都起到重要的促进作用。

铁路设备设施是国民经济的重要基础设施，是制约经济与社会发展的一个重要因素。

交通强国，铁路先行，铁路设备设施的发展、进步必不可少，它是保持国民经济长期、持续、稳定、协调发展的重要物质基础。

3. 军事国防作用

铁路设备设施不仅是国防的后备力量，战时还是必要的军事设施。铁路设备设施是否先进，布局是否合理，保障是否有力，支援是否及时，关系到国家安危、民族存亡，绝非用经济尺度所能衡量的。

4. 其他作用

铁路设备设施还是实现国际交流的重要桥梁和纽带，能促进各国之间物质交流、经济发展和人民之间的友好往来，是经济全球化的重要保证。中国铁路是实施"一带一路"倡议的重要纽带，甚至是不可或缺的硬件保障。通过中国高速铁路的国际领先技术，不仅可以提升交流和沟通的效率，拓展"一带一路"倡议的纵深，更能有效地连接"一带一路"倡议沿线的国家和地区，把"一带一路"倡议所涉及的区域用铁路这种特殊的形式连接起来，形成一个统一的超级市场，互通有无，提升市场化程度，实现经济发展的"多赢局面"。

任务 1.2　高速铁路客运设备设施概述

📢 知识目标

（1）了解我国高速铁路的技术突破；

（2）掌握高速铁路客运设备设施的基础知识。

📇 **能力目标**

能够认识高速铁路的发展历程。

📖 **素质目标**

通过了解高速铁路发展现状，树立铁路职业意识和职业自豪感。

1.2.1　高速铁路的发展历程

随着交通运输业进入现代化、多样化的发展阶段，铁路受到公路、航空等其他运输方式的挑战。在一段时间内，铁路在速度上不再具有优势，在长途运输领域受到航空运输的排挤，在中、短途运输领域几乎被汽车运输取代，铁路一度沦落为"夕阳产业"，在竞争中居于被动，这就迫使人们寻找铁路发展的新途径。人们逐渐认识到在客运方面提高铁路运行速度的重要性，通过提高列车运行速度进而把铁路的发展推向新的阶段。

为此，从 20 世纪初至 20 世纪 50 年代，德国、法国、日本等国家先后开展了大量的有关高速列车的理论研究和试验工作。1955 年 3 月，法国用 2 台电力机车牵引 3 辆客车的试验速度达到了 331 km/h，创造了高速铁路运行速度的新纪录。1964 年，世界上首条投入商业运营的高速铁路在日本诞生，列车运营速度达 210 km/h。

高速铁路技术在 20 世纪 60 年代进入了应用阶段，1964 年，日本新干线成功地实现了商业运营，世界客运铁路的发展进入了高速时代。1981 年，法国建成了最高速度为 270 km/h 的 TGV 东南线，它的修建开辟了一条以低造价建造高速铁路的新途径，把高速铁路的发展推向了一个新台阶。在日本、法国修建高速铁路取得成效的基础上，世界上掀起了建设高速铁路的高潮，德国、意大利、西班牙等国家相继发展了不同类型的高速铁路，且列车运行速度不断刷新。

高速铁路是一项重大技术成就，它集中反映了一个国家铁路牵引动力、线路结构、高速运行控制、高速运输组织和经营管理等方面的技术进步，也体现了一个国家的科技和工业水平。高速铁路是社会经济发展和运输市场竞争的需要，它促进了地区经济的发展和城市化进程，在经济发达、人口密集地区的经济效益和社会效益尤为突出。

1.2.2　我国高速铁路设备设施

高速铁路设备设施是多种高新技术的系统集成，融合了交流传动技术、复合制动技术、高速转向架技术、高强轻型材料与结构技术、减阻降噪技术、密封技术、现代控制与诊断技术等一系列当代最新科技成果。我国高速铁路设备设施主要由六部分构成，分别是高速铁路线路设备、高速铁路车站设备、高速铁路动车组设备、高速铁路牵引动力和供电系统设备、高速铁路信号与控制系统设备、高速铁路通信设备。这六部分设备在高速铁路的运营中发挥着各自的作用。

我国高速铁路涉及的铁路技术突破如下。

1. 工程建造技术

路基——突破了地基处理、路基填筑、线下构筑物刚度均匀化等技术难题，实现了路基沉降、变形可控。

无砟轨道——突破了与信号轨道电路适应性、大跨度桥梁上变形控制等技术难题，掌握了无砟轨道大规模应用、设计、制造、施工、精调等成套技术。

桥梁——突破了900 t双线整孔箱梁制、运、架，大跨高墩等一批新桥梁技术难题，实现了工厂化、机械化快速施工。如武汉天兴洲长江大桥（见图1-1）为四线铁路、六车道公路的公铁两用桥，主桥为双塔三索面斜拉桥；南京大胜关长江大桥（见图1-2）为六线铁路桥，主桥为连续钢桁拱桥，它们都是在桥梁技术获得突破后，结出的硕果。

图1-1　武汉天兴洲长江大桥

图1-2　南京大胜关长江大桥

隧道——突破了艰险山区、复杂地质、江河水下修建隧道等技术难题，实现了高速列车隧道内时速350 km的安全运行和交会。

客运枢纽——突破了过去交通方式分治、换乘不便难题，出现了高速铁路、城市轨道、公共汽车、出租车乃至航空等多种交通方式融合的立体化、现代化客运综合交通枢纽。

高速铁路、城际铁路、城市轨道、公共汽车、出租车及航空紧密衔接的国际一流的现代化大型综合交通枢纽——上海虹桥综合交通枢纽如图1-3所示。

图1-3　上海虹桥综合交通枢纽

牵引供电——突破了抗拉强度高、导电性能好的接触线与承力索技术，建立了接触网-受电弓耦合仿真系统平台，掌握了36~40 kN大张力接触网设计、施工技术，实现了时速350 km动车组重联双弓安全运行。

精密控制测量——突破了轨道空间几何毫米级精度控制难题，构建了勘测、施工、线形维护"多网合一"的精密测量控制网，实现了轨道的精确定位和构筑物变形监控。

2. 动车组技术

中国铁路建立了时速250 km、350 km和350 km以上动车组技术体系；研制了座、卧、货、16辆长编组等动车组系列产品，以适应不同运营条件；掌握了动车组设计、制造关键技术，具有自主知识产权。

"和谐号"CRH380新一代高速动车组在低阻力流线型头型、高气密强度和气密性车体、振动模态系统匹配、安全可靠的高速转向架、先进的噪声控制、高性能的牵引系统、高速双弓受流性能、安全环保的制动系统和人性化的旅客服务界面等方面取得了新突破。

2012年，中国标准动车组"复兴号"正式启动研发。2017年6月25日，中国标准动车组被正式命名为"复兴号"，并于26日在京沪高铁正式双向首发；2018年7月1日起，全国铁路实行新的列车运行图，16辆长编组"复兴号"动车组首次投入运营。

中国标准动车组，英文代号为CR，是我国自主研制、具有完全自主知识产权、达到世界先进水平的动车组列车，其中，由CR400系列担当的部分车次是世界上运营时速最高的动车组列车。

2020年10月，中国中车股份有限公司时速250 km、350 km货运动车组研发完成，样车于2020年12月23日正式下线。

3. 列车运行控制技术

中国铁路研发、装备了适用于既有线提速和新建时速250 km高速铁路的CTCS-2级列车运行控制系统、适用于新建时速大于250 km高速铁路的CTCS-3级列车运行控制系统。CTCS-3级列车运行控制系统可实现最小追踪间隔3 min，兼容CTCS-2级列车运行控制系统，实现了时速250 km、350 km两个速度等级高速列车的跨线运行。

4. 系统集成与运营管理技术

中国高速铁路建立了集成技术标准和管理体系，把联调联试及试运行等技术要素与建设及运营有机衔接起来，实现了高速铁路各子系统的集成与优化。中国高速铁路系统技术接口示意图如图1-4所示。

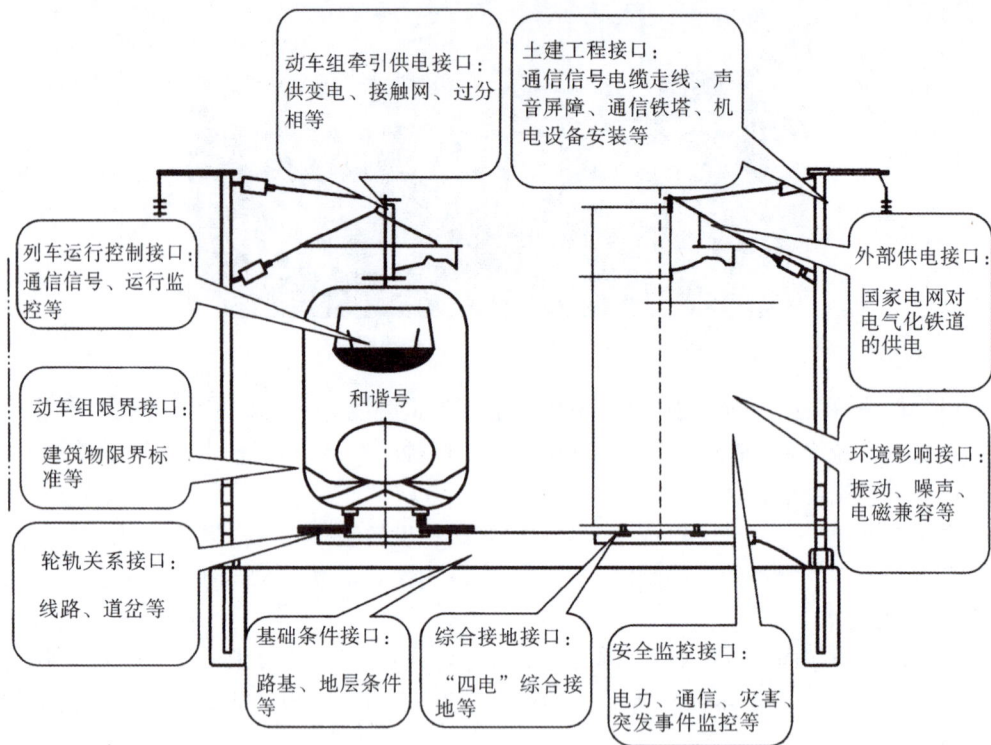

图1-4　中国高速铁路系统技术接口示意图

此外，中国铁路还研制、应用了高速综合检测列车，对线路轨道、接触网、通信信号等固定设施进行动态综合检测。建设了北京、上海等多个动车组检修基地和一批运用所，运用先进的检修工艺、设备对动车组进行检修。

高速铁路构建的快速客运网，将连接中国所有省会城市，覆盖全国90%以上的人口，实现"人便其行、货畅其流、服务优质"的目标。

1.2.3　高速铁路客运设备设施

高速铁路客运设备设施指与客运作业直接相关的设备设施，主要涉及高速铁路车站客运设备设施、动车组列车客运设备设施、站车移动设备。本书对高速铁路客运设备设施的介绍也从以上三个方面展开。高速铁路线路设备设施、高速铁路牵引供电设备设施、高速铁路信号与控制设备设施、高速铁路通信设备设施等可参考其他书籍的相关内容。

项目 2

铁路车站客运设备设施认知

📝 项目描述

　　铁路车站是铁路运输的基层单位，主要办理铁路旅客和货物运输作业。此外，铁路车站还办理列车接发、会让、越行、解体、编组，以及机车的摘挂和车辆的检修等与列车运行相关的作业。

　　本项目对铁路车站与铁路枢纽进行具体介绍。

🚩 项目导入

"农民车站"创新服务为农民

　　阜阳站站前广场高楼顶部，竖着一块华东地区最大的列车时刻表。站在百米之外，旅客也能清楚地看到自己所乘车次的信息。

　　安徽省阜阳市是我国五大务工人员输出地之一，阜阳站因此成为全国闻名的客流集散地。在春运期间，阜阳站创新春运组织方式，合理配置车站设备设施，实现了"和谐春运"的目标。

　　旅客走得轻松，职工干得从容。

　　每年春运，阜阳站到达旅客都超过百万人次，其中返乡务工旅客占九成。

　　大部分返乡务工人员，节后仍将继续外出寻找工作，其流量、流向、出行时间均存在不确定性，这加大了客流预测和车站设备设施调整的难度。

　　阜阳站为"便民、利民、惠民"，不断进行服务创新，运用车站客运设备设施，热忱为务工旅客服务。

　　铁路售票是社会广泛关注的热点问题。务工旅客普遍对手机购票、网络购票方式不够熟悉，为方便务工旅客购票，阜阳站创新售票组织方式，通过提供返程票预订服务，锁定客流；将售票机具架设进厂，服务客流；在车站建筑内分区售票，方便客流；在售票大厅细分窗口，引导客流。

　　为方便广大旅客尽早安排出行计划，阜阳站充分利用当地电视、广播、网络、报纸等媒体资源，多渠道对外发布客票信息。他们在售票大厅利用大型电子显示屏滚动公布售票信息。该站将购票区划分为预售票区、当日票区。在各售票区内，他们再将窗口细分为杭甬、上海、广东、北京、其他 5 个方向，分设学生、军人和残疾人等售票专窗。

　　乘降组织科学化，是阜阳站搞好春运工作的又一亮点。在候车组织上，他们按照"限时检票，三品检查；色彩引导，分向集结；图声提示，梯次候车"的做法，让旅客及时到指定区域候车，确保候车有序。在进站组织上，他们按照"统一指挥，专人带队；严格验票，分段截流；天桥隔离，分口进站"的做法，确保旅客不上错车，不拥挤，不冲击列车。

近年来，从阜阳站乘车外出的务工旅客走得轻松，铁路职工干得从容。许多务工旅客感慨地说："购票越来越方便，进站候车顺畅，上车走得愉快。出门坐火车，省时省钱。"铁路职工则欣喜地说："今年带病坚持工作的人少了，超负荷加班加点的人少了，嗓子嘶哑的人也少了。"

点拨要点、领会精髓：

（1）我国坚持以人民为中心的发展思想，坚持发展为了人民、发展依靠人民、发展成果由人民共享，致力于实现共同富裕，不断增强人民群众的获得感、幸福感、安全感。

（2）铁路设备设施建设、使用、维护的目的是服务广大旅客，以人为本是铁路设备设施建设、管理的出发点。无论是竖立大型列车时刻表、售票机具架设进厂、购票设施合理分区，还是在乘降组织上进行"色彩引导、图声提示"，铁路企业以旅客的利益为出发点，不断改进设备设施的管理、运用水平，其目的是方便旅客出行，提升旅客乘坐火车出行的获得感、幸福感、安全感。

任务 2.1　铁路车站概述

知识目标

（1）掌握车站的概念；

（2）了解车站的分类；

（3）掌握车站等级的划分标准；

（4）了解车站的工作量指标；

（5）掌握高速铁路车站的分类；

（6）掌握高速铁路车站的业务特点；

（7）了解高速铁路车站站房及附属设施。

能力目标

能够对铁路车站设备设施的布局有深入的认识。

素质目标

通过对铁路车站基础知识的学习，树立铁路职业意识。

2.1.1　铁路车站的概念、分类和等级

1. 车站的概念

车站是铁路部门进行运输生产活动的基本单位，其不仅办理客、货运业务，而且办理与列车运行有关的各项技术作业，同时也是铁路运输、机务、工务、电务及车辆部门进行各项作业的主要地点。

北京站站前广场如图2-1所示，上海虹桥站站台如图2-2所示，广州站春运场景如图2-3所示，香港西九龙站内部场景如图2-4所示。

图 2-1　北京站站前广场

图 2-2　上海虹桥站站台

图 2-3　广州站春运场景

图 2-4　香港西九龙站内部场景

2. 车站的分类

1）按业务性质分

车站按业务性质可分为客运站、货运站、客货运站、非营业站。

（1）客运站。客运站是专门从事客运业务的车站，如我国重要的高铁枢纽站——南京南站（见图 2-5）。客运站主要办理售票、行李包裹运送、随身携带品寄存、旅客上下车等客运业务，以及旅客列车终到、始发、技术检查等行车工作和客车整备等作业。客运站的主要设备有站房、站台、到发线等。办理大量旅客列车始发、终到作业的客运站，还需设置供客车检修、清洗等作业使用的客车整备场。

（2）货运站。货运站是专门从事货运业务的车站，如泛长三角最大铁路货运站——宁波北站（见图 2-6）。货运站主要办理货物承运、交付、装卸，以及货物列车到发、车辆取送等作业，其主要设备有货物列车到发线、编组线、牵出线和货场等。

（3）客货运站。客货运站是从事客运与货运业务的车站，如我国重要的铁路枢纽站——郑州站（见图 2-7）。

（4）非营业站。非营业站不办理客运、货运业务，只办理相关技术作业。

2）按技术作业分

车站按技术作业可分为编组站、区段站、中间站，其中编组站和区段站合称为技术站。

（1）编组站。编组站是专门办理大量货物列车编组、解体，以及其他技术作业的车站，如亚洲最大的编组站——郑州北站（见图 2-8），其主要设备有到发线（场）、调车线（场）、驼峰、牵出线，以及机务段和车辆段等。

图 2-5 南京南站

图 2-6 宁波北站

图 2-7 郑州站

图 2-8 郑州北（车）站

（2）区段站。区段站是设在铁路牵引区段分界处的车站，主要办理机车换挂、技术检查，以及区段零担摘挂列车、小运转列车的改编等作业。其主要设备有到发线、调车线、牵出线，以及其他有关设备。

（3）中间站。中间站是主要办理列车会让（单线铁路）和越行（双线铁路）作业的车站。中间站办理的技术作业有列车到发、会让，以及零担摘挂列车调车等。其主要设备有到发线、货物线、牵出线和旅客乘降设备等。

除以上车站类型外，还有专为工矿企业服务的工业站，铁路与专用铁道衔接的联轨站，为水陆联运服务的港湾站，本国铁路与外国铁路衔接的国境站，在不同轨距铁路联结处办理旅客换乘、货物换装或客、货车辆换轮的换装站等。

3）按接发列车速度等级分类

按接发列车速度等级，铁路车站可以分为高速铁路车站、普速铁路车站、高普混合（高普共构、高普合站）车站。

（1）高速铁路车站。只运行时速 160 km 以上高速、准高速列车的铁路车站为高速铁路车站，有些高速铁路车站也会接发普速列车，但比例极小，几乎可以忽略不计，如上海虹桥站也接发时速 160 km 的动力集中动车组列车，但数量极少，因此其归为高速铁路车站。

（2）普速铁路车站。只运行时速 160 km 以下普速列车的铁路车站为普速铁路车站。普速铁路车站多为既有线路上的中小型车站，如横峰站等。

（3）高普混合车站。既运行高速列车，也运行普速列车的车站为高普混合车站，高普混合车站数量很多，如郑州站、武昌站、广州站、上海站、北京站、深圳站等。

3. 车站的等级

车站分为六个等级，即特等站、一等站、二等站、三等站、四等站、五等站。

办理客运、货运业务并担当货物列车解编技术作业的车站（办理综合业务的车站）按以下标准划分车站等级。

1）特等站

具备下列三项条件中的两项者为特等站。

（1）日均上下车及换乘旅客 20 000 人以上，并办理到发、中转行包在 2 500 件以上。

（2）日均装卸车在 400 辆以上。

（3）日均办理有调作业车在 4 500 辆以上。

2）一等站

具备下列三项条件中的两项者为一等站。

（1）日均上下车及换乘旅客在 8 000 人以上，并办理到发、中转行包在 500 件以上。

（2）日均装卸车在 200 辆以上。

（3）日均办理有调作业车在 2 000 辆以上。

3）二等站

具备下列三项条件中的两项者为二等站。

（1）日均上下车及换乘旅客在 4 000 人以上，并办理到发、中转行包在 300 件以上。

（2）日均装卸车在 100 辆以上。

（3）日均办理有调作业车在 1 000 辆以上。

4）三等站

具备下列三项条件中的两项者为三等站。

（1）日均上下车及换乘旅客在 2 000 人以上，并办理到发、中转行包在 100 件以上。

（2）日均装卸车在 50 辆以上。

（3）日均办理有调作业车在 500 辆以上。

5）四等站

办理综合业务，但按核定条件，不具备三等站条件者为四等站。

6）五等站

只办理列车会让、越行的会让站与越行站，均为五等站。

4. 车站工作量指标

车站工作量指标如表 2-1 所示。

表 2-1　车站工作量指标

旅客乘降		行包到发		货运			运转			接发列车	
到达人数	发送人数	行李件数	包裹件数	发送吨数	装车数	卸车数	办理辆数	改编辆数	中转辆数	旅客列车列数	货物列车列数

2.1.2　高速铁路车站

由于高速铁路在列车编组辆数、运营模式、信号制式等方面均不同于普速铁路，所以高速铁路车站有其自身特点。

1. 高速铁路车站的分类

我国高速铁路的运营模式有其独特性，高速铁路线路上既开行高速列车，又可能会开行中速列车，高、中速列车还会在高速铁路线路和既有线路间跨线运行，因此，我国高速铁路车站主要分为以下四类。

1）越行站

越行站的主要作业即中速列车等待避让高速列车越行，其也可能办理高等级高速列车越行低等级高速列车作业，但不办理客运业务。

2）有客运作业中间站

有客运作业中间站一般位于高速铁路线路中间，其不办理列车始发和终到作业。

高速铁路线路上设置的中间站主要进行下列作业。

（1）高、中速列车的停站或不停站通过。

（2）中速列车或低等级高速列车等待避让高等级高速列车。

（3）办理高、中速列车的客运业务，如售票、旅客乘降、行包业务（中速列车上线条件下）等。

（4）在枢纽站，始发、终到站存车线不足的情况下，供少量的高速列车在夜间停留。

有客运作业中间站如京福高铁线上的五府山站（见图2-9），其是全国最小的办理客运作业的高铁站之一。

3）枢纽站

枢纽站一般位于铁路枢纽或省会、直辖市，其办理大量的列车始发和终到作业，但不办理动车组的日检等技术作业，如南京站（见图2-10）。

图2-9　五府山站

图2-10　南京站

高速铁路枢纽站办理的主要作业项目如下。

（1）办理大量停站高、中速列车到发作业。

（2）办理少量不停站高、中速列车通过作业。

（3）办理大量高速列车的始发和终到作业。

（4）办理少量的动车组合并或分解作业。

4）始发、终到站

始发、终到站办理大量列车始发和终到作业，以及动车组的技术作业，其具有办理大量旅客换乘作业的能力，如上海虹桥站（见图2-11）、重庆西站（见图2-12）、武汉站（见图2-13）。

图 2-11 上海虹桥站

图 2-12 重庆西站

图 2-13 武汉站

高速铁路始发、终到站办理的主要作业项目如下。

（1）办理高速列车的客运业务和旅客中转换乘作业。

（2）办理高速列车的技术作业，如列车接发、动车组出入段取送、技术检查等。

（3）办理高速列车车底的整备作业，如车底的清洗、检修、整备等。

（4）办理动车组合并作业及少量的动车组分解作业。

根据与既有线车站的关系，高速铁路车站还可以划分为新建高速铁路车站［如西安北站（见图 2-14）、兰州西站（见图 2-15）、成都东站（见图 2-16）］、与既有线普速车站紧靠或并列设置的高速铁路车站［如上饶站（见图 2-17）］、高架于既有线普速车站之上的高速铁路车站、利用既有线普速车站的高速铁路车站［如无锡站（见图 2-18）］等类型。由于我国土地资源较为紧张，既有普速车站附近地域拆迁费用较大，故较多地采用了新建高速铁路车站的模式。

图 2-14 西安北站

图 2-15 兰州西站

图 2-16 成都东站

图 2-17　上饶站

图 2-18　无锡站

2. 高速铁路车站的业务特点

（1）车站业务内容单一，只办理客运业务，不办理货运业务。高速铁路线路由于技术原因一般不开行货运列车。日本、法国等多数国家的高速铁路线路也不开行货运列车，德国虽有两条客货混跑高速线路，但这两条线路仍以开行客运列车为主，货运列车一般只在夜间运行。我国高速铁路基本不办理货运业务。

目前，中国中车正在研制速度 250 km/h 以上的货运动车组，其最高运营速度可达 350 km/h，未来将在点到点和中长距离的快捷货物运输中投入使用。

（2）高速铁路车站不办理行包、邮政托运业务，列车停站时间短。我国普速客运列车多挂有行李车和邮政车。当列车到达较大车站时，要进行邮件和行包的装卸作业，相应地，在车站站台上沿站台的纵横向均须设置行邮拖车的走行通道，列车作业繁忙的大站通常设有横越股道、地下通道，这必然导致交叉干扰多，作业时间长，也成为列车到发作业的主要限制因素。

高速列车运输成本高，在高速列车上挂运邮政车和行李车不经济，还会因装卸作业而延长列车的停站时间，不符合高速铁路追求最短旅行时间的要求。同时，增加行邮业务还需增建相应的行邮通道，这也会增加高速铁路车站的建设费用，因此，高速铁路车站一般不办理行包和邮件的装卸作业。国外的高速列车一般也不办理行邮作业，解决行包运输问题的办法有两种：一是设置较宽敞的行李架，二是开行单独的行包邮政列车。我国高速铁路线路基本与既有普速线路平行，行包运输问题一般由既有普速线路完成。

为充分利用高速铁路的运能，目前铁路部门正逐步开展高速铁路快递运输业务。

（3）高速铁路车站作业必须突出"以人为本、安全第一"的思想。高速铁路车站是一个人流集散的场所，其设计要以方便旅客使用为宗旨，要从"管理为本"的思想向"以人为本"的思想转变，要提供多层次的出入通道以引导旅客顺畅地进出站，要做到快速集散客流，尽量减少旅客步行距离，减少旅客滞留时间。

不停站的高速铁路列车通过车站的速度应与在普通运行区间运行的速度相同，停站的列车进入咽喉区的速度也应达到 80 km/h。随着运行速度的提高，列车在通过车站或进站停车时会产生强大的气压（"列车风"）。为了防止"列车风"危及人员安全，在车站内要通过合理布置车站的设施设备、严格执行相关规章制度来保证旅客人身安全、员工作业安全、列车运行安全，例如，采取站台加宽、安全线后移等措施，同时，还要注意车站防灾设施的合理设置。

（4）高速铁路车站的客运和行车组织工作要适应高效率快速作业的要求。高速铁路列车停站作业时间很短（列车停站时间最短为 1 min），立即折返列车的停站时间也大幅缩短，因此必须提高车站客运和行车组织工作水平，以适应高速列车高效、快速的作业要求。

3. 高速铁路车站的站房

高速铁路独特的运营组织模式使旅客的行为模式发生了较大变化，作为直接为旅客服务的高速铁路车站站房最能体现高速铁路的形象，其充分体现了高速铁路高效、安全、方便、快捷的特点，在功能和形式上展现了全新的风貌。新建的高速铁路车站站房以功能性、系统性、先进性、文化性、经济性为原则进行设计和设备布置。

崇礼铁路是服务于 2022 年北京冬奥会的京张高速铁路的重要组成部分。崇礼铁路太子城站站房效果图如图 2-19 所示，其站房设计以山水相连、相约冬奥、冰雪小镇、激情冰雪为理念。车站背山面水，外形以优美的自然山形"曲线"为元素，同时车站以白色为主色调，与 2022 年北京冬奥会激情冰雪的主题呼应。

高速铁路车站站房的设计应与车站内旅客活动平台、站台、雨棚、跨线设施、相关功能用房的设计结合起来，形成以客运服务为主要功能的车站建筑，并与周边的广场、城市交通设施、主要建筑相协调，成为高速铁路与城市的有机结合点，体现所在城市的地域特色和文化。

深圳北站站房如图 2-20 所示。高速铁路车站站房施工现场如图 2-21 所示。高速铁路车站站房外表面如图 2-22 所示。

图 2-19　崇礼铁路太子城站站房效果图

图 2-20　深圳北站站房

图 2-21　高速铁路车站站房施工现场

图 2-22　高速铁路车站站房外表面

1）候车室

高速铁路车站候车室的设计与传统铁路车站候车室的设计有较大差别。传统铁路车站候车室强调等候功能，一般按最高聚集人数确定设计基调。高速铁路车站候车室强调通过功能，等候功能成为辅助功能，候车室要设计成尽端式的格局，尽量不影响旅客进站的流线。高速铁路车站候车室的休息区域要尽可能宽松，有较好的室内环境，其标准可参照传统铁路车站的软席候车室。在高速铁路车站候车室休息区内，不能只让旅客枯燥地闲坐，应该具有丰富的服务功能。

北京南站候车室如图 2-23 所示。

（a）升级为高速铁路车站前的候车室　　　　　　（b）升级为高速铁路车站后的候车室

图 2-23　北京南站候车室

北京南站 VIP 候车室如图 2-24 所示。

图 2-24　北京南站 VIP 候车室

2）售票处（大厅）

随着铁路售票系统的完善，通过车站售票处（大厅）购票已不再是购买车票的主要途径，原来作为站房主要组成部分的售票处（大厅）的功能已经弱化。车站售票处（大厅）主要服务于来车站直接购票的旅客和部分换乘的旅客。其以售当天票和自动售、取票为主要功能。同时考虑到铁路运输的周期性特点，必要时仍应设置车站临时售、取票点。

高速铁路车站售票处（大厅）如图 2-25 所示。

高速铁路车站售票处（大厅）售、取票机如图 2-26 所示。

图 2-25　高速铁路车站售票处（大厅）

图 2-26　高速铁路车站售票处（大厅）售、取票机

3）综合大厅

高速铁路车站一般不办理行包业务，因而不再设置行包房。客运用房主要由综合大厅和候车室组成，传统铁路车站的综合大厅主要起分配人流的作用，是过渡性空间，旅客在综合大厅停留时间较短。高速铁路车站强调服务，其综合大厅不仅有分配人流的作用，还具有多种功能（在保证旅客通行的前提下，可设置售票、寄存、邮政、电信、金融、商务、商业、休息等多种功能）。综合大厅已成为高速铁路车站建筑的核心。旅客在综合大厅可以选择快速通过，也可以办理相关乘车手续，进行商务活动，还可以休闲购物。高速铁路车站不仅面向旅客开放，也可以向公众开放以增加其商业活力，成为城市空间与车站空间的结合体。在这种功能设置要求下，高速铁路车站综合大厅的规模由两方面决定：首先保证客流的顺利通过，其次按最高聚集人数进行规划。哈尔滨西站综合大厅如图 2-27 所示。兰州西站综合大厅如图 2-28 所示。沈阳站综合大厅如图 2-29 所示。

图 2-27　哈尔滨西站综合大厅

图 2-28　兰州西站综合大厅

图 2-29　沈阳站综合大厅

4）高速铁路车站站台

按站台与线路钢轨顶面的高差值，高速铁路站台可分为 3 种。

（1）低站台。站台与线路钢轨顶面的高差为 300 mm。

（2）一般站台。站台与线路钢轨顶面的高差为 500 mm，站台平面大致与列车最低阶梯的踏板等高。

（3）高站台。站台与线路钢轨顶面的高差为 1 100 mm，站台与列车车厢底平面同高。

旅客站台的宽度，特、一等车站应不少于 20 m，二等车站应不少于 12 m，其他车站应不少于 6 m。一般情况下，安全标线（白线）宽 100 mm，距站台边 1 000 mm。列车通过速度低于 120 km/h 时，安全标线距站台边 1 000 mm；列车通过速度在 120～160 km/h 时，安全标线距站台边 1 500 mm；列车通过速度超过 160 km/h 时，安全标线距站台边 2 000 mm，也可在站台边缘 1 m 处设栅栏。

昆明南站按 16 个站台 30 条轨道规模建设，设计年发送旅客 4 693 万人。昆明南站站台如图 2-30 所示。

高速铁路车站站台地面标识如图 2-31 所示。

图 2-30　昆明南站站台

图 2-31　高速铁路车站站台地面标识

4. 高速铁路车站与城市总体规划的协调

高速铁路是一种大运量的运输方式，为充分发挥高速铁路的效能，需要城市内部各种交通工具能快速地为高速铁路车站运送和疏解客流，实现高速铁路车站在城市中的"交通转换平台"作用，高速铁路与普速铁路、城市轨道交通、公交车、出租车等交通方式互相配合，形成协调运作、优势互补的交通体系，才能使高速铁路车站成为城市综合型交通枢纽，为旅客提供便捷、高效的一体化运输服务。

高速铁路车站在总体布局上要充分考虑车站与城市总体规划、车站与城市交通规划的配合问题，最大限度地集散客流。高速铁路列车的到发间隔时间短，车站到发客流量大，进行高速铁路车站设计时要统筹考虑城市交通—进出站—上下车的整个旅客流线的通畅，避免客流通道交叉干扰，以加速旅客进出站的过程，贯彻方便旅客出行的基本原则。

北京南站，作为京津城际铁路和京沪高速铁路的起点站，是集高速铁路、城际铁路、城市轨道交通，以及公交、出租车等交通功能于一体的大型综合交通枢纽站。北京南站为五层布局，地上为高架层和地面层，高架层主要供出租车和社会车辆通行，地面层主要供公交车辆通行及旅客进站。地下一层为换乘大厅、小型机动车停车场及旅客进、出站厅，并且预留了与市郊铁路连接的车站；地下二层和地下三层分别为地铁四号线、十四号线车站。公交车站紧邻站房南北侧，分别布置在南北广场的地面层和地下层，地铁四号线南北向穿过站区，地铁十四号线东西向穿过站区。旅客从北京南站下火车后可以不出站直接换乘地铁。在各站台中部，设有通往高架通廊的旅客进站通道，并设有通往地下出站厅的旅客通道。

北京南站融入城市整体规划如图 2-32 所示。

图 2-32　北京南站融入城市整体规划

香港西九龙高铁站的设计也做到了与城市整体规划相协调。香港西九龙高铁站融入城市整体规划如图 2-33 所示。

（a）航拍图　　　　　　　　　　　　　　　　（b）效果图

图 2-33　香港西九龙高铁站融入城市整体规划

任务 2.2　铁路旅客车站的设计要求与流线组织

知识目标

（1）掌握铁路旅客车站的基本要求与基本概念；

（2）了解铁路旅客车站的总体布置与车站广场的要求；

（3）了解铁路旅客车站站房与站台的标准；

（4）掌握高速铁路车站流线组织知识。

能力目标

对铁路旅客车站的设计要求与流线组织有专业的理解与认识。

素质目标

铁路旅客车站是铁路重要的客运基础设施，掌握铁路旅客车站的相关要求，树立铁路职业意识，才能更好地进行铁路车站的客运组织工作。

2.2.1 铁路车站的设计要求

1. 基本要求

铁路旅客车站布局应符合城镇发展和铁路运输要求，并根据当地经济、交通发展条件，合理确定建筑形式。铁路旅客车站建筑设计应积极采用安全、节能和符合环境保护要求的先进技术。客货共线铁路旅客车站建筑规模应根据最高聚集人数按表2-2确定。高速铁路与城际铁路旅客车站建筑规模应根据高峰小时发送量按表2-3确定。

表2-2 客货共线铁路旅客车站建筑规模

建筑规模	最高聚集人数 H/人	建筑规模	最高聚集人数 H/人
特大型	$H \geqslant 10\,000$	中型	$600 < H < 3\,000$
大型	$3\,000 \leqslant H < 10\,000$	小型	$H \leqslant 600$

表2-3 高速铁路与城际铁路旅客车站建筑规模

建筑规模	高峰小时发送量 P_h/人	建筑规模	高峰小时发送量 P_h/人
特大型	$P_h \geqslant 10\,000$	中型	$1\,000 \leqslant P_h < 5\,000$
大型	$5\,000 \leqslant P_h < 10\,000$	小型	$P_h < 1\,000$

2. 总平面设计

1）总平面布置

（1）铁路客站总平面布置应符合下列规定：

① 铁路客站流线与功能布局便于旅客乘降和疏解。

② 铁路客站与城市轨道交通、道路等连接顺畅。

③ 功能布局、标高设计、交通组织、景观设计与城市规划相衔接。

④ 有利于集约利用土地资源，并留有发展余地。

（2）铁路客站场地设计高程应符合国家和地方防洪、防涝标准规定，并应与当地控制性规划相协调。

（3）铁路客站站房形式应根据线路条件、地形条件、站区规划、城市配套设施、综合开发和运营管理模式等因素确定。

（4）铁路客站总平面流线设计应符合下列规定：

① 旅客进站、出站和换乘流线应短捷。

② 特大型、大型铁路客站的进站、出站旅客流线应分开设置。

③ 旅客流线与车辆、行包和邮件流线宜相对独立，避免交叉。

（5）铁路客站站房应设置站房平台，并应符合下列规定：

① 平台长度不应小于站房主体建筑长度。

② 与车站广场衔接的平台宽度，特大型站不宜小于 35 m，大型站不宜小于 25 m，中小型站不宜小于 10 m。

③ 采用立体交通布局的铁路客站，其平台应分层设置，每层平台的宽度不宜小于 10 m。

（6）铁路客站应根据需要设置垃圾收集设施、转运站及垃圾转运跨线设施。

（7）行包托取处附近应设置专用停车场，停车场与行包托取处之间应设置便于行包运输的通道。

（8）铁路客站应设置内部停车场，其规模可根据使用需求和车站所在地停车场配建标准计算确定。

2）城市配套设施

（1）车站广场设计应符合下列规定：

① 人行流线与车行流线应分别设置，并应有利于铁路客站内的交通组织和外部道路衔接。

② 地面应采用硬化防滑地面，并应满足排水要求。

③ 季节性或节假日旅客流量大的铁路客站广场，应有设置临时候车设施的条件。

④ 车站广场道路临近站房平台等人员密集场所时，应设置防冲撞设施。

⑤ 车站广场上各类建（构）筑物不应影响站房建筑景观。

（2）车站广场人行区域设计应符合下列规定：

① 与公交汽（电）车、城市轨道交通站点及出租车载客区等交通设施相连通。

② 地面应高出车行道 0.15 m。

③ 人行区域面积宜根据旅客车站最高聚集人数按 1.83 m^2/人计算确定。

④ 设置座椅及其他相关服务设施。

（3）车站广场应设置厕所，其最小使用面积可根据铁路客站最高聚集人数按每千人不小于 25 m^2 或 4 个厕位确定。当车站广场面积较大时，厕所宜分散设置。

（4）车站广场应根据国家或地方相关规定设置相应的管理用房。

（5）车站广场绿化率不宜小于 10%，绿化和景观设计应符合功能和环境要求。

（6）特大型、大型铁路客站宜采用多方向进站、出站的布局形式，并宜采用立体交通方式。

（7）铁路客站与城市公共交通站点的换乘距离不宜大于 300 m。

（8）公交汽（电）车、出租车、社会车辆等城市交通配套场地规模应根据交通量确定，并适当留有余地。其中，出租车上客区和落客区应根据旅客流线分别设置。

（9）小客车车道边设计应符合下列规定：

① 小客车单位车道边长度宜为 7 m。

② 小客车车道边数量应依据小客车载客人数和平均停靠时间计算确定。其中，出租车平均载客人数宜按 1.5 人/车确定，小型社会车平均载客人数宜按 2.5 人/车确定；小客车落客时间宜按 20～40 s 确定，小客车上客时间宜按 6～26 s 确定。

③ 小客车上客区车道边布置长度尚应满足车道边通行能力与交通组织和管理的需求。

3. 站房建筑

1）一般规定

（1）铁路客站站房内应按功能分为公共区、办公区和设备区，其设计应符合下列规定：

① 公共区宜采用开敞空间布局，旅客流线应顺畅、有序。公共区的安全疏散必须符合现行国家标准《建筑设计防火规范》（GB 50016）的有关规定。

② 办公区宜集中设置，并应设置与公共区联系的通道。

③ 设备区宜远离公共区集中设置，并宜利用建筑空间。

（2）铁路客站旅客流线设计应符合下列规定：

① 大型、特大型铁路客站旅客进站流线、出站流线和换乘流线应相对独立设置，中型铁路客站宜相对独立设置，小型铁路客站可合并设置。

② 旅客进站流线可按购票、实名制验票、安检、候车、进站检票等作业环节进行设计。

③ 旅客出站流线上应设置出站检票设施。

④ 旅客中转换乘流线宜按站内换乘进行设计。

（3）铁路客站进站、出站通道和换乘通道及楼梯宽度除应满足旅客高峰通过能力的需要外，尚应符合现行国家标准《建筑设计防火规范》（GB 50016）的相关规定。

（4）线侧式铁路客站站房的进深应满足旅客进站作业要求。

（5）办理行包、快运的铁路客站应设置相应的库房、场地及配套设施，并应方便旅客办理行包、快运业务。行包、快运货物流线应与旅客流线分开设置。

（6）铁路客站站房检修设施应满足建筑物检查、维护的要求并保证作业安全。当采用移动检修设备时，应预留通行条件、作业空间及地面荷载条件。

（7）铁路客站站房设计应积极推广采用 BIM 技术搭建整体建筑信息模型，优化建筑功能，并进行专业协同设计，增强相关专业间的协调配合与系统优化。

2）集散厅

（1）铁路客站站房应设进站、出站集散厅。小型铁路客站站房的进站集散厅宜与候车区（厅、室）合并设置，进站集散厅使用面积不应小于 250 m²；出站集散厅使用面积不宜小于 150 m²；进出站厅合并设置时，使用面积不应小于 350 m²。中型及以上铁路客站进站、出站集散厅应按高峰小时发送量确定其使用面积，进站集散厅使用面积应按不小于 0.25 m²/人计算确定，出站集散厅使用面积宜按不小于 0.2 m²/人计算确定。

（2）进站集散厅应设置问询、小件寄存等服务设施，中型及以上铁路客站宜设自助存包柜。出站集散厅内应设置旅客厕所和检补票室。

（3）铁路客站站房应在进站集散厅等主要旅客入口处设置安检区。安检区的使用面积应根据安检设备设置数量、布置方式及安检作业要求综合确定，且每处安检区最小使用面积应满足设置两组安检设备的要求。

（4）进站集散厅应设置实名制验票口。

3）候车区（厅、室）

（1）候车区（厅、室）总使用面积应根据最高聚集人数按不小于 1.2 m²/人计算确定。特大型、大型铁路客站候车区（厅、室）的使用面积应在计算结果基础上增加 5%。

（2）特大型、大型铁路客站宜根据客运需求设置软席候车区。软席候车区候车人数，客货共线铁路可采用最高聚集人数的 4%，高速铁路和城际铁路可采用最高聚集人数的 10%；使用面积应按不小于 2 m²/人计算确定。

（3）中型及以上铁路客站应设置无障碍候车区，小型铁路客站应在候车区内设置轮椅候车席位。无障碍候车区设计应符合下列规定：

① 无障碍候车区宜邻近进站检票口及无障碍电梯。

② 无障碍候车区候车人数可采用最高聚集人数的 4%，使用面积应按不小于 2 m²/人计算确定。

（4）铁路客站可根据需要设置商务候车室。商务候车室设计宜符合下列规定：

① 设置单独出入口和直通车站广场的车行道。

② 设置独立的实名制验票和安检设施。

③ 设置厕所、盥洗间、服务员室和备品间。盥洗间应设盥洗用热水。

（5）普通候车区（厅、室）座椅的排列方向应有利于旅客通向进站检票口，座椅间走道净宽不得小于 1.3 m，并应满足军人（团体）候车的要求。

4）售票用房

（1）售票用房应由售票厅、售票室、票据库、办公室等组成。中型及以上铁路客站应设进款室，特大型、大型铁路客站应设总账室。

（2）售票用房应符合下列规定：

① 特大型、大型铁路客站售票用房应设置在铁路客站站房进站口附近，中型、小型铁路客站售票用房可设置在铁路客站站房候车区附近。

② 铁路客站可根据需要设置自动售（取）票机，必要时可设置独立的自动售（取）票厅。

③ 售票厅应设置公安制证窗口。

④ 售票办公区内应设置售票人员专用厕所。

（3）售票窗口数量应根据窗口售票设备数量确定，且每个售票厅宜预留 1～2 个售票窗口。

（4）售票窗口应符合下列规定：

① 相邻售票窗口的中心距宜为 1.6 m，靠墙售票窗口中心距墙边不应小于 1.2 m。

② 售票窗台面至售票厅地面的高度应为 1.0 m。

③ 无障碍售票窗口设置应符合《铁路旅客车站设计规范》（TB 10100）第 12.0.6 条的规定。

（5）售票厅内自动售（取）票机应集中设置，并宜采用嵌入式安装，其设置空间应满足旅客排队购票和维护要求。

（6）售票厅进深，特大型站不宜小于 13 m，大型站不宜小于 11 m，中、小型站不宜小于 9 m。

（7）售票室应符合下列规定：

① 每个售票窗口使用面积不应小于 6 m²。

② 售票室使用面积不应小于 14 m²。

③ 售票室与公共区之间不应设门。

④ 售票室内除无障碍售票窗口工作区域外，其余地面宜高出售票厅地面 0.2 m，并应采用防静电架空地板。

⑤ 售票室应设置防盗设施。

（8）票据库应符合下列规定：

① 中型和小型铁路客站票据库使用面积不宜小于 15 m²，特大型、大型铁路客站每处售票用房应设置一间不小于 30 m² 的票据库。

② 票据库应有防潮、防鼠、防盗和报警措施。

5）其他服务设施

（1）问询处、综合服务台可根据需要设置在集散厅或候车区。

（2）铁路客站站房应根据车站规模和旅客进站、出站流线设置站内商业设施。小型铁路客站站内商业规模宜为铁路客站站房建筑面积的 2%～4%，中型铁路客站站内商业规模宜为铁路客站站房建筑面积的 4%～8%，特大型、大型铁路客站站内商业规模宜为铁路客站站房建筑面积的 8%～10%。有商业发展潜力的车站亦可根据需要确定商业规模。站内商业设施的设置应符合国家现行标准《铁路工程设计防火规范》（TB 10063）的有关规定。

（3）旅客厕所的设置除应符合国家现行标准《城市公共厕所设计标准》（CJJ 14）的有关规定外，尚应符合下列规定：

① 位置、标志应方便旅客识别。

② 厕位数宜根据最高聚集人数按每百人 2.5 个计算确定，男、女厕位比例应为 1:2，且男厕所大便器数量不应少于 3 个，女厕所大便器数量不应少于 4 个。每个厕所应至少设置 1 个座便器。男厕所应设置与大便器数量相同的小便器。

③ 厕所隔间应设承物台、挂钩。

④ 男女厕所宜分设盥洗间，盥洗间应设面镜，水龙头数量应根据最高聚集人数按每 150 人设置 1 个计算确定，且不应少于 3 个。

⑤ 候车区（厅、室）内任意一点至最近厕所的距离不宜大于 50 m，大型、特大型站厕所应分散布置。

⑥ 厕所隔间长度不应小于 1.5 m，宽度不应小于 1.0 m；双侧厕所隔间的净距不应小于 2.0 m；单侧厕所隔间至对面墙面或小便器的净距不应小于 2.0 m。

⑦ 厕所平面布置应满足私密性要求。

⑧ 设有旅客换乘区域的站房，旅客换乘区域应根据换乘客流量设置厕所和盥洗间。

⑨ 无障碍厕所设置应符合《铁路旅客车站设计规范》（TB 10100）第 12.0.11 条的规定。

⑩ 厕所内应设独立的清扫间。

⑪ 厕所应按照国家现行标准《城市公共厕所设计标准》（CJJ 14）的规定设置第三卫生间。

（4）铁路客站站房应单独设置旅客用开水间，开水间应与卫生间隔离设置。

（5）铁路客站站房应设置母婴服务设施，并应符合下列规定：

① 特大型、大型、中型铁路客站应设置独立母婴室，宜设置母婴候车区；小型站宜设置独立母婴室。

② 母婴室使用面积不应小于 10 m²。

③ 母婴室应具有保护哺乳私密性的设施，地面应防滑。

④ 母婴室应配置婴儿护理台、洗手盆、婴儿床、座椅等设施，宜配置恒温空调、呼叫设备。

6）客运作业及附属用房

（1）客运作业用房宜根据使用需要设置客运值班室、检补票室、公安值班室、综控（广播）室、上水工室、卸污工室、开水间、安检室及与运营有关的其他房屋，并应符合下列规定：

① 检补票室应设在候车区（厅、室）、出站口、检票口附近，其使用面积应根据最大班人数按不小于 2 m²/人计算确定，且不宜小于 10 m²。存放票款、票据的检补票室应有防盗设施。

② 上水工室和卸污工室应分别设置，其使用面积应根据最大班人数按不小于 3 m²/人计算确定，且不宜小于 8 m²。

③ 铁路客站内旅客相对集中处应设置公安值班室，其使用面积不宜小于 25 m²。

（2）铁路客站应根据需要设置交接班室、间休室、更衣室、职工活动室、浴室、就餐间、清扫室（含工具间）等，并应符合下列规定：

① 中型及以上铁路客站应设交接班室，其使用面积应根据最大班人数按不小于 1 m²/人计算确定，且不宜小于 30 m²。

② 间休室使用面积应根据最大班人数的 2/3 按不小于 4 m^2/人计算确定，且不宜小于 20 m^2。

③ 更衣室使用面积应根据最大班人数按不小于 1 m^2/人计算确定。

④ 中型及以上铁路客站宜设置职工活动室、浴室、就餐间等生活用房。

⑤ 中型及以上铁路客站的旅客公共区宜设置清扫工具间。采用机械清扫时，应设置清扫设备存放间。

⑥ 中型及以上铁路客站应在行包及职工工作场地附近设置厕所和盥洗间。

（3）客运管理办公用房宜包括站长室、车站会议室、办公室、备班室、备品室等，办公用房应符合国家现行标准《办公建筑设计规范》（JGJ 67）的规定。

（4）铁路客站应根据需要设置技术作业用房。技术作业用房应分类集中设置，并应避免强弱电相互干扰。

（5）高速铁路及城际铁路客站综合监控室宜与行车室合设，并宜临近消防控制室设置。小型铁路客站综合监控室可与检票室合设。

（6）铁路客站应设禁止携带物品暂存间。

7）行包用房

（1）客货共线铁路客站宜设置行李托取处，特大型、大型铁路客站的行李托运和提取应根据旅客进站、出站流线分开设置；中型铁路客站的行李托运处与提取处可合设；小型铁路客站可设行李托取点。

（2）办理行包业务的铁路客站应设置行包通道。特大型、大型铁路客站的行包库宜与跨越线路的行包地道相连。

（3）行包用房主要组成应符合表 2-4 的规定。

表 2-4　行包用房主要组成

房间名称	设计行包库存件数 N/件			
	$N \geqslant 2\,000$	$1\,000 \leqslant N < 2\,000$	$400 \leqslant N < 1\,000$	$N < 400$
行包库	应设	应设	应设	应设
行包托运厅、提取厅	应设	应设	应设	应设
办公室	应设	应设	应设	宜设
票据室	应设	应设	宜设	不设
总检室	应设	不设	不设	不设
装卸工休息室	应设	应设	宜设	不设
牵引车库	应设	应设	宜设	宜设
拖车存放处	应设	宜设	宜设	不设

注：N 为最近统计年度最高月日均包裹作业件数（包括发送、中转、到达作业之和），并考虑周转和发展因素。

（4）行包库应符合下列规定：

① 特大型、大型铁路客站的始发、终到和中转行包库区宜分别设置。

②线下式行包库和多层行包库应设置垂直升降设施，垂直升降设施应能容纳一辆行包拖车。

③特大型铁路客站行包库各层之间应有供行包拖车通行的坡道。铁路客站行包作业区之间以及作业区与站台、广场之间有高差时，应留有供小型搬运设备通过的坡道。坡道坡度不应大于 1:12；坡道净宽度，有栏杆时不应小于 3 m，无栏杆时不应小于 4 m。

④特大型铁路客站行李提取厅可设置行李传送带。

（5）行包库使用面积应根据行李和包裹数量计算确定。

（6）设计行包库存件数 2 000 件及以上的铁路客站宜预留室外堆放场地，场地应有防雨设施。

（7）特大型、大型铁路客站宜设无主行包存放间，其使用面积可按设计行包库存件数的 1%确定，且不宜小于 20 m²。

（8）行包库内净高不应小于 4 m。采用机械作业的行包库应满足机械作业要求，其门的宽度和高度均不应小于 3 m。

（9）行包库宜设高窗，并应加设防护设施。

（10）行包托运厅、提取厅使用面积及托取窗口数量不应小于表 2-5 的规定。

表 2-5　行包托运厅、提取厅使用面积及托取窗口数量

名称	设计行包库存件数 N/件					
	$N < 600$	$600 \leqslant N < 1\ 000$	$1\ 000 \leqslant N < 2\ 000$	$2\ 000 \leqslant N < 4\ 000$	$4\ 000 \leqslant N < 10\ 000$	$N \geqslant 10\ 000$
托取窗口数量	1	1	2	4	7	10
行包托运厅、提取厅使用面积/m²	15	25	30	60	150	300

（11）行包库与行包托运厅、提取厅应设置不小于 1.5 m 宽的通道，通道应有可开闭的隔离栅栏门。

（12）中型及以上铁路客站应根据需要设置行包安检仪。

（13）行包作业区域及行包通道两侧的墙体、柱面均应采取防撞措施。

8）空间环境

（1）铁路客站站房内空间应通透、开敞、明亮，尺度应满足不同空间功能需求。

（2）铁路客站站房主要空间设计应具有视觉引导作用，方便旅客识别与疏散。

（3）铁路客站站房建筑采光、通风、保温、隔热、隔声、污染物控制等室内环境要求，应符合国家现行有关标准的规定。

（4）铁路客站站房公共区宜利用天然采光、自然通风。

（5）铁路客站站房室内声学设计应符合下列规定：

①公共区面积在 50 000 m² 及以上或平均高度在 18 m 以上的铁路客站站房，宜进行声学设计。

②主要噪声与振动源应采取降低噪声、减少振动的措施，有噪声和振动的设备房屋应采取隔声、吸声和隔振措施。

③铁路客站站房公共区声学环境 500 Hz 频率混响时间宜符合表 2-6 的规定。

表 2-6　不同容积公共区 500 Hz 频率混响时间

容积（1×10 000 m³）	≤100	>100
混响时间/s	≤4	≤5.5

9）内部装修与构造

（1）铁路客站站房室内装修应符合下列规定：

①与建筑形式相协调。

②安全、耐用、经济，便于检修和维护。

③采用防火、防腐、环保、易清洁的材料。

④导向标志、商业广告、消防等设施，给水排水、供暖、通风与空气调节、强弱电等终端设备应与室内装修结合设计、统筹布置。商业广告不应干扰铁路客站站房内各种标志的布置。

⑤符合现行国家标准《建筑内部装修设计防火规范》（GB 50222）的相关规定。

（2）室内公共空间的墙面、柱面阳角宜采用圆角处理，墙面 1.80 m 以下宜采用抗冲撞材料饰面，玻璃幕墙距地面 0.10 m 处应设置防撞栏杆。

（3）临空处栏板设置高度不应小于 1.30 m，扶手高度应为 1.10 m。采用玻璃栏板时，应采用钢化夹胶玻璃，距地面 0.10 m 处应设置防撞构造。

（4）玻璃隔断应采用钢化夹胶玻璃，底部应设置防撞设施，距地面 0.10 m 处应设置防撞构造。

（5）楼梯、自动扶梯栏杆以及栏板应安全、可靠，端部不应出现棱角。

（6）吊顶与主体结构必须有安全可靠的连接措施。

（7）铁路客站站房地面应耐磨、防滑、耐腐蚀、易清洗。防滑性能应符合国家现行标准《建筑地面工程防滑技术规程》（JGJ/T 331）的相关规定。

（8）特大型、大型铁路客站站房吊顶应设置检修通道和人孔；中、小型铁路客站站房宜设置可拆卸吊顶。

4. 客运服务设施

1）站台、雨棚

（1）铁路客站站台长度、宽度、高度应符合国家现行标准《铁路车站及枢纽设计规范》（TB 10099）的规定。

（2）站台出入口或建筑物边缘至靠线路侧旅客站台边缘的净距不应小于 3.0 m，困难条件下，中、小型站不应小于 2.5 m；改建既有站侧净距不应小于 2.0 m。

（3）旅客站台面应符合下列规定：

①站台应采用刚性防滑地面，并应满足行包、邮政车荷载要求，通行消防车的站台还应满足消防车荷载要求。

②站台地面横坡不应大于 1%。

③旅客列车停靠的站台应在全长范围内设置宽度为 0.10 m 的安全警戒线。

（4）旅客站台雨棚设置应符合下列规定：

① 旅客站台应设置雨棚，雨棚长度宜与站台长度一致，小型站的雨棚长度可根据客运量和需要确定。

② 雨棚形式及高度应满足防飘雨、飘雪要求。线间立柱雨棚屋面的开口宽度和檐口高度应根据防飘雨、飘雪的要求确定。

③ 雨棚各构件与线路的间距应符合现行国家标准《标准轨距铁路建筑限界》（GB 146.2）的规定。

④ 通行消防车的站台，雨棚悬挂物下缘至站台面的高度不应小于 4.00 m。

⑤ 旅客进站、出站流线上的雨棚应连续设置。

⑥ 地道出入口处无站台雨棚时，应单独设置雨棚，并宜采用封闭式，其覆盖范围应大于地道出入口，且挑出长度不应小于 4.00 m。

⑦ 中型、小型铁路客站宜采用站台立柱雨棚；特大型、大型铁路客站可采用线间立柱雨棚，雨棚应与站房建筑形式相协调。

（5）旅客站台栏杆（板）设置应符合下列规定：

① 旅客站台边缘栏杆（板）高度不应小于 1.30 m，临空高度大于 12 m 时，栏杆（板）高度不应小于 2.20 m，栏杆（板）距站台面 0.10 m 高度内不应留有空隙，当栏板不直接落地时，可设宽 0.15 m、高 0.10 m 的挡台。

② 站台端部（垂直于线路方向）的栏杆高度不应小于 1.30 m。

③ 线侧平式站房与站台相接时，临站房一侧外边缘栏杆（板）高度不应小于 2.20 m。

（6）旅客站台宜结合楼扶梯集中设置客运工作间及保洁用房，并应设置水电设施。

（7）旅客站台可设置座椅。

（8）特大型、大型铁路客站基本站台应设置通向跨线设施的楼梯、电梯和自动扶梯。

2）跨线设施

（1）旅客进站、出站通道设置应根据旅客流量、铁路客站站房功能布局及进出站流线等情况综合确定，并应符合国家现行标准《铁路车站及枢纽设计规范》（TB 10099）的有关规定。

（2）旅客进站、出站通道宽度和高度应计算确定，且净宽和净高应符合表 2-7 的规定。

表 2-7　旅客进站、出站通道最小净宽和最小净高

项目	特大型站	大型站	中、小型站
最小净宽/m	12	8～12	6～8
地道最小净高/m	3.0		2.5
封闭天桥最小净高/m	3.5		3.0

（3）旅客天桥、地道通向站台出入口宽度应符合下列规定：

① 旅客天桥、地道通向站台宜设双向出入口。高速铁路和客货共线铁路旅客站台出入口宽度应符合表 2-8 的规定；城际铁路旅客站台出入口宽度应符合表 2-9 的规定。出入口设有自动扶梯或升降电梯时，其宽度应根据升降设备的数量和要求确定。

表 2–8　高速铁路和客货共线铁路旅客站台出入口宽度（m）

名称	特大型、大型站	中型站	小型站
基本站台和岛式中间站台	5.0～5.5	4.0～5.0	3.5～4.0
侧式中间站台	5.0	4.0	3.5～4.0

表 2–9　城际铁路旅客站台出入口宽度（m）

名称	中型站	小型站
站台	4.5～5.0	3.0～4.0

②既有铁路客站改建时，可利用既有旅客进站、出站通道，并应符合本条第 1 款的规定。

（4）铁路客站应根据行包、邮件、餐饮物料配送、垃圾转运以及保洁机具和维修设备作业需要，设置通往站台的作业地道。作业地道设置应符合下列规定：

①特大型、大型铁路客站不应少于 1 处，有始发终到客车作业的中型站可设置 1 处。

②地道净宽不应小于 5.2 m，净高不应小于 3.0 m。

③地道通向各站台均宜设一个出入口，出入口宜设置在站台的端部，其净宽不应小于 4.5 m。受条件限制，且出入口处设有导向标志系统时，其宽度不应小于 3.5 m。

（5）旅客天桥、地道通向站台出入口之间的距离应符合下列规定：

①特大型、大型铁路客站不宜小于 20 m。

②中、小型铁路客站不宜小于 15 m。

③当自动扶梯相对布置时，其出入口之间的距离应满足自动扶梯工作点间距相关要求。

（6）天桥、地道出入口阶梯和坡道应符合下列规定：

①旅客用天桥、地道出入口阶梯单独设置时，踏步高度不宜大于 0.14 m，踏步宽度不宜小于 0.32 m；旅客用地道、天桥阶梯与自动扶梯并行设置时，踏步高度不宜大于 0.15 m，踏步宽度不宜小于 0.30 m。每段阶梯不应大于 18 步，直跑阶梯平台宽度不宜小于 1.50 m。

②旅客用天桥、地道采用坡道时应有防滑措施，且坡度不宜大于 1:8。

③行包地道出入口坡道坡度不宜大于 1:12，起坡点距主通道的水平距离不宜小于 10 m。

④地道主体与出入口相接位置宜采用圆角处理。

（7）地道应符合下列规定：

①站台上地道出入口处地面应高出站台面 0.02 m，并采用缓坡与站台面相接。

②地道应设置防水及排水设施。

③自然通风条件不良的地道应设置通风设施并采取防潮措施。

（8）旅客用天桥应符合下列规定：

①天桥应设有顶棚。严寒和寒冷地区应采用封闭式，其他地区两侧宜设置安全围护结构。

②天桥栏杆（板）或围护的净高度不应小于 2.2 m。桁架式天桥栏杆（板）或围护应设置在桁架内侧。

③天桥两侧采用玻璃窗采光时，玻璃应采用钢化夹胶玻璃。落地玻璃窗应采取防撞措施。

④天桥设计应在满足使用功能前提下尽量美观。

（9）位于线路上方的建（构）筑物应形式简洁、连接安全可靠，且不应采用装饰性构件，并应预留检修维护条件。

（10）高架候车厅和旅客用天桥采光窗、玻璃幕墙开启扇严禁设置在高速铁路正线上方。

3）检票口

（1）进站、出站检票口设置数量应根据旅客流量、检票口通过能力、候检时间等因素计算确定。

（2）设置自动检票机的铁路客站，每组自动检票机旁应设人工检票口。

（3）进站检票口与直对的疏散门或通向站台楼梯踏步的距离不宜小于 4 m，与自动扶梯工作点的距离不宜小于 7 m。出站检票口与直对的疏散门或楼梯踏步的距离不宜小于 5 m，与自动扶梯工作点的距离不宜小于 8 m。地下车站出站检票口与出入口通道边缘的距离不宜小于 5 m。

（4）进站、出站检票口应满足安全疏散及无障碍通行要求。

（5）进站、出站检票口附近不应设置座椅及其他影响排队验票的设施，且进站检票口前供候检排队区域长度不宜小于 15 m，出站检票口不宜小于 7 m。

（6）检票口宜根据换乘流线需要采取双向进站、出站检票措施。

4）电梯与自动扶梯

（1）旅客进站、出站通道上宜设置电梯、自动扶梯。水平换乘距离大于 300 m 的换乘通道宜设置自动人行道，自动人行道倾角不应大于 12°。

（2）室外运行的自动扶梯宜设顶棚和围护设施，电梯、自动扶梯应设置排水设施。

（3）自动扶梯应采用公共交通型，并应具有变频调速功能。自动扶梯选用应符合下列规定：

① 设置在旅客进站、出站通道上的自动扶梯，与楼梯并排设置时，倾角宜采用 23.2°；单独设置时，倾角可采用 23.2° 或 27.3°。

② 自动扶梯额定速度宜为 0.5 m/s。

③ 梯级深度不应小于 0.38 m，水平梯级踏面不应小于 3 级。

（4）自动扶梯工作点与前方影响通行固定设施的距离不应小于 8 m；两台相对布置自动扶梯工作点的间距不应小于 16 m。自动扶梯与楼梯相对布置时，自动扶梯工作点与楼梯第一级踏步的距离不应小于 12 m。

（5）电梯选用应符合下列规定：

① 客用电梯额定载重量不应小于 1 000 kg。兼做物流通道时，其额定载重量不应小于 1 600 kg。

② 客用电梯额定速度宜为 1 m/s，且不应小于 0.63 m/s。

③ 客用电梯门宜采用双扇中分门，宽度不应小于 1 m，且不应朝向铁路线路方向。

④ 货运电梯应符合国家现行有关标准的规定。

（6）自动扶梯扶手高度不应小于 1.00 m，也不应大于 1.10 m。提升高度 12 m 及以上的自动扶梯应采取必要的安全措施。

（7）自动扶梯与站台交界处地面宜高出站台面 0.02 m，且应采用缓坡与站台面相接。

5）公共信息导向系统

（1）铁路客站应设置公共信息导向系统，并应符合下列规定：

① 导向系统应设置在车站广场、站房、站台、天桥、地道、城市通廊等部位。

② 导向系统可采用静态或动态标志。

③ 导向系统的设置应安全、规范、系统、醒目、连续、易于辨识。

④ 不同功能的导向系统应互相区别和易于辨识,当受空间条件限制时应满足主要功能要求。

⑤ 导向系统应与市政导向系统协调并衔接。

⑥ 静态标志与动态标志应协调设置,导向系统与室内外装修应协调设置。

(2) 铁路客站应设置旅客进站和出站动态标志。进站动态标志应设置在进站口、候车区(厅、室)、售票厅、进站通道、站台等旅客进站流线区域;出站动态标志应设置在出站通道及出站集散厅等旅客出站流线区域。

(3) 铁路客站导向标志应设置在通向目标的主要流线上,并应符合下列规定:

① 进站导向标志应自车站广场范围内的公交汽(电)车站、出租车站、停车场和城市轨道交通站点等开始,沿旅客进站流线至进站口、候车区(厅、室)、售票厅、检票口、站台等区域进行设置。

② 出站导向标志应自站台开始,沿旅客出站流线至出站通道、出站口等区域进行设置。

③ 在道路和通道需要作出方向选择的节点处、换乘区应设置导向标志。设置位置和间距可根据标志设施版面大小、光线和照度、空间环境、观察距离等因素确定,并应符合现行国家标准《公共信息导向系统设置原则与要求》(GB/T 15566)的相关规定。

(4) 铁路客站应在下列场所设置位置标志:

① 车站广场、车站范围内的公交汽(电)车站、停车场、出租车站、城市轨道交通站点等配套设施。

② 售票用房、自动售(取)票机、进站口、出站口、行包托取处、候车区(厅、室)、检票口、站台等客运服务设施。

③ 国境(口岸)站的海关、边防检查、卫生检疫、动植物检疫等联检设施,免税店等。

④ 站房公共区的问询处、公安值班室、小件寄存处、厕所、母婴服务设施、公用电话、饮水处、自动取款机、商业服务设施等旅客服务设施。

(5) 铁路客站宜在旅客进站和出站集散厅、换乘区设置车站总平面示意图,各进站层宜在主要出入口处设置相应楼层的平面示意图和信息索引标志。站房售票厅、进站口、候车区(厅、室)、换乘区宜设置提示旅客的信息标志。

(6) 站台站铭牌设置应符合下列规定:

① 有雨棚的站台每侧至少应设置 2 个垂直于线路方向的悬挂式站铭牌和 2 个平行于线路方向的附着式站铭牌。

② 无雨棚的站台每侧至少应设置 2 个平行于线路方向的柱式站铭牌或框架式站铭牌。

③ 站铭牌应醒目、坚固,与基体连接牢靠。

(7) 除仅停靠始发动车组列车的站台外,其他停靠动车组列车的站台应设置动车组车厢位置地面指示标志。

(8) 铁路客站应面向广场设置站名标志,其位置、字体、大小应满足车站周边旅客识别需求,并应与车站建筑相协调。

(9) 铁路客站无障碍设施应设置无障碍标志,并应在进站流线和出站流线上设置相关导向标志,其设置应符合现行国家标准《无障碍设计规范》(GB 50763)和《公共信息导向系统设置原则与要求》（GB/T 15566）的相关规定。

（10）在站台的醒目位置，站台安全护栏处，人员密集场所的上下楼梯、自动扶梯处、标高变化处等存在潜在危险的处所，应设置安全标志，其设置应符合现行国家标准《安全标志及其使用导则》（GB 2894）的相关规定。

（11）铁路客站室内应设置"禁止吸烟"标志。

（12）静态标志的图形符号及相关要素应符合下列规定：

① 静态标志可由图形、符号、文字或其组合形式表示。

② 静态标志的图形、符号应符合现行国家标准《公共信息图形符号》（GB/T 10001）和其他相关标准的规定。

③ 静态标志中文字、图形的构成和组合应符合现行国家标准《公共信息导向系统导向要素的设计原则与要求》（GB/T 20501）的相关规定。

（13）公共信息导向设施应符合下列规定：

① 导向设施设置方式可采用附着式、悬挂式、摆放式、柱式、台式、框架式、地面式等。

② 导向设施依附的基体应能承受标志设施荷载，且导向设施及其与基体的连接应满足相关安全要求。

③ 导向设施不应采用对人体有伤害危险的材料。灯光型标志设施的材料应具有防火性能，电气材料应具有绝缘性能。

④ 静态标志设施设置高度应符合下列要求：

a）悬挂式和悬挑式标志设置在室内时，其下边缘与地面的垂直距离不应小于 2.2 m；设置在室外时，其高度应根据下部的通行要求确定。

b）附着式导向标志设施的上边缘与安装处地面的垂直距离不应小于 2.0 m。

c）附着式位置标志设施的上边缘与安装处地面的垂直距离宜为 1.6 m，当需要在较远距离被识别时，附着式位置标志设施的下边缘与安装处地面的垂直距离不应小于 2.0 m。

d）其他形式标志设施设置高度应符合现行国家标准《公共信息导向系统设置原则与要求》（GB/T 15566）的相关规定。

⑤ 地面导向标志材料的耐磨、耐候、易清洁和防滑性能应符合现行国家标准《道路交通标线质量要求和检测方法》（GB/T 16311）的相关规定。

⑥ 室外安全标志及导向标志宜采用反光材料或自发光材料。

⑦ 导向设施应便于检修。

5. 供暖、通风与空气调节

1）一般规定

（1）供暖、通风与空气调节方案应根据铁路客站站房建筑规模、周边环境、当地能源条件和国家节能减排及环保政策等综合确定。

（2）铁路客站站房设备区空气调节系统应独立设置；公共区与办公区空气调节系统宜分开设置。

（3）供暖、空气调节系统的冷热源和输配系统的风机、水泵等用能设备宜采用国家 1 级能效等级的产品和设备。

2）室内外空气设计参数

（1）铁路客站站房各主要房间供暖室内计算温度应符合表 2−10 的规定。

表 2-10 站房各主要房间供暖室内计算温度

房间名称	供暖室内计算温度/℃
进站集散厅	12~14
售票厅、行包托运厅、提取厅	14~16
候车区（厅、室）	18
商务候车室	20
客服商业	18
办公室、售票室	18
公共厕所	14~16
票据室	10
行包库	5
旅客地道	不供暖
设备房间	根据工艺环境要求

注：1. 采用低温地板辐射供暖时，室内供暖计算温度应比表中规定温度降低 2 ℃。

2. 出站集散厅设于室内且与供暖区连通时，其供暖温度应与进站集散厅相同，设于室外时可不设供暖。

（2）铁路客站站房各主要房间空气调节室内计算温度和相对湿度应符合表 2-11 的规定。

表 2-11 站房各主要房间空气调节室内计算温度和相对湿度

房间名称	夏季空气调节室内计算温度/℃	相对湿度/%
进站集散厅	28~30	40~70
售票厅、候车区（厅、室）	26~28	40~70
商务候车室	24~26	40~60
客服商业	26~28	40~60
办公室、售票室	26	40~60
公共厕所	27~28	40~80
设备房间	根据工艺环境要求	

注：1. 出站集散厅设于室内且与空气调节区连通时，其空气调节温度应与进站集散厅相同，设于室外时可不设空气调节。

2. 冬季室内空气调节计算温度可按室内供暖计算温度进行确定。

（3）铁路客站站房采用通风系统时，公共区夏季室内空气计算温度不宜大于室外空气通风计算温度 5 ℃，且不应大于 30 ℃。

（4）铁路客站站房各主要房间空气调节系统新风量应符合表 2-12 的规定。

表 2-12 站房各主要房间空气调节系统新风量

房间名称	最小新风量/［m³/（h·人）］
普通候车区（地上及高架站）	10.0
普通候车区（地下站）	12.6
软席候车区（独立）	20.0
商务候车室	30.0
售票厅	10.0
客服商业	20.0
售票室	30.0

注：1. 软席候车设于普通候车区时，应按普通候车区计算。

2. 地下车站新风量除满足表中要求外，尚不应少于系统总风量的10%。

3. 集散厅可不设新风系统。

（5）室外空气计算参数应符合现行国家标准《民用建筑供暖通风与空气调节设计规范》（GB 50736）的规定。

3）供暖

（1）铁路客站站房冬季供暖应符合下列规定：

① 累年日平均气温稳定低于或等于 5 ℃的日数大于或等于 90 d 的地区，铁路客站站房应设置供暖设施，并宜采用集中供暖。

② 有供暖需求的设备用房及管理用房可采用局部供暖。

（2）铁路客站站房热负荷计算应结合门斗及旅客流线确定。

（3）严寒、寒冷地区铁路客站站房的售票厅、集散厅、候车区（厅、室）宜采用低温热水地板辐射供暖。

（4）严寒地区铁路客站站房的主要出入口应设热空气幕；寒冷地区铁路客站站房的主要出入口宜设热空气幕；夏热冬暖、夏热冬冷地区铁路客站站房的主要出入口宜设空气幕。

4）通风

（1）铁路客站站房的候车室、售票厅等房间宜采用自然通风，自然通风不能满足要求时，应辅助设置机械通风；公共厕所应设置机械通风。其换气次数宜符合表 2-13 的规定。

表 2-13 铁路客站站房换气次数

房间名称	换气次数/（次/h）
候车区（厅、室）、售票厅	2~3
公共厕所（机械通风）	15~20

（2）无外窗办公用房应设置机械通风。

（3）铁路客站站房内采用机械通风消除余热的电气房屋应设自动温控风机。

（4）铁路客站站房内公共区域的餐饮操作间应设独立通风系统。

（5）铁路客站站房厕所应设置独立的机械排风系统，排出的气体应直接排至室外。

5）空气调节

（1）夏热冬冷地区及夏热冬暖地区的特大型、大型、中型站房和国境（口岸）站房应设空气调节系统，小型站房宜设空气调节系统；其他地区铁路客站站房可设空气调节系统。商务候车室和售票室宜设独立空气调节系统。

（2）铁路客站站房内设备用房应根据工艺环境需求设置空气调节系统。

（3）铁路客站站房内辐射热较高的区域，夏季可利用地板辐射供暖系统进行供冷，并应有防结露措施。

（4）候车区（厅、室）、集散厅、售票厅等高大空间宜采用分层空气调节形式。

（5）设全空气空气调节系统的铁路客站公共区宜设置空气净化装置。

6）其他

（1）供暖、通风与空气调节系统宜制定合理的设计运行策略。

（2）供暖、空气调节系统应采取在部分冷热负荷和部分空间使用时降低能耗的措施。

（3）铁路客站站房候车区（厅、室）、售票厅等宜采取新风需求控制措施。

（4）供暖、通风与空气调节系统应设置能源计量器具，并应符合国家现行标准《用能单位能源计量器具配备和管理通则》（GB 17167）和《铁路工程节能设计规范》（TB 10016）的相关规定。

（5）铁路客站站房供暖、通风与空气调节系统应设置维修保养设施。

（6）高架站房下的供暖、通风与空气调节设备及管道不应设置在铁路线路上方，必需设置时，应采取安全防护措施。

（7）供暖、通风与空气调节末端装置的形式及布置应与装修相协调。

6. 给水排水

1）一般规定

（1）铁路客站给水系统应结合生产、生活、消防等用水及对水质、水压、水量要求进行设计。

（2）铁路客站排水系统应按生活污水与雨水分流设计。

（3）站房内应采用节水型卫生洁具及配件。

（4）站房直饮水设施的设置应符合国家相关标准规定。

（5）铁路客站给水排水工程设计除应符合本规范外，尚应符合国家现行标准《铁路给水排水设计规范》（TB 10010）的有关规定。

（6）高架站房下的给水、排水设备及管道不应设置在铁路线路上方，必需设置时，应采取安全防护措施。严寒、寒冷地区高架站房下的给水、排水管道应采取保温防冻措施。

2）给水

（1）铁路客站给水水源宜采用城镇自来水，并应根据其水质、水量、水压和供水保证程度设置加压、贮水和水处理设施。

（2）铁路客站宜根据用水性质采用循环用水和回用水。

（3）站房内旅客用水量应按式（2-1）计算，旅客生活用水定额及用水不均匀系数应符合表2-14的规定。给水供应时间内的小时变化系数，客货共线铁路客站站房宜为2.0～3.0，城际、高速铁路客站站房宜为2.5～3.0。

$$Q = \alpha \cdot H \cdot q_{g} \times 10^{-3} \qquad (2-1)$$

式中：Q——站房内旅客用水量（m^3/d）；

  α——用水不均匀系数；

  H——铁路客站站房最高聚集人数（人）；

  q_g——旅客生活用水定额 [L/（d·人）]。

表 2-14　旅客生活用水定额及用水不均匀系数

铁路客站站房类别	生活用水定额（最高日）/ [L/（d·人）]	用水不均匀系数
客货共线铁路客站站房	15～20	2.0～3.0
城际、高速铁路客站站房	3～4	1.0～2.0

（4）严寒和寒冷地区特大型、大型站房公共区盥洗间应供应热水。

（5）客货共线铁路客站站房宜按 1.0～2.0 L/（d·人）设置饮水设备，城际、高速铁路客站站房宜按 0.2～0.4 L/（d·人）设置饮水设备。饮水供应时间内小时变化系数宜为 1.0。

（6）铁路客站中间站台两端宜设置保洁作业用给水设施。

3）排水

（1）铁路客站污水宜排入城镇排水管网。无条件排入城镇排水管网的地区，排放的水质应符合国家或地方排放标准的规定。

（2）中水回用及雨水综合利用应符合国家有关标准的规定。

（3）虹吸式屋面雨水排水系统应设置溢流设施，同一系统的虹吸口应设置在同一水平面上。

（4）铁路客站站房内公共场所生活污水排出管管径应比计算管径加大一级。

7. 气与照明

1）一般规定

（1）铁路客站应统筹考虑车站通信、信号、客服、火灾自动报警、设备监控、通风与空气调节、电梯与自动扶梯等用电设备及为旅客服务的商业设施等因素确定供电能力。

（2）铁路客站电气与照明设计应选用安全可靠、经济适用、高能效的电力设备及灯具。

（3）铁路客站可根据需要设置机电设备监控系统。

（4）电气与照明设计应与建筑、结构及其他专业相协调，并与市政相关照明设计相协调。

（5）铁路客站电气与照明设计除应符合本规范外，尚应符合国家现行有关标准的规定。

2）供配电

（1）中型及以上铁路客站的变电所宜设置在站房内。

（2）铁路客站的一级负荷应由双重电源供电。用电负荷分级和供电要求应符合国家现行标准《铁路电力设计规范》（TB 10008）的规定。

（3）特大型铁路客站应设置柴油发电机组，重要的大型铁路客站和中型及以上的地下铁路客站宜设置柴油发电机组。

（4）铁路客站应急照明和疏散指示标志宜采用应急电源装置（EPS）或由照明灯具自带蓄电池和浮充电装置作为后备电源。

（5）铁路客站设有光伏发电、热电联产等分布式发电系统时，其设备配置、主接线形式及运行方式应符合并网条件等电网要求。

（6）铁路客站低压配电干线系统应符合下列规定：

① 同区域、同类别用电负荷宜合用配电干线。

② 广告及商业配套设施等需要另行核算成本的负荷与旅客运营负荷宜分回路供电。

③ 公共区照明宜采用专用配电回路。

④ 应急照明和消防负荷应采用专用配电回路。中型及以上铁路客站的区域总配电装置处，可根据防火分区和建筑布局分出专用配电回路。

3）照明

（1）铁路客站站房照明方式应符合下列规定：

① 公共区可根据功能需求设置分区一般照明。

② 售票口、安检口、业务办理窗口、盥洗台等场所宜设置局部照明。

③ 办公区、设备区应设置一般照明。

（2）铁路客站站房照明种类应符合下列规定：

① 公共区、办公区、设备区均应设置正常照明，灯具布置应有利于分组控制。

② 公共区以及与行车直接相关的信号设备、消防和报警设备机房等重要房间应设置应急照明。

③ 在影响航空安全的站房建筑物上，应根据相关规定设置障碍照明。

④ 景观照明可根据需要设置。

（3）灯具安装高度在 6 m 及以下的场所，宜选用三基色 T5 或 T8 荧光灯、紧凑型荧光灯、发光二极管（LED）灯。灯具安装高度大于 6 m 的场所宜选用金属卤化物灯、发光二极管（LED）灯。

（4）铁路客站站房高大空间宜采用直接照明，灯具宜分组集中布置。

（5）铁路客站站房内开敞式商业用房区域所在的公共空间照明设计，应从分区控制、照度控制等方面统筹考虑。

（6）当正常照明为荧光灯、LED 灯时，可采用部分荧光灯、LED 灯作为应急照明；当正常照明为金属卤化物灯时，可采用卤钨灯或 LED 灯作为应急照明。

（7）站台区域灯具设置应满足安装、检修及与接触网带电体的安全距离要求。

（8）照明灯具应安装在符合受力条件的结构上，站房公共区灯具和光源固定应牢固，并应采取防止坠落措施。

（9）照明灯具及其相关设备的设置位置和安装方式应满足后期维护要求，必要时可配备专用维护设备。

（10）铁路客站景观照明应结合市政布局、建筑特征、地域文化确定设计方案，并应与其相邻建筑相协调。

8. 客运服务信息系统

1）一般规定

（1）铁路客站应设置旅客服务信息、客票、行包信息、门禁等客运服务信息系统。

（2）客运服务信息系统应与铁路客站规模及运营管理模式相匹配。

（3）客运服务信息系统终端设备应在满足客运服务及运营管理等需求的基础上，结合建筑、结构、装修等统筹布置。

（4）客运服务信息系统应根据需要预留发展条件。

2）旅客服务信息系统

（1）旅客服务信息系统可设置集成管理平台、客运广播、综合显示、视频监控、时钟、旅客携带物品安全检查设备、信息查询、入侵报警、求助等子系统。

（2）集成管理平台应具备对客运广播、综合显示、信息查询等集中管控功能。

（3）广播系统应符合下列规定：

① 广播系统应具备为旅客购票、进站、候车、乘车、出站等提供公共广播和为客运服务人员提供业务广播的功能。

② 车站广场、售票厅、进站集散厅、候车区（厅、室）、站台、出站集散厅、办公区、商业区等应设置扬声器。

③ 扬声器应根据建筑结构及装修形式、扬声器电气性能指标进行设置，并应符合现行国家标准《公共广播系统工程技术规范》（GB 50526）及《铁路旅客车站设计规范》（TB 10100）第 5.8.5 条的规定。

④ 扬声器的外形、色调、结构及安装方式应与铁路客站环境相协调。

⑤ 广播系统兼作消防广播时应符合现行国家标准《火灾自动报警系统设计规范》（GB 50116）消防应急广播的有关规定。

（4）综合显示系统应符合下列规定：

① 综合显示系统应具备为旅客提供引导及资讯信息和为客运服务人员提供作业信息的功能。

② 售票厅、进站集散厅、候车区（厅、室）、站台、出站集散厅等旅客集中处，宜结合旅客进站、出站流线设置显示终端设备。

③ 电子显示屏宜与时钟、静态标志等设施统筹设置。

④ 电子显示屏的规格及安装方式应根据客运服务需求及建筑布局等因素确定，并应兼顾功能、美观和经济性。

（5）视频监控系统应符合下列规定：

① 视频监控系统应具备对客运服务作业场所等进行监视和为铁路客站工作人员提供现场情况的实时图像功能。

② 站前广场、售票厅、检票口、售票区、进出站集散厅、候车区（厅、室）、站台、楼扶梯、垂直电梯、通道、站台、办公区处应设置前端视频采集设备。

③ 视频监控设备宜采用高清数字摄像机。

（6）子钟宜设置在售票厅、进站集散厅、候车区（厅、室）、站台、出站集散厅等处。

（7）车站应设置安检仪、安全门、手持金属探测仪、防爆罐、防爆毯等设备，根据需要可设置爆炸物测探仪及液体检测仪。

（8）查询终端宜设置在售票厅、候车区（厅、室）、集散厅、问询处、车站综合服务台等处。

（9）入侵报警系统探测器应设置于票据室、进款室等处；紧急报警按钮应设置在人工售票窗口、售票室通道及补票室等处。

（10）现场求助设备宜设置在售票厅、进站集散厅、候车区（厅、室）、站台、出站集散厅等处。

3）客票系统

（1）客票系统应具备购票、取票、退票、补票、检票等功能，并宜具备挂失补办、换票、改签等功能，根据需要可具备实名制验证验票功能。

（2）客票系统宜设置服务器及管理终端，并可根据需要设置窗口售票设备、自动售票机、自动取票机、自动检票机、补票机、实名制核验设备等。

（3）窗口售票设备、自动售票机设置数量应根据铁路客站购票人数、终端售票速度、终端开放时间等因素确定。窗口售票设备、自动售票机每站不宜少于 2 台。

（4）自动取票机设置数量应根据到站取票人数、终端处理速度等参数综合确定。

（5）自动检票机设置数量应根据检票人数、终端处理速度、检票时间等因素综合确定，每组检票口不应少于 2 台。

4）其他

（1）车站行包管理信息系统应设置行包管理服务器、计算机终端、票据打印机、货签打印机及网络设备等。

（2）行包服务信息系统应符合下列规定：

① 行包服务信息系统应设置行包显示、行包广播、行包视频监控及行包安全检查设施等子系统。

② 根据运营管理模式，广播主机、控制及传输等设备可与车站旅客服务信息系统合设。

③ 根据运营管理模式，视频存储、视频管理等设备宜与车站旅客服务信息系统合设。

（3）车站信息机房、售票室、票据室、进款室、补票室等房屋应设置门禁系统，信息配线设备间宜设置门禁系统；车站重点办公房屋可根据需要设置门禁系统。

9. 无障碍设施

（1）铁路客站无障碍流线应连续、完整，并应与市政交通无障碍设施衔接。

（2）铁路客站无障碍设施范围应包括站房平台、站房公共区、客运服务设施等，并应满足行动障碍旅客购票、候车、进站、出站、行包托取的需求。

（3）站房平台与车站广场地面间有高差时，应设缘石坡道或轮椅坡道。设置轮椅坡道有困难时，应采用无障碍电梯。设置无障碍电梯有困难的，可设置升降平台。缘石坡道和轮椅坡道应邻近与行动障碍旅客有关的设施和建筑的主要出入口。

（4）集散厅无障碍设施应符合下列规定：

① 集散厅出入口应为无障碍出入口。

② 进站集散厅与候车区（厅、室）之间、集散厅与地面层之间有高差时，应设置轮椅坡道或无障碍电梯、升降平台等升降设施。

③ 出站集散厅内地面有高差时，应设置轮椅坡道或无障碍电梯、升降平台等升降设施。

④ 实名制验票区应至少设置 1 处低位窗口，验票通道净宽不应小于 0.9 m。

（5）候车区（厅、室）的出入口应为无障碍出入口，且其轮椅候车席位应符合下列规定：

① 轮椅候车席位宜邻近进站检票口及无障碍升降设施，并可分区集中设置。

② 每个轮椅候车席位的占地面积不应小于 1.10 m×0.80 m。

③ 通向轮椅候车席位的通道应符合相关规范的规定。

④ 轮椅候车席位处的地面应设置无障碍标志。

（6）售票厅、行包托取处无障碍设施应符合下列规定：

① 售票厅、行包托取处出入口应为无障碍出入口。

② 人工售票窗口应至少设置 1 处低位窗口。

（7）供行动障碍旅客使用的通道、走廊、厅（室）、跨线设施等应符合无障碍通行要求。无障碍通道宽度不应小于 1.50 m，特大型、大型铁路客站无障碍通道宽度不宜小于 1.80 m。供行动障碍旅客通行的检票口净宽不应小于 0.90 m，检票口栏杆内、外侧 1.80 m 范围内地面应平整。

（8）供旅客使用的楼梯、台阶应为无障碍楼梯、台阶，并应在距楼梯、台阶的起点与终点 250～500 mm 处设置 300～600 mm 宽的提示盲道，其长度应与楼梯、台阶宽度相同。

（9）缘石坡道、轮椅坡道以外的供行动障碍旅客使用的坡道应符合下列规定：

① 坡道的坡度不应大于 1/12。

② 坡面应平整且防滑。

③ 坡道净宽不应小于 2.0 m。

④ 坡道高度每升高 1.5 m 应设长度不小于 2.0 m 的中间平台。

⑤ 坡道两侧应设置扶手，并应符合现行国家标准《无障碍设计规范》（GB 50763）的规定。栏杆下方宜设置安全阻挡设施。

⑥ 距每段坡道的起点与终点 250～500 mm 处应设置 300～600 mm 宽的提示盲道，其长度应与坡道宽度相同。

（10）供行动障碍旅客使用的铁路跨线设施与各站台间应设置坡道或无障碍升降设施。无障碍升降设施应符合下列规定：

① 特大型、大型铁路客站应设置与站台相通的无障碍电梯。

② 中型铁路客站设置坡道有困难时，应设置与站台相通的无障碍电梯或预留电梯井道；预留电梯井道时，应设置无障碍升降平台或爬楼车等升降设施。

③ 小型铁路客站设置坡道有困难时，应设置无障碍升降平台或爬楼车等升降设施。

④ 改建铁路客站设置坡道或无障碍电梯有困难时，应设置无障碍升降平台或爬楼车等升降设施。

⑤ 距无障碍电梯口 250～500 mm 处应设置 300～600 mm 宽提示盲道，其长度应与电梯口宽度相同。

⑥ 无障碍升降平台或爬楼车等升降设施的呼叫控制按钮应设置在便于行动障碍旅客操作的位置。

（11）旅客公共厕所无障碍设计应符合以下规定：

① 中型及以上铁路客站应设置专用无障碍厕所。

② 小型铁路客站宜设置专用无障碍厕所；困难时，应在公共厕所内设置无障碍厕位，其设置应符合现行国家标准《无障碍设计规范》（GB 50763）的规定。

③ 设置第三卫生间的铁路客站，第三卫生间应兼作专用无障碍厕所。

（12）旅客站台无障碍设计应符合下列规定：

① 站台安全警戒线内侧应设置 600 mm 宽提示盲道，提示盲道宜与安全警戒线等长。安全警戒线内侧提示盲道应与出站铁路跨线设施在站台上的楼梯出入口、坡道出入口、无障碍电梯口的提示盲道之间采用行进盲道相连。

② 井盖及水箅子的上表面应与地面平齐，水箅子上的孔洞宽度不应大于 10 mm。

③ 固定在墙、立柱上的物体或标牌下缘距地面的高度不应小于 2.0 m。自动扶梯、楼梯下的三角区净高小于 2.0 m 且旅客可以进入的区域，应设置防护设施，并应在防护设施外设置提示盲道。

④ 站台盲道的防滑值（BPN）不应小于 80。

（13）自动扶梯、站场范围内的平过道严禁作为无障碍通道。自动扶梯应在距上下支撑点 250～500 mm 处设置 300～600 mm 宽的提示盲道，其长度应与自动扶梯宽度相同，并严禁与行进盲道相连。

2.2.2　铁路车站流线组织

1. 流线组织的基本要求

铁路车站要充分体现"以人为本、方便旅客"的宗旨，提倡旅客乘车流程立体化、进出站自由化和多样化的设计。铁路车站需考虑总体布局，方便旅客流转于城市—进出站—上下车的整个流程；应该设置进出站口至站台全程醒目、清晰的旅客引导电子设备和显示一定时间段内车次情况的电子信息牌；要让旅客方便地"对门上车、对号入座"；要根据客运量配备自动售票、检票系统。

铁路车站要注重流线组织，缩小换乘距离，流线组织简洁顺畅、快捷合理，站内导向直观、明确，为旅客提供适宜的站内空间、良好的站内服务、舒适的候车服务、便捷的乘降服务、方便的信息服务、周到的商业服务。

铁路车站要采用前瞻性的规模、布局与标准，运用完善的公共安全技术（包括结构安全、消防安全、交通疏解安全），以及先进的节能环保技术，减振降噪技术。

铁路车站必须贯彻强本简末的原则，必须要有可持续发展的节俭理念，最大限度地降低建设成本，合理把握车站规模及标准，在充分考虑近、远期规划的同时，兼顾建设投入与维护成本。

2. 铁路车站流线组织

1）典型的铁路车站布置方案

（1）常规的铁路车站平、立总体布置方案。常规的铁路车站平、立总体布置如图 2-34 所示。

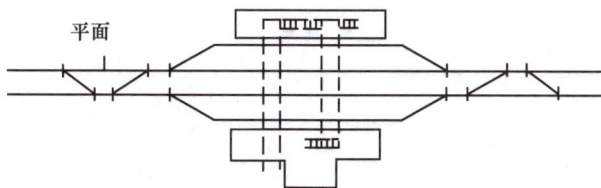

图 2-34　常规的铁路车站平、立总体布置

① 平面：车站，站房在一侧，具有基本站台和中间站台。

② 立面分为以下几种情况：以地道进站、地道出站的"两地"方式；以高架通廊进站、地下通道出站的"一天一地"方式；以高架通廊进站、高架通廊出站的"两高"方式。

（2）候车室高架于铁路股道之上的平、立面总布置方案。因旅客到发量较大，停站列车较多，而采用岛式站台，车站横向用地宽度不足时，为避免采用基本站台与中间站台只夹 1

股道的平面布置,可采用候车室或站房全部建于铁路股道之上的方式。

候车室高架于铁路股道之上的平面示意图如图2-35所示。

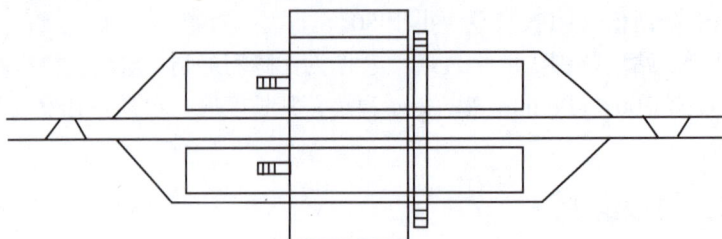

图2-35 候车室高架于铁路股道之上的平面示意图

站房、候车室高架于铁路股道之上的布置方案断面图如图2-36所示。

图2-36 站房、候车室高架于铁路股道之上的布置方案断面图

(3)高架站布置方案。新建车站两端线路因与多处道路交叉而设计为高架线路,这种线路经过的车站称为高架站。高架站的平面布置力求简单,其功能仅为列车发到和旅客上下车,其余设施均不应设在高架站上,以减少桥梁的工程量。

高架站断面图如图2-37所示。

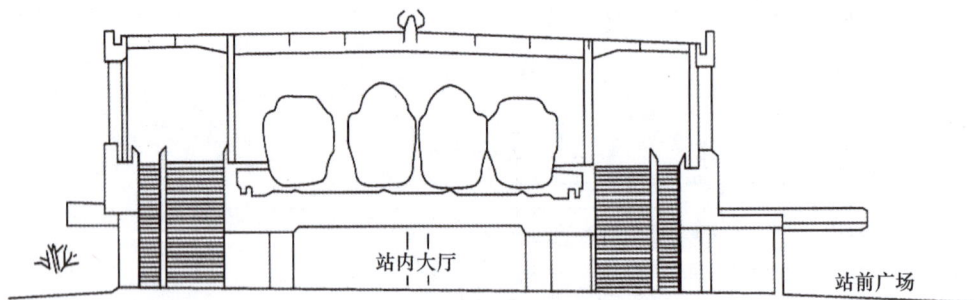

图2-37 高架站断面图

(4)铁路车站为高架站与既有站紧靠并列的布置方案。此种方案下,旅客利用既有站房候车,以高架走廊进出高速站,即"高进高出"。

高架站有较高的高度要求,建设成本较高。

铁路车站为高架站与既有站紧靠并列的布置图如图2-38所示。

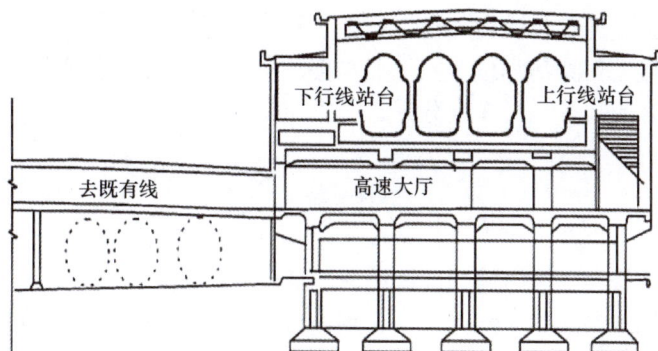

图 2-38　铁路车站为高架站与既有站紧靠并列的布置图

2）国内铁路车站流线组织

（1）客运站各种流线分析。

在客运站内，旅客、行包、交通车辆的流动路线简称为流线。流线组织是否合理，不但影响客运站的作业效率和能力，同时也直接关系客运设备的运用及旅客服务质量。

流线按流动方向不同，可分为进站流线和出站流线；按性质不同，可分为旅客流线（简称人流）、行包流线（简称货流）、车辆流线（简称车流）。

① 进站流线。

a）旅客流线。

车站的进站人流在检票前比较分散，不同旅客在不同时间内进站办理各种旅行手续，并在不同地点候车。进站旅客流线按旅客类型不同可分为不同流线。

（a）普通旅客流线。这是进站人流中的主要流线，人数最多，候车时间较长。多数客流进站的流程是：广场—问讯—购票—托运—行李—候车—检票—站台（跨线设备）上车。部分已预购车票的旅客和不托运行李的旅客，不会全部按照上述流程进行。

（b）特殊旅客流线。特殊旅客包括母婴旅客及老、弱、病、残、孕旅客，其流线顺序与普通旅客相同，考虑其特殊性，在中型以上站房均另设母婴候车室和专门检票口，保证他们优先、就近进站上车。此外，对团体旅客，在大的客运站也应另设候车室，最好与普通旅客流线分开，以免造成混乱。

（c）贵宾流线。在贵宾来往频繁的客运站，为保证贵宾的安全和便利，应设贵宾室。除设专用通道连通站台外，还应设置汽车直接驶入站台的通道。贵宾的出、入流线应与普通旅客流线分开，在个别情况下，为举行仪式，贵宾室可连通站房大厅。

（d）中转旅客流线。中转旅客根据换乘时间的长短，可以在办理签票后，在候车室休息，随普通旅客检票进站，也可以不出站，在相应的站台上换乘列车。

在进站旅客流线中，如旅客事先买好了车票或事先托运好了行李，就可在临开车前进入候车室或直接进站上车，这样就简化了旅客进站手续，减少了客流交叉及站内旅客最高聚集人数。因此，加强预售车票和办理行包接取、送达业务，有利于客运站的客运组织工作。

b）行包流线。

发送行包的作业流程：托运—过磅—保管—搬运—装车，这条流线应与到达行包流线分开。对于中转行包流线根据中转车次衔接情况、中转作业量的大小和有无中转行包库房等情况，行包到达后可以暂存放在站台上并在相应的站台上直接换装，也可以搬运至发送仓库或中转行包仓库，再按发送行包流程处理。

行包托运处要接近售票房和候车室，要与停车场有方便的联系通道。大型客运站应设专门的行包地道，将客流与行包流完全分开。

② 出站流线。

a）旅客流线。

出站旅客流线的特点是人流集中，密度大，走行速度快，在车站平面布置上应着重考虑通畅、便利，使出站旅客迅速出站，并在站前广场迅速疏散。

出站旅客流线比进站旅客流线简单，旅客办理手续少，使用站房时间短。一般情况下，普通旅客、中转旅客在一个出站口出站。

b）行包流线。

到达行包的作业流程：卸车—搬运—保管—提取，这条流线应尽量与发送行包流线分开，行包提取处应靠近旅客出口，大型客运站应设置专用行包地道。

c）车辆流线。

车辆流线是指站前广场上的公共交通车辆流线，出租汽车、小汽车流线，邮政行包专用车辆流线及非机动车辆流线等流线。在站前广场上应合理组织各种车辆的交通流线，妥善规划各种车辆的停靠位置和场所，使各种车辆流线交叉干扰最少，使旅客、行包、邮件迅速、安全地疏散。

（2）流线组织原则和流线疏解的基本方式。

① 流线组织原则。

a）各种流线应避免互相交叉干扰。即尽量将到、发客流分开，长途与短途客流分开，客流与行包、邮政流分开，到达行包与发送行包流线分开。在职工较多的车站，还应考虑将职工出入口与旅客出入口分开。

b）最大限度地缩短旅客走行距离，避免流线迂回。首先应缩短多数旅客的进站流线，尽量把站房入口与检票入口之间的距离缩短；其次，要给进行其他不同活动的旅客（如购物旅客等）创造灵活条件，以便他们可以按照自己的程序以较短的路线进站。

② 流线疏解的基本方式。

a）在平面上错开流线，即在同一平面上，通过合理安排站房及各种客运设备的布局使各种流线在同一平面左右错开自成系统，达到疏解的目的。为配合站前广场的车流组织通常将进站客流安排在站房的右侧，出站客流安排在站房的左侧。这种方式适用于中小型或单层的客运站。

b）在空间上错开流线，即进、出站流线在空间上错开，进站客流走上层，出站客流走下层，达到疏解目的。这种方式适用于大型双层客运站。

c）在平面和空间上同时错开流线，即流线既在平面上错开又在空间上错开。进站客流由站房右侧下层入站，经扶梯进入上层候车，然后经天桥或高架交通厅（检票厅）检票上车。出站客流经地道由站房左侧下层出站。这种方式不但流线明显分开，而且缩短了流线距离，适合于大型双层客运站。特大型客运站，如北京站、上海站等都采用这种方式达到疏解流线的目的。

3）铁路车站流线组织实例

（1）北京南站流线组织模式。北京南站的设计灵感来源于天坛祈年殿。从南北两个方向看，中央主站房微微隆起，东西两侧跨钢结构雨棚，酷似横向拉伸的祈年殿，融入了古典建筑"三重檐"的传统文化元素，承载着皇家气韵，延续着古都文脉传承，成为佐证北京历史神韵与现代气息完美结合的标志性建筑。

① 站内空间布置。

a）高架层（高 9 m）。高架层为旅客进站层，是高大的椭圆形建筑，中央为独立的候车室，东西两侧是进站大厅。乘坐小型机动车（包括出租车）的旅客从下客平台直接进入进站大厅（可从任何方向的匝道上到环形车道，也可以由任何方向离开高架层），南北方向中轴线设置中央玻璃采光带，能够充分地利用自然光，使整个空间通透宽敞。

b）地面层。地面层为搭乘公交车、大巴车，以及步行的旅客的进站入口，北广场设置了进站厅、贵宾候车厅、办公区域等。南广场用地局促，仅设旅客进站厅及后勤用房。

c）地下一层。地下一层是车站的交通换乘空间。中央为换乘大厅，四周为不同功能进出站厅、候车厅。

② 客流组织与换乘进站。

不同交通工具，在不同标高层进站。

a）进站。

（a）乘坐地铁的旅客在地下一层交通换乘空间进站。

（b）乘坐公交车、大巴车，以及步行的旅客在地面层侧站房进站。

（c）乘坐小型机动车（包括出租车）的旅客在高架层的下客平台直接进站。

b）出站。

出站层设在地下 1 层，即换乘层。

（a）换乘地铁的旅客前往换乘大厅中心的地铁站厅。

（b）换乘公交车、大巴车，以及步行的旅客行至车站南北两侧的区域。

（c）换乘小型机动车（包括出租车）的旅客在换乘空间东西两侧的地下停车库出站。

③ 外部公共空间规划。在车站中部，修建了一条宽阔且贯穿南北的中央绿色通道。这条通道还担负着旅客进出站的功能；也是联系南北两端公园的一条绿色走廊。一定面积的绿化公园，为旅客提供了一个室外休憩空间。内部的交通流线组织与外部道路结合，形成了高效、快捷的交通体系。公交车、大巴车、小型机动车（包括出租车）的上、落客区域的分离和隔绝式运行可以简化旅客上、下车流向，减少交叉和相互干扰。2 条地铁线路，便于客流从地下分流，创造了便捷的进入与离开方式。

④ 对周边区域的影响。区位与交通条件是中心商务区最重要的形成条件，因为这两个因素直接决定了区位的可达性。北京南站与城市中心的距离仅次于北京站，对吸引城市商业人流及商务入驻有利。

北京南站结构图如图 2-39 所示。

图 2-39　北京南站结构图

（2）广州南站流线组织模式。广州南站采用线上式站房，站房位于站台及线路上方。这种站房形式的最大特点是可以以旅客的出行需要和列车的行驶线路来对候车空间进行相应的平面划分。线上式站房充分利用垂直空间，有效缩短旅客乘降的步行距离，减少人流的交叉，方便车站工作人员的管理和后勤服务的展开。线上式站房往往横跨站场两侧布局，可以将站场两侧的城市空间紧密联系起来，有效节约了建筑用地，使整个车站真正成为城市"肌理"的一部分，为城市空间的发展留下了余地。此外，线上式站房形式比较完整，站房的整体性更强，能够较好地实现功能划分与建筑形式的统一。在拥有以上诸多优点的同时，线上式站房在实际运营中也存在一些问题，例如造价较高、结构跨度大等。广州南站采用上进下出的模式，所有旅客两端进站、高架候车、站台上车、轨下出站。

广州南站结构图如图 2-40 所示。

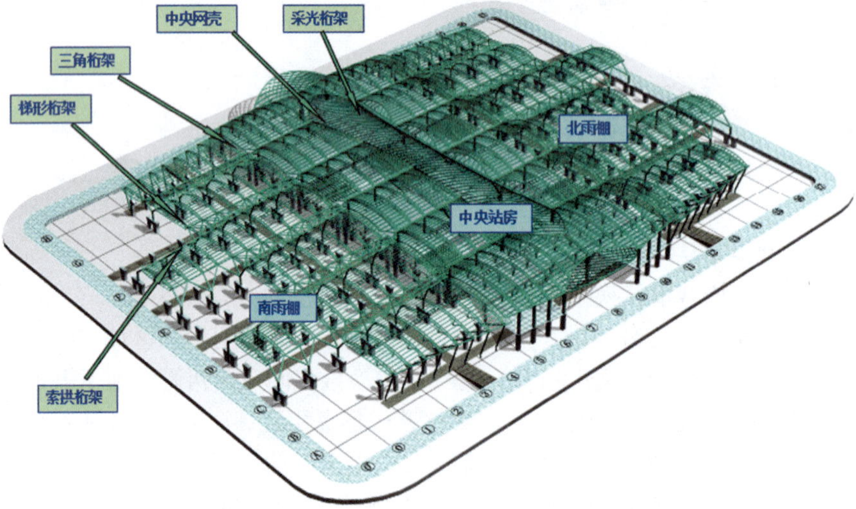

图 2-40　广州南站结构图

3. 高速铁路车站客运组织流程

高速铁路车站在很大程度上影响了传统的客运组织模式，促进了售票、候车、检票、上下车、进出站，以及在途服务等全过程的客运组织新模式的形成，最大限度地提升了旅客出行的便捷性和舒适性。在实际工作中，我国高速铁路车站充分借鉴地铁和国外铁路客运站的先进经验，在现有铁路计算机客票发售及预订系统广泛应用的基础上，通过应用自动售检票系统（AFC）、旅客自助查询系统、车站自动引导揭示系统等先进的信息管理系统，改变了过去以候车厅为中心的组织格局，建立了以综合大厅为中心的新格局；改"等候式"为"通过式"；改革现有"售票—候车室候车—人工检票进站—上车—在途服务—下车—人工检票出站"的客运组织模式，实行"自动售票—自动检票进站—站台或候车室候车—上车—在途服务—下车—自动检票出站"的新客运组织模式，引导旅客快捷进出车站，简化了进站流程，缩短了在站停留时间。

任务 2.3　售票设备设施

知识目标

了解车站售票设备设施的种类。

能力目标

能辨识车站售票设备设施。

素质目标

通过对车站售票设备设施知识的学习，树立铁路职业意识。

铁路车票的售票途径多种多样，旅客可以通过车站人工售票窗口、自助售票机、列车移动手持售票终端、互联网、旅行社、车票代售点等多种方式购票，还可以通过电话订票。目前铁路部门还推出了电子客票的销售试点。旅客可使用现金、支票、预付卡、信用卡、移动金融网络（支付宝、微信、网上银行）等为支付手段。网络购票的兴起，使车站售票量的比重越来越小，目前车站仅承担较少的售票任务，但其仍具有不可替代的作用。人工售票窗口如图 2-41 所示。自动售票机如图 2-42 所示。

（a）外部　　　　　　　　　　　　　　　（b）内部

图 2-41　人工售票窗口

（a）局部　　　　　　　　　　　　　　　（b）整体

图 2-42　自动售票机

铁路车站售票系统的自动化程度相当高，这与其强大的接发列车能力相匹配，也与大流量、高密度、客流快速集散的客运组织需求相匹配。铁路车站售票逐渐向自动售票机售票与人工售票并举的方向发展。通过自动售票机，旅客可以方便地查询各次列车的余票情况，自主选择乘坐车次、座别等。

人工售票窗口和自动售票机在数量配置上要考虑旅客的消费习惯和适应能力的动态变化，初期应设有较多的人工售票窗口和少量的自动售票机，并随在自动售票机购票旅客数量的增加而逐步增加自动售票机的数量。要通过各种方式引导旅客逐步接受自动售票设备。由于高速铁路强调服务的特性，应在人工售票窗口的数量上保持一定的弹性，控制好旅客排队的长度，尽最大可能降低旅客的排队时间。广义上讲，自动取票机也是自动售票机的一种，其主要办理旅客互联网购票的取票业务。自动取票机如图 2-43 所示。为了减轻车站售票处（大厅）的取票压力，减少不必要的旅客流动，部分自动取票机可放置在车站建筑主体的外部。设置在车站建筑主体外部的自动取票处如图 2-44 所示。

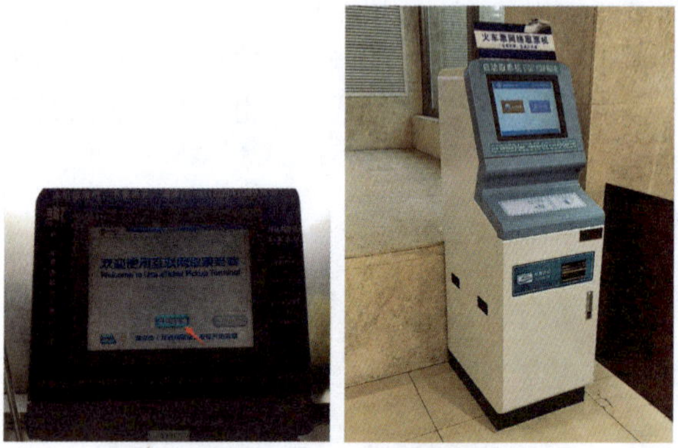

（a）局部　　　　　　（b）整体

图 2-43　自动取票机

图 2-44　设置在车站建筑主体外部的自助取票处

车站集中售票处的位置应尽量靠近综合大厅，并可考虑在综合大厅、旅客通道两侧、城际列车所在站台、与其他交通方式衔接位置上布设适量的自动售票机，以分担集中售票处的售票压力，达到更好地为旅客服务的目的。如换乘旅客较多，则在换乘站台或换乘大厅也应设置自动售票机和少量的人工售票窗口。

可以根据铁路车站客运量的大小，在铁路车站配备车站信息发布和客流导向等系统，以方便旅客购票、乘车，缩短旅客排队购票、进出站的时间。

任务 2.4　乘降设备设施

📢 知识目标

了解车站乘降设备设施。

🪪 能力目标

能辨识车站乘降设备设施。

📔 素质目标

通过对车站乘降设备设施知识的学习，树立铁路职业意识。

2.4.1　自动检票机

铁路车站广泛采用自动检票系统。旅客进出车站通过自动检票机检票，从而杜绝了人工检票的漏检、逃票、以售代检、以检代售等问题的发生。自动检票系统通过对客流量、客票收入等综合业务信息的汇总分析，可以增强铁路运输企业的客流分析、预测能力，进而能够合理地调配车辆，为运营管理提供实时、准确的统计分析报告和决策依据。

铁路车站常用的自动检票机包括以下几种类型。

（1）转杆式自动检票机（见图 2-45）。这种自动检票机通行流量比较小，容易造成拥堵和事故。

图 2-45　转杆式自动检票机

（2）扇门式自动检票机（见图 2-46）。这种自动检票机可以实现迅速、安全地疏散人流的目的，不容易出现拥堵与事故。这种人性化的自动检票机也带来一些弊端，由于扇门打开后停滞的时间相对较长，往往出现一些不自觉的旅客在出站检票时有意逃票。

（3）拍打式自动检票机（见图 2-47）。这种自动检票机适合于旅客流通量大的高速铁路车站，也适合大件行李及轮椅通行。拍打式自动检票机的结构如图 2-48 所示。

使用车票通过自动检票机的步骤如图 2-49 所示，使用身份证通过自动检票机如图 2-50 所示。

购买电子客票的旅客，可凭 12306 手机 App 生成的动态二维码检票进出车站。扫描二维码检票如图 2-51 所示。

图 2-46　扇门式自动检票机

图 2-47　拍打式自动检票机

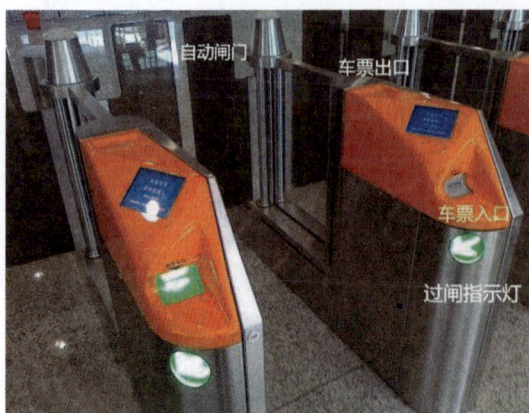

图 2-48　拍打式自动检票机的结构

图 2-49　使用车票通过自动检票机的步骤

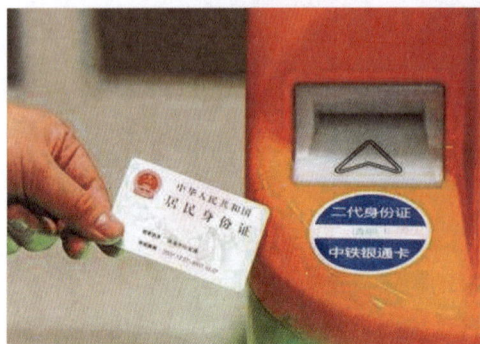

图 2-50　使用身份证通过自动检票机

图 2-51　扫描二维码检票

2.4.2　旅客实名查验系统

旅客进站乘车时，须持与车票所载身份信息相符的本人有效身份证件原件进站乘车。车站在查验时，须核对车票所载身份信息、身份证（或车站公安制证处开具的临时乘车身份证明）或其他有效证件、旅客三者的一致性，确认一致后，旅客才能进站上车。

1. 旅客车票实名查验的作用

加强对车站内和列车上各种治安隐患和违法犯罪活动的监控是保障铁路安全的重要手段之一。由于经济的发展、社会的转型、人口的流动，铁路车站难免发生一些违法犯罪活动。过去，由于长期没有实行实名查验制度，难以及时掌握旅客身份信息，因此在铁路治安管理上，事前防范工作往往存在被动、滞后的问题。推行实名查验，便于公安机关和铁路部门及时排查隐藏在旅客之中的违法犯罪分子。从这个意义上看，推行车票实名查验，无疑是增强铁路治安管理能力的一项重要举措。

2. 旅客车票实名查验的具体办法

1）人工查验

进行旅客车票实名查验时，铁路车站客运岗位工作人员将旅客的身份证放到证件识别器上后，如图 2-52 所示，旅客的身份证信息就会显示在计算机屏幕的右上方，然后与身份信息对应的电子客票信息将显示在计算机屏幕的左上方，此时，对车票信息、身份证信息、旅客三者进行比对，如果符合规定，计算机屏幕会显示"通过"字样，整个过程最快只需几秒，如果不符合规定，计算机屏幕将显示验证不通过界面（见图 2-53）。使用车站公安制证处开具的临时乘车身份证明及其他证件的旅客，其查验速度会相对较慢，这是因为工作人员需要人工输入相关信息。

图 2-52　旅客车票实名查验系统界面

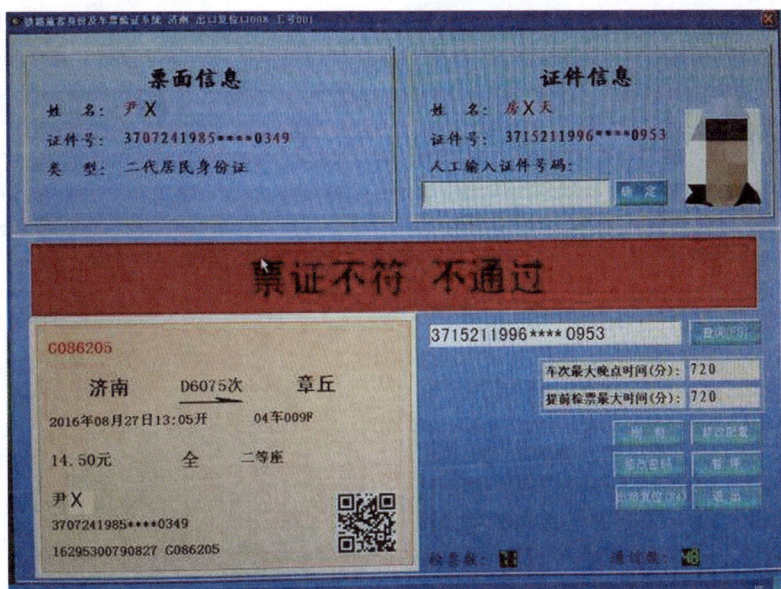

图 2-53　验证不通过界面

　　铁路车站实名查验窗口应设有爱心通道、应急通道，方便"老、弱、病、残、孕"等特殊旅客。此外，还应设置特殊情况处置区域，方便对票证不符、设备无法识别等特殊情况进行处理。

　　实名查验（验证）与安全检查入口如图 2-54 所示。

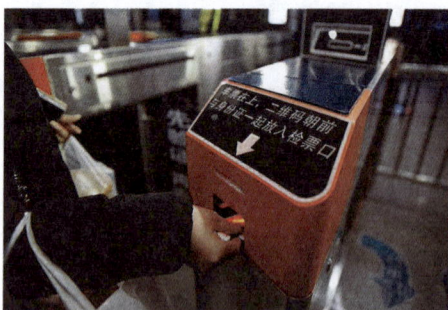

图2-54 实名查验（验证）与安全检查入口

2）验证闸机查验

随着计算机、通信、大数据、人工智能、图像识别等技术的发展，验证闸机正逐步推广使用。验证闸机如图2-55所示。

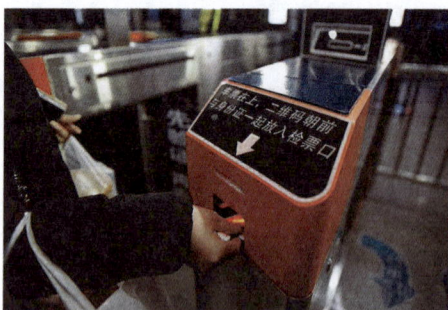

（a）型号1

（b）型号2

（c）型号3

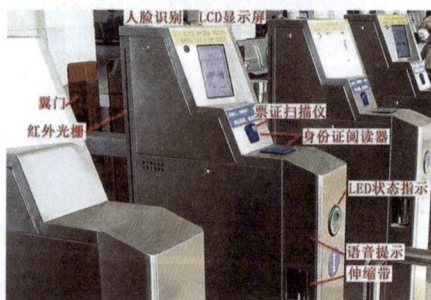

（d）型号4

图2-55 验证闸机

验证闸机上安装了人脸识别系统，自动核验现场采集的人像和证件照片信息，匹配成功即可放行。如果验证闸机查验结果为不匹配，可由现场工作人员进行人工查验，验证成功后方可进站。

任务 2.5　接待设备设施

知识目标

了解车站接待设备设施。

能力目标

能辨识车站接待设备设施。

素质目标

通过对车站接待设备设施知识的学习，树立铁路职业意识。

1. 服务台接待重点旅客作业流程

（1）接到重点旅客接待任务后，及时掌握重点旅客所乘列车车次、需要帮助情况等信息并向客运值班主任报告。

（2）重点旅客需要使用轮椅时，客运员（服务台）要及时登记、提供轮椅（有送站人员时按规定办理相关手续，收取身份证或抵押金）并按客运值班主任指示将重点旅客安排到指定地点候车，重点监控，做好服务。

（3）客运员（服务台）掌握重点旅客所乘列车的运行情况，提前协助家属将重点旅客引导到检票口。

（4）客运员（检票）与客运员（站台）做好互控，经客运员（站台）同意后提前组织重点旅客检票进站，同时进行防护，保证旅客乘降安全。

（5）客运员（站台）就重点旅客与列车长进行重点交接。站车交接认真仔细，不漏项，手续齐全，互有签字。

（6）办理站车交接后，客运员（站台）将轮椅收回，无接发列车作业时送回服务台。

全国五一巾帼标兵岗——哈尔滨西站冰凌花服务台如图 2–56 所示。

图 2–56　哈尔滨西站冰凌花服务台

2. 贵宾室接待服务作业流程

（1）客运值班主任接到相关任务通知后，通知客运员（贵宾室）提前 2 小时完成准备工作。客运员（贵宾室）须着装整齐规范，举止大方，表情自然，女性客运员（贵宾室）化淡妆上岗。

（2）客运员（贵宾室）提前立岗。室内外卫生彻底清扫，消除死角，做到窗明地净，四壁无尘，室内灯光明亮（如灯具损坏，迅速报修），卫生间可喷洒少量空气清新剂，贵宾毛巾要进行消毒，提前将灯、空调、电视打开。备足开水、茶叶，准备白瓷杯（按接待任务人数准备）。

（3）客运员（贵宾室）携带备品齐全，熟练掌握列车运行情况。迎接、引导贵宾进入贵宾室后进行供水服务，并按规定程序上报。

（4）客运员（贵宾室）注意检查有无危险隐患，做好普通旅客引导，防止普通旅客与贵宾产生对流，警惕一切可疑问题。

（5）客运员（贵宾室）掌握列车运行情况，按贵宾指示，不需要工作人员在室内时，可关门后到门口立岗。

（6）接待任务结束后，客运员（贵宾室）立岗恭送贵宾，客运值班主任将贵宾送到站台乘车。

（7）客运员（贵宾室）检查有无贵宾遗失物品，通知保洁人员清理环境卫生。

贵宾室如图 2-57 所示。

3. 候车室服务工作

候车室应设有一定数量的座椅，大部分服务设施应设在综合大厅，候车室内可按需要设置少量的服务项目，如可以考虑提供视频播放、报刊阅读、饮水、信息发布、WiFi 上网等服务。高速铁路车站旅客流转速度快，旅客停留时间短，候车室一般不设专门的服务人员。

4. 综合大厅服务工作

综合大厅服务工作主要包括问询、寄存等。

问讯处应设在旅客集中的进出站口、综合大厅、站前广场等处。一般情况下，以综合大厅的问讯处为核心。问讯处解答旅客提出的涉及购票、乘降、中转、集散等方面的问题。为加强服务的亲和力，一般考虑以人工服务为主要的服务形式。问讯处如图 2-58 所示。

图 2-57　贵宾室

图 2-58　问讯处

铁路车站可提供自动化寄存服务（如提供密码箱自助寄存等服务）和人工寄存服务两种方式，方便旅客选择。

有条件的高速铁路车站，可借鉴民航机场提供免费行李车的做法，方便旅客搬运大件行李。行李车可集中放置在进站口的某一侧，供旅客自由使用。回收则可考虑由保洁人员完成。

任务 2.6　车站综合控制室设备设施

知识目标

熟悉车站综合控制室设备设施。

能力目标

能辨识车站综合控制室设备设施。

素质目标

通过对车站综合控制室设备设施知识的学习，树立铁路职业意识。

2.6.1　车站综合控制室的主要工作内容

车站综合控制室（以下简称综控室），是车站的客运指挥中心，相当于车站的心脏。车站综合控制室主要运用旅客服务系统，对行车调度、客运计划、广播系统、引导系统、监控系统等进行高度集成，实现信息充分共享。综控室接入 CTC 终端，车站行车人员可实时了解列车运行情况。

郑州东站综合控制中心（综控室）如图 2–59 所示。

综控室一般设客运岗位、售票计划岗位，有些车站的综控室还设有运转行车岗位。客运岗位人员包括广播员、信息监控员等。综控室客运岗位人员由广播主管领导，其负责修改当日广播计划，将广播计划下发给广播员和信息监控员，确保旅客服务系统的各子系统信息完全统一；运转行车岗位人员负责实时监控 CTC 运行图，发现非正常情况时及时与广播主管联系；售票计划岗位人员根据列车运行情况对票额进行管理，三个岗位人员密切配合，及时沟通，确保旅客乘降组织安全。

在综控室内，正前方是几十块液晶显示屏，可以实时切换，监控车站的每一个角落；操作台上，同样是一排排计算机屏幕，客运员需要查看显示不同信息的屏幕，通过对讲机切换不同的频道，与车站不同岗位的工作人员进行联络。

综控室工作场景如图 2–60 所示。

图 2–59　郑州东站综合控制中心（综控室）

图 2–60　综控室工作场景

综控室，是连接列车、车站及旅客的桥梁，是保障庞大客流有序出行的"中枢神经"。综控室班组成员分工、配合，通过视频监控系统、行车系统等实现了以下功能。

（1）不断广播提醒、引导旅客上车。

（2）与车站其他工作人员对接车次、旅客的即时信息。

（3）及时预判晚点、车流高峰等特殊情况，保证客流运行有序，确保旅客出行安全。

（4）监控验证处、安检口、候车室、检票口、站台、通道、出站口等处所的情况。

可以说，综控室的工作涵盖了旅客从进站到出站的每一个环节，环环相扣。

作为车站"大脑"，综控室的一个重要任务就是核对列车运行图。只要列车运行进行了新的调整，在接到调图资料之后，综控室客运员并非简单地输入系统，而是需要对车次信息进行筛选，逐条核对车次、区间、本站到开时刻、停靠时间、停靠站台、检票口，等等，每一个环节都必须核对无误。

大量服务旅客的临时广播，让综控室的工作强度非常大。为旅客排忧解难，是综控室工作的一部分，例如，在相邻的站台有列车同时进站停靠，综控室就会增加广播次数，提醒旅客进站后不要上错车，这样的提醒一直要持续到列车开出站台。

2.6.2　旅客服务系统的组成及作用

旅客服务系统（以下简称客服系统）由旅服系统和客票系统等组成。旅服系统通过与列车调度指挥系统、客票系统的网络连接，为旅客进出站、候车、乘降等提供实时、准确的信息和服务。客票系统为旅客提供票务、自动检票等服务。

旅服系统由动态导向、广播、监控、时钟、查询、求助、站台票发售、寄存等子系统组成，通过集成管理平台对各子系统进行控制。客票系统由窗口售票、自动售票、自动检票等子系统组成。

1. 系统应用管理

客服系统实行统一的设备技术标准、配置要求和软件版本。客服系统集成软件由国铁集团统一组织开发和更新，任何单位和个人不得擅自更换和修改。其设备的选型、购置、安装、使用必须满足铁路部门颁布的相关技术标准和管理规定。

客服系统开发商应向使用单位提供必要的人员培训和售后服务。办理客服系统移交时，软件开发商应将工程设计文件、设备说明书、操作手册等资料一并向使用单位移交。

客服系统的一般更新、扩容、升级由各铁路局集团有限公司客运处和信息技术所共同组织实施。如需对客服系统关键设备、通信网络进行较大规模的更新、扩容、升级，须由铁路局集团有限公司客运处会同信息技术所制定更新方案，报国铁集团批准后方可实施。

使用单位如需对客服系统进行更新、修改，应向铁路局集团有限公司客运处提交书面申请和初步方案，具体包括：变更项目、实施时间、实施单位、实施方案和步骤、参与单位及负责人等。经铁路局集团有限公司客运处会同信息技术所对方案进行审定后组织实施。

2. 系统维护管理

车站应建立客服系统用户管理制度，根据岗位职责，确定相关人员的使用权限。遇人员调整时，应立即变更用户名、权限和密码等。车站系统管理员负责平台操作人员的增加、删除、修改及其权限设置等工作。平台操作人员应有个人专用的用户名和密码，密码长度不低于6位数，至少每三个月更换一次。不得设置共用用户名和密码。

车站要建立客服系统值班制度，明确值班电话，确保信息交流畅通。无关人员不得进入综控室。

车站应明确相关日常操作、系统管理和设备维护人员的岗位职责，制定日常工作制度和作业流程，建立和完善系统设备管理、维护、巡查和日常操作台账。

遇节假日等旅客运输高峰期，客服系统技术维护部门应组织对客服系统主机、存储设备、数据库、操作设备的软硬件进行全面检查，及时排除故障隐患。检查情况报铁路局集团有限公司客运处和信息技术所。

如需对客服系统进行停机巡检，技术维护部门应会同车站确定停机时间、制定实施方案和应急措施，经铁路局集团有限公司客运处和信息技术所同意后方可实施。

技术维护部门对客服系统的日常调试、测试等工作，应安排在夜间无作业时段进行。施工单位（如房建、水电、通信等部门）因施工检修设备等原因，会影响机房电源或网络通道时，施工单位必须提前 48 小时向车站提报详细方案，车站应将施工方案上报铁路局集团有限公司客运处，经同意后方可实施。

车站应加强计算机病毒防范工作，配置符合规定的杀毒软件，及时升级，定期查杀病毒，并做好相关记录。

车站应确保客服系统封闭运行，相关的计算机设备必须与办公网、互联网等其他网络进行物理隔断，不得与其他无关系统共用硬件或者网络设备。严禁私自在客服系统设备上使用 U 盘、移动硬盘等外接存储设备。

车站应当指定专人负责系统设备的管理工作，并与开发商或者专业维护单位建立联系机制，确保系统设备发生故障时，能及时实施抢修。

车站负责对因设备数量、种类和位置的变更所造成的基础数据变化进行维护，并做好列车运行图、广播内容、导向揭示等信息的创建和修改工作，以保证对外信息公布准确。

3. 集成管理平台

集成管理平台对导向揭示、广播、监控、求助、寄存等业务进行集成，与列车调度系统连接，实现旅客服务信息共享和功能联动。在正常工作情况下，车站所有的广播、导向揭示、视频监控、求助、信息查询、信息发布、业务维护、设备监控等业务均在集成管理平台上完成。

集成管理平台可对若干车站的旅服系统进行集中控制，为车站客运组织工作提供综合信息。简易集成管理平台只对本站旅服系统进行操作控制，满足本站旅服各子系统与集成管理平台中断联系时的应急控制需求。

4. 列车到发管理

客票系统每次在修改列车基础数据信息后，即向集成管理平台发送车次目录和列车停靠站信息；列车调度系统每天实时向集成管理平台发送列车运行阶段计划和列车实时到发信息。

车站操作人员确认列车到发信息后，由集成管理平台根据客票系统和列车调度系统提供的信息自动生成客运组织计划，并由操作人员根据列车运行实际和车站客流情况对计划进行调整。

车站操作人员确认客运组织计划后，由集成管理平台自动生成检票计划、广播计划、导向计划，并将各计划分别发送给自动检票系统和到发通告终端。

5. 广播管理

车站广播系统自动从集成管理平台获取广播计划和信息，按时向旅客和工作人员进行发布。

车站操作人员负责对自动生成的广播计划和执行情况进行监控，必要时可采取人工广播。

操作人员可以对广播区域进行分组，可以选择人工话筒音源与其他形式的广播音源进行混音广播。

6. 动态导向管理

车站动态导向系统自动从集成管理平台获取各类旅客服务信息，并通过售票厅、进站口、候车室、天桥、地道、站台、出站口等处设置的显示终端，为旅客提供及时和准确的动、静态信息服务。

车站操作人员对每日生成的导向计划和自动执行情况进行监控，必要时进行人工干预，确保导向信息准确。

7. 检票管理

车站自动检票系统自动从集成管理平台获取列车检票信息和检票计划，通过闸机为旅客提供自助检票进出站服务。闸机检票车次要与广播、引导系统显示的作业内容一致。

进出站检票区域应有客运人员值守，负责本区域的闸机管理，引导旅客按闸机提示正确检票。遇系统故障或旅客无法通过闸机时，引导旅客通过人工检票口进出站。

8. 监控管理

车站监控系统实现对站区内的服务现场和服务设备设施的监控。

车站操作人员、设备维护人员及相关管理人员可以在监控权限范围内浏览监控系统的实时图像信息和录像回放。

按照优先级的高低，具有权限的相关人员可以锁定（解锁）、屏蔽（解除屏蔽）相关摄像机的内容。

车站要制定监控系统录像资料管理制度，加强对监控录像的日常管理，操作人员不得擅自复制录像资料，未经批准监控录像资料不得外传。

9. 求助管理

车站求助系统通过集成管理平台响应旅客的求助需要，使旅客及时获得车站工作人员的帮助。

车站求助系统安装位置应充分考虑服务旅客的需要，并设置醒目的导向标志。求助系统应与监控系统相结合，求助点附近应有监控设备，并做到对求助点的覆盖。

当旅客按下求助按钮后，综控室操作人员应立即接听，并通过集成管理平台查清求助点位置；求助点附近指定的监控设备将自动调整预制位，并将求助点图像自动显示在综控室显示屏上。

遇有综控室操作人员无法处理的旅客求助问题，综控室操作人员应立即通知附近岗位作业人员，帮助旅客处理相关求助事宜。

10. 寄存管理

车站寄存系统通过集成管理平台实现对寄存柜的自动管理，满足旅客自助寄存小件物品的要求。

当集成管理平台收到寄存设备发生故障或外力破坏的信号时，寄存机柜附近指定的监控设备将自动调整预制位，并将寄存柜图像自动显示在集成管理平台，综控室操作人员应立即通知相关工作人员到现场进行处理。

车站应指定专人负责寄存机柜的日常管理，负责钱箱的清点及找零箱、凭条的补充和更换。

11. 时钟管理

车站时钟系统从统一的时钟源获得标准时间，实现整个站区内各个子钟及相关系统与时钟源同步。

时钟系统具有自动校时、自动追时功能。

12. 查询管理

车站查询系统通过集成管理平台获取列车时刻表和列车实时到发信息及各类公告内容，为旅客提供自助查询服务。

遇有列车信息、公告信息变动时，车站工作人员应及时做好信息资料的更新维护工作，保证各类信息的准确、一致。

2.6.3　设备维护保养

铁路局集团有限公司客运处负责客服系统建设规划、组织管理、监督检查、维护保养等工作；信息技术所负责客服系统设备、网络和软件的日常管理工作；车站负责客服系统的日常使用、管理和报修等工作。

客服系统软硬件设备保养、维护在保修期内由系统建设单位负责；保修期满，铁路局集团有限公司采用市场化运作的模式公开招标，由中标单位负责。

客服系统设备维护单位应定期对设备进行巡检、技术支持，发生故障及时修复。车站应按照有关规定与维护单位签订设备维护合同和安全质量协议，对双方职责和维修质量进行明确规定。根据协议检查、监督维护单位的日常维护工作质量，并对维护单位的工作予以配合。

客服系统设备维修费用纳入铁路局集团有限公司年初预算安排统一下达。

车站应建立日常设备故障报修制度，明确报修流程，完善设备故障处理登记台账，做好登记。

信息技术所、维修单位要加强客服系统的日常维护和检修工作，保证系统的使用质量。在接到车站故障报修通知后，必须按规定及时赶赴现场，迅速排除故障，恢复设备正常使用。

2.6.4　北京南站旅客服务信息系统

作为"十一五"期间铁路部门建设的 548 座新型客运站的典型代表，北京南站是目前国内铁路客运站中规模最大、先进技术运用最多、现代化程度最高的车站之一。北京南站客运服务系统广泛应用数字技术，符合现代高速铁路管理思想、服务理念。现将相关情况简单介绍如下。

1. 集成管理平台

北京南站集成管理平台按照统一的接口标准，集成了综合显示系统、广播系统、监控系统等多个系统，实现车站内多个系统的信息共享和联动功能。各子系统的业务操作在集成管理平台上完成，各子系统执行集成管理平台监控指令，完成本系统的维护管理。通过集成管理平台，北京南站同时实现对亦庄站的业务监管。

2. 综合显示系统

综合显示系统通过前端多种显示设备，在站内为旅客出行提供完整的引导服务及公告、新闻、天气、财经等各类资讯信息，并向车站工作人员提供列车到发信息服务。

（1）为旅客提供进站候车信息的进站大屏幕采用全彩 LED 显示屏，分别设置于高架层南进站大厅、北进站大厅、东西落客平台、地下一层换乘大厅。

（2）窗口屏、检票屏、进出站通道屏等采用双基色 LED 显示屏。

（3）在各候车区、进出站厅门口，为满足旅客近距离观看的需要，设置了液晶显示屏。

（4）在贵宾室、软席室、各候车区设置等离子显示屏。

3. 客运广播系统

北京南站广播系统采用数字音频控制和传输技术，将多路信号源同时传输到不同的分区，保障旅客能够在整个站区内清晰、明确地获取音频信息；在特定情况下，能够实现紧急情况广播。

4. 监控系统

综控室设置大屏幕监控系统，为工作人员提供视频信息，并可通过对摄像机的控制，实现现场实时视频监视。摄像机的设置按售票窗口、售票大厅公共区域、自动售票区域、候车室、售票厅进款室、票据室、小件寄存区域、进出站厅通道口、安检通道、电梯、站台等处设置。

5. 自动查询系统

自动查询系统采用计算机、触摸屏、多媒体、网络技术等，为旅客提供查询客运专线、车站及周边环境等信息的服务，其由自助查询终端、人工查询终端组成。

6. 时钟系统

时钟系统为旅客服务信息系统各子系统提供统一时间信号。

7. 小件寄存系统

小件寄存系统允许旅客以自助的方式存放小件物品，为旅客提供便捷服务。

8. 绿色系统

绿色系统在车站设置投诉终端，各类投诉信息均通过车站集成管理平台上传至中心服务器，为旅客的投诉和建议提供一个快速响应的客户服务平台。

9. 紧急求助系统

紧急求助系统以计算机电话集成技术为基础，采用摘机即时通话（无须拨号）的求助分机或按钮，通过监控系统的配合，响应旅客的紧急求助需要，使旅客及时获得车站值班人员的帮助。

10. 安检系统

为确保旅客列车运行安全，在车站进站厅处设置安检系统并可与综控室进行信息交换。

11. 门禁及防盗入侵报警系统

售票厅进款室、票据室等重点防护场所设置了防盗报警子系统及门禁子系统，防范等级为一级。

普速客运列车认知

普速客运列车在我国铁路运输体系中仍占有不可替代的作用，对于高速铁路网覆盖不到的地区，普速客运列车仍是群众出行的首选交通工具之一。同时普速客运列车价格实惠、停靠站点多，是铁路部门向社会提供普惠交通服务的重要载体。本项目介绍普速客运列车、非空调列车、新空调列车、CR200J 动力集中动车组的相关知识。

🚩 **项目导入**

22 型客车及其衍生系列客车、25 型非空调客车，就是我们常说的绿皮火车，即绿皮车，绿皮车没有空调，一节车厢可以坐上百人，朴实无华，具备基本功能，票价实惠，为交通运输事业做出了巨大的贡献，随着时代的发展，人民生活水平的提高，绿皮车的缺点也暴露无遗，速度慢、闷热、设施简单等问题突出。

截至 2022 年，全国的绿皮火车剩下 80 余列，这些绿皮火车被称为公益性慢火车，根据统计数据，绿皮火车在 2021 年的运送量是 1.7 亿人次，而且大部分运行在我国的不发达地区，但是覆盖率还是很大的，覆盖 21 个省市区的 530 座火车站，成了老百姓的"公交车"，绿皮火车在 20 多年里从不涨价，最低 1、2 元的票价，堪比公交车票价，而且还能根据客流量的大小随时调整座位，低廉的票价多年来给铁路部门造成了大量的亏损，但是铁路部门从社会效益的角度出发，立足于承担公益性责任，满足大众化出行权，精心维护设施、为每一位绿皮火车旅客提供良好的旅行环境。

2022 年 7 月，旅客可以携带少量的家畜乘坐绿皮，这为大山里的乡亲们提供了最大的便利和优惠，80 余列绿皮火车也成为一道亮丽的风景线，它载着牛羊猪穿过山川河流，载着偏远地区人们的希望，继续运行在美丽的祖国大地上。

任务 3.1 普速客运列车概况

📢 **知识目标**

（1）了解普速客运列车的概念、分类
（2）了解普速客运列车新技术

📋 **能力目标**

能够对普速客运列车进行分类

素质目标

（1）培养自主学习、归纳总结的能力；

（2）树立正确的科学伦理观。

3.1.1　普速客运列车的概述

1. 普速客运列车的概念

普速客运列车是指载运旅客的车辆、为旅客提供服务的车辆及其他用途车辆与铁路机车连挂在一起，运行速度在 160 km/h 以下（含 160 km/h）的车列。

2. 普速客运列车的分类

按编组模式，普速客运列车可以分为以下两大类。

（1）传统机辆模式编组的普速客运列车。传统机辆模式编组的普速客运列车是按机车（动力车）+车辆（拖车）的方式进行编组成列，运行速度最高为 160 km/h。其缺点是在技停站或者枢纽站进行换端作业时，操纵司机须将动力车摘解，换挂到另外一端，或者由另外的动力车进行挂车至另外一端才能实现运行方向的改变，这大大增加了运输停时和运输成本。

（2）动力集中型动车组。动力集中型动车组是动力车集中在车列的两边，中间为拖车（无动力车）。运行时靠两节或者其中任意一节动力车来推、拉或者既推又拉走行，运行速度最高为 160 km/h。其优点是在技停站或者枢纽站进行换端作业时，操纵司机进行换端就可以实现运行方向的改变。

动力集中动车组的开行，降低了运行成本；提高了运行效率。我们可以将动力集中动车组视为传统机辆模式编组的普速客运列车的升级、换代产品。

3.1.2　普速客运列车的组成及分类

由于普速客运列车由机车及客车车辆连挂组成，而机车以提供动力为主，客运设备设施主要集中在客车车辆部分，因此本书主要介绍客车车辆。

1. 客车车辆的组成

客车车辆的组成如图 3−1 所示。

图 3−1　客车车辆的组成

1）车体

车体是容纳运输对象的空间，又是重要的安装与连接部件。车体结构大多数采用钢墙板与梁、柱结合为一体的全钢焊接结构，车体材料一般采用普通碳素钢和低合金钢两种材料。

2）转向架

转向架又称走行部，是能相对于车体回转的一种独立走行装置，其安装在车体底架下方，实现车辆的承载和走行，是车辆的重要组成部分，客车转向架种类较多，结构各异，典型的转向架有中车青岛四方机车车辆股份有限公司生产的 206 系列、SW 系列转向架，中车南京浦镇车辆有限公司生产的 209 系列、PW 系列转向架等。

3）制动装置

制动装置由制动机、风源系统、管路系统、基础制动装置与辅助阀件等部分组成，是一套完整机构的总称，其是保证列车准确停车与安全运行必不可少的装置。传统的铁路车辆制动系统均采用自动式空气制动机，其悬挂在车底架上。客车车辆常见的制动机类型有 104 制动机、F8 制动机、PM 制动机、LN 制动机等。基础制动装置悬挂在转向架上，根据车辆速度不同，基础制动装置又分为闸瓦制动装置与盘形制动装置。

4）车钩缓冲装置

安装在车底架上，实现车辆之间的连接、牵引及缓冲的结构称为车钩缓冲装置。传统的铁路车辆采用的均为非刚性的自动车钩，可实现连挂、牵引、缓冲的作用，常见的客车车钩为 15 号车钩，其属于下作用式车钩装置，配备 G1 等类型缓冲器。

5）车内设备

车内设备是指设于车体内部，能实现更好运输条件的固定附属设施，例如座椅、空调、取暖设施、通风设施、给水设施等，由于客车车辆类型不同，车内设备种类也不同。

2. 客车车辆的分类

按用途，客车车辆可分为运输旅客车辆、服务旅客车辆。

（1）运输旅客车辆。

运输旅客车辆是客车车辆中数量最多的种类，其又可分为硬座车、软座车、硬卧车、软卧车、双层客车等。

硬座车供旅客乘坐使用，是设有硬席座椅设备的座车，其是旅客列车中的主要类型，每节车厢可容纳的旅客人数较多。我国新造的硬座车座席定员 118 人（带有办公席的硬座车定员 112 人）。硬座车座位的靠背为高回弹聚氨酯材料，相对的两组座椅中心距离在 1 800 mm 以下。

硬座车如图 3−2 所示。

软座车的基本作用与硬座车相同，也是供旅客乘坐使用。软座车内的主要设备虽然还是座席，但座垫和靠背均有弹簧装置，座椅间距离较大，相对的两组座椅中心距离在 1 800 mm 以上。软座车座席定员为 80 人左右，车内装饰比硬座车讲究，软座车舒适性较高。

软座车如图 3−3 所示。

硬卧车供长途旅客乘坐及睡眠使用。目前，在长途旅客列车中，它是仅次于硬座车的主要车型。硬卧车车内的主要设备是硬席卧铺，硬卧车一般定员 66 人，车内分成若干个敞开式的隔间，每个隔间内设有上、中、下 3 层共 6 个铺位，少数硬卧车像软卧车那样设计成包间式。

图 3-2　硬座车

图 3-3　软座车

硬卧车如图 3-4 所示。

软卧车的基本作用与硬卧车相同，也是供长途旅客乘坐及睡眠使用。软卧车编挂在长途旅客列车中，车内主要设备是软席卧铺，卧铺垫有弹簧装置，软卧车设计成包间式，一般定员 36 人，每个包间定员不超过 4 人，分上、下两层。

软卧车如图 3-5 所示。

图 3-4　硬卧车

图 3-5　软卧车

双层车为上、下两层客室的座车或者卧车。

双层车如图 3-6 所示。

（2）服务旅客车辆。

为旅客服务的车辆一般分为餐车、行李车、邮政车等，其编挂在旅客列车中。

餐车如图 3-7 所示。

图 3-6　双层车

图 3-7　餐车

行李车如图 3-8 所示。

图 3-8　行李车

邮政车如图 3-9 所示。

图 3-9　邮政车

任务 3.2　普速非空调列车、新空调列车设备设施

📢 知识目标

（1）了解普速非空调列车的主要车型；
（2）了解新空调列车的主要车型；
（3）了解 25T 型客车的客运设备设施。

🗂 能力目标

（1）掌握普速非空调列车与新空调列车的发展历程；
（2）掌握 25T 型客车车体结构。

📑 素质目标

（1）培养自主学习、归纳总结的能力；
（2）树立正确的科学伦理观。

3.2.1　普速非空调列车概述

1. 21 型客车

21 型客车是中国铁路第一代主型客车，1953 年开始生产，1961 年停止生产。其车长 21.974 5 m，车宽 3.004 5 m，构造速度 80～100 km/h。21 型客车如图 3-10 所示。

图 3-10   21 型客车

2. 22 型客车

22 型客车是中国铁路第二代主型客车,它有一个通俗的名字——"绿皮车",其于 1959 年开始生产,1994 年停止生产。22 型客车车体长 23.6 m,车宽 3.105 m,构造速度 120 km/h。22 型客车外观如图 3-11 所示,22 型客车内饰如图 3-12 所示。

图 3-11   22 型客车外观

图 3-12   22 型客车内饰

22A 型客车是中车长春轨道客车股份有限公司生产的,车体结构广泛采用耐候钢,并在车厢平面布置上和内饰上进行了较大改进,该车型曾获得国家优质奖。22A 型客车如图 3-13 所示。

图 3-13   22A 型客车

22B 型客车是在 22 型客车原型车（采用碳素结构钢）及 22A 型客车的基础上研制、生产的。22B 型客车外观如图 3−14 所示，22B 型客车内饰如图 3−15 所示。

图 3−14　22B 型客车外观

图 3−15　22B 型客车内饰

另外 18、19、23、31 型客车也为 22 型系列客车的车型，其中 18、19 型客车是用于国际联运的客车，构造速度为 140～160 km/h，18 型客车如图 3−16 所示，19 型客车如图 3−17 所示。

图 3−16　18 型客车

图 3−17　19 型客车

除 22 型客车外，25 型客车也有少量非空调车型。由于非空调列车目前主要运用于 80 余列公益性慢火车，数量较少，客运设备设施较简单，且与新空调列车部分客运设备设施类似，本书重点介绍新空调列车。

3.2.2　新空调列车概述

1. 25 型客车

25 型客车是中国铁路第三代主型客车，其车长 25.5 m，是中国第一代车长为 25.5 m 的铁路客车。

25A 型客车是通过国际招标后一次性生产的集中供电空调客车，是我国与英国、日本的公司合作试制的。25A 型客车一共生产 168 辆，也称"168"客车。这批客车限定在北京以南的区间运行，其构造速度为 140 km/h，25A 型客车如图 3−18 所示。

图 3-18　25A 型客车

25B 型客车是 25A 型客车的升级换代产品，其颜色涂装与 22 型客车一样，除软卧车、餐车安装本车柴油发电机向空调供电，其余车种无空调，25B 型硬座客车如图 3-19 所示，25B 型双层硬卧客车如图 3-20 所示。

图 3-19　25B 型硬座客车

图 3-20　25B 型双层硬卧客车

25G 型客车是集中供电空调客车，是 25A 型空调客车国产化改进型，其技术条件与 25A 型相同，但降低了生产成本。25G 型客车的构造速度为 140 km/h，最大允许速度是 120 km/h。25G 型客车如图 3-21 所示。

图 3-21　25G 型客车

25Z 型准高速客车是为广深准高速铁路线而研制的，设计速度为 160 km/h，最高试验速度达 183 km/h。25Z 型准高速客车是中国铁路第一代准高速客车，其主要作为中短途城际特快列车使用，25Z 型硬座客车如图 3-22 所示，25Z 型双层客车如图 3-23 所示。

图 3-22　25Z 型硬座客车

图 3-23　25Z 型双层客车

25K 型客车为中国铁路第一次大提速时开始开行的特快列车车型，是在借鉴 25Z 型准高速客车研制经验的基础上设计的。25K 型客车如图 3-24 所示。

图 3-24　25K 型客车

25T 型客车为 2004 年中国铁路第五次大提速时开始开行的直达特快列车车型，是 25K 型客车的后续型号，其最高运营速度为 160 km/h。

其主要车型包括：YZ_{25T} 型硬座车、YW_{25T} 型硬卧车、CA_{25T} 型餐车及 RW_{25T} 型软卧车，"T" 代表提速型。

25T 型客车分为普通型及青藏高原型两种。

25T 型客车普通型列车如图 3-25 所示。

25T 型客车青藏高原型列车如图 3-26 所示。

图 3-25　25T 型客车普通型列车

图 3-26　25T 型客车青藏高原型列车

2. 25T 型客车主要技术特点

（1）可以满足以 160 km/h 速度持续运行 20 h 不停站的运行需要。

（2）一次库检作业满足 5 000 km 无须检修的要求。

（3）主要部件满足 200 万 km 内无须修换的要求。

（4）最高运营速度为 160 km/h，平直道紧急制动距离（初速度 160 km/h 时）不大于 1 400 m。

（5）最大编组数 19 辆，采用了机车供电技术，实现了机车向客车供电，编组中取消了发电车。

（6）车底两侧设裙板以减少运行时的空气阻力，车体板梁柱间采取减振隔音密封措施。

（7）列车设有监控系统和可集中控制的信息系统。

3. 25T 型客车主要技术参数

25T 型客车的主要技术参数如表 3-1 所示。

表 3-1　25T 型客车的主要技术参数

项目	指标
轴重/t	≤15.5
当时速为 140 km 时客室内噪声/dB（A）	≤68
运行平稳性指标	≤2.5
最高运营速度/（km/h）	160
通过最小曲线半径/m	145
车辆长度/mm	25 500
车辆定距/mm	18 000
车辆宽度/mm	3 104
车钩连接线间距离/mm	26 576
通过台渡板面距轨面高（空车时）/mm	1 333

3.2.3　25T 型客车设备设施

25T 型客车车体采用整体承载全钢焊接无中梁筒形结构，由端墙钢结构、侧墙钢结构、底架钢结构和车顶钢结构四大部分组成，车下设裙板。

车顶两侧设雨檐，1 位端车顶设置空调机组安装座，排水管，送、回风口；2 位端车顶安装水箱用盖板。

车体钢结构中板材及型材厚度不超过 6 mm 的采用镍铬系耐候钢；车顶空调机组座处平顶板、厕所、洗脸室地板、翻板脚蹬、调车脚蹬等易腐部位采用不锈钢板。

25T 型客车采用无木结构，并做了防寒、防腐、防火处理，提高了客车的安全性、通用性、互换性。

（1）车内骨架采用无木结构，螺钉连接，墙、顶板和间壁板的安装减少了明钉和压条的使用。

（2）车内防寒材料采用超细玻璃棉毡，并加铝箔（铝箔设在玻璃棉包装薄膜外侧），各接缝均用塑料胶带密封。

（3）各板、梁、柱之间均采取隔音减振措施，减少车辆在运行过程中发生的声响。

（4）客室、走廊墙板和顶板采用玻璃钢板，乘务员室、播音室、行车备品室墙板采用塑贴胶合板。车内间壁板、平顶板均采用塑贴胶合板。客室地板表面覆橡胶地板布（可采用分幅组焊形式），地板布厚度 4 mm，具有良好的抗灼烧能力，各项性能均符合规定的技术条件，保证地板布黏结牢固，正常使用情况下，在一个厂修期内不出现鼓泡、开胶、褪色、破损等缺陷。

1. 硬卧车

硬卧车两端设通过台；1 位端设配电柜、乘务员室、一个厕所及小走廊；车体中部设 11 个半敞开硬卧间及侧走廊；2 位端设敞开式三人洗脸室、电开水炉间、一个厕所及小走廊。

25T 型空调硬卧车平面布置如图 3-27 所示。

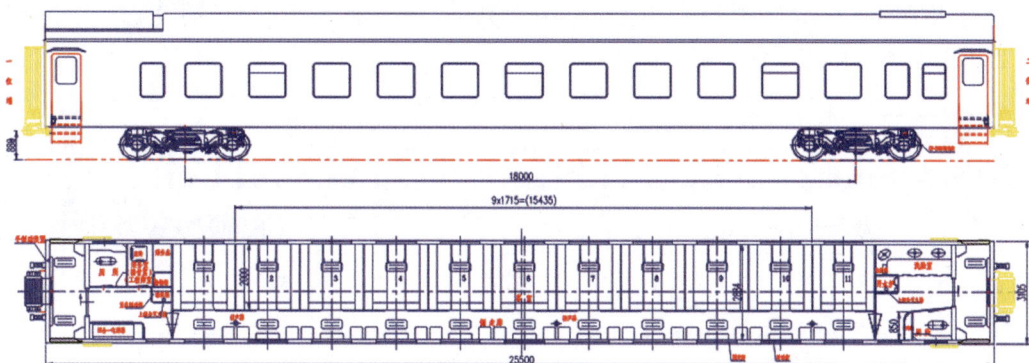

图 3-27　25T 型空调硬卧车平面布置（单位：mm）

残疾人车中部设 10 个半敞开硬卧间及侧走廊；1 位端设一个残疾人厕所、敞开式二人洗脸室、电开水炉间、洁具柜及小走廊。

25T 型空调硬卧残疾人车平面布置如图 3-28 所示。

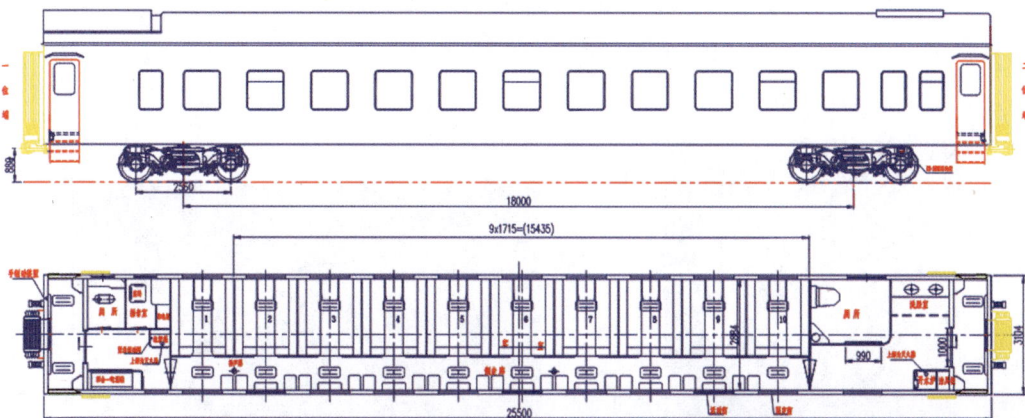

图 3-28　25T 型空调硬卧残疾人车平面布置（单位：mm）

25T 型空调硬卧车走廊如图 3-29 所示。

25T 型空调硬卧车半敞开硬卧间如图 3-30 所示。

图 3-29　25T 型空调硬卧车走廊

图 3-30　25T 型空调硬卧车半敞开硬卧间

2. 软卧车

软卧车两端设通过台；1 位端设厕所、乘务员室及小走廊，小走廊内设多功能电气控制柜、电开水炉间；车体中部设三人洗脸室、9 个软卧包间及侧走廊；2 位端设厕所及小走廊。

25T 型空调软卧车平面布置如图 3-31 所示。

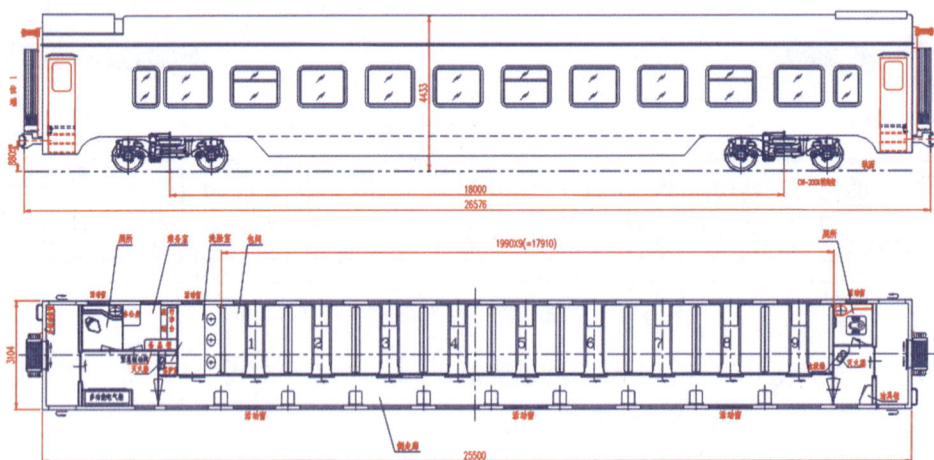

图 3-31　25T 型空调软卧车平面布置（单位：mm）

25T 型空调软卧车走廊如图 3-32 所示。

25T 型空调软卧车软卧包间如图 3-33 所示。

图 3-32　25T 型空调软卧车走廊

图 3-33　25T 型空调软卧车软卧包间

3. 餐车

餐车 1 位端设储藏室、配电柜、小走廊；2 位端设电气化厨房、电气控制柜、侧走廊；中部为两种方案，一种方案为 16 人定员，设酒吧、休闲区和餐厅，另一种方案为 40 人定员，设酒吧和餐厅。

1 位端小走廊设顶灯、空调回风口、紧急制动阀、总风表、制动管压力表和灭火器等设施。设置存放送餐小车的区域。

16 人定员餐车的中部分为三个部分，即酒吧、休闲区和餐厅，其 1 位端设酒吧、休闲区，配置吧台、酒柜、散席吧凳等设施；2 位端设餐厅，配置 4 张餐桌，16 个座椅，另设吸尘器插座，液晶电视机等。40 人定员餐车的中部取消休闲区。

25T 型空调餐车（16 人定员）平面布置如图 3-34 所示。

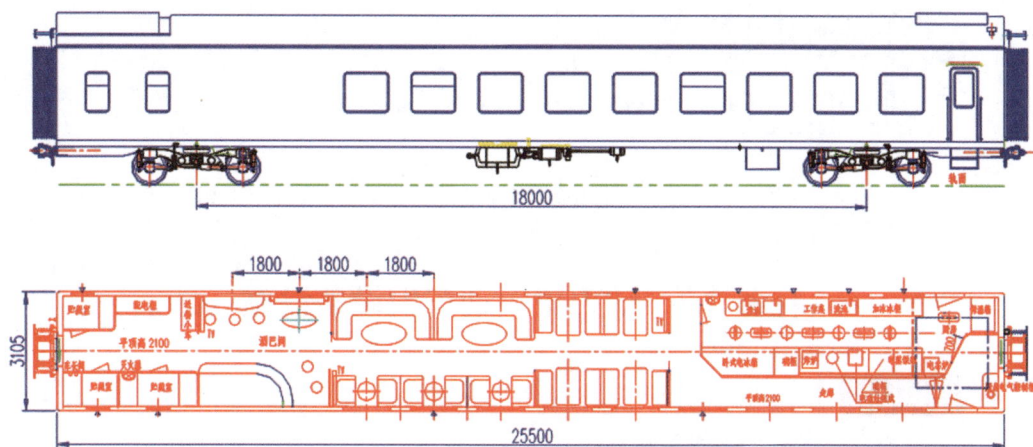

注：有 ▽ 标记的车窗为活动窗。

图 3-34　25T 型空调餐车（16 人定员）平面布置（单位：mm）

25T 型空调餐车厨房如图 3-35 所示。

25T 型空调餐车餐厅如图 3-36 所示。

图 3-35　25T 型空调餐车厨房

图 3-36　25T 型空调餐车餐厅

4. 硬座车

硬座车设有乘务员室、配电室、电开水炉间、2 个厕所和 1 个洗脸室，中部为 19 m 长的客室空间。

25T 型空调硬座车平面布置如图 3-37 所示。

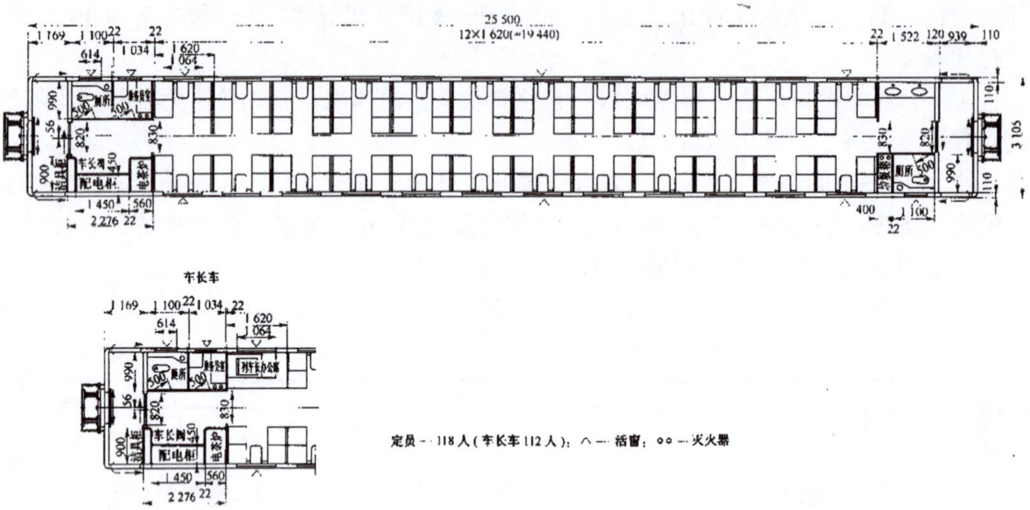

图 3-37　25T 型空调硬座车平面布置（单位：mm）

任务 3.3　动力集中动车组设备设施

📣 **知识目标**

（1）了解动力集中动车组的基本情况；

（2）了解动力集中动车组客运设备设施。

▣ **能力目标**

（1）掌握动力集中动车组的研发意义；

（2）掌握动力集中动车组的客运设备设施情况。

▣ **素质目标**

（1）培养自主学习、归纳总结的能力；

（2）树立科学技术是第一生产力的意识。

3.3.1　动力集中动车组概述

复兴号系列动力集中动车组是复兴号电力动车组系列中速度较低的动车组产品。动力集中动车组是由中国铁路总公司（现中国国家铁路集团有限公司）和中国中车股份有限公司牵头，中车唐山机车车辆有限公司、中车南京浦镇车辆有限公司、中车大连机车车辆有限公司、中车青岛四方机车车辆股份有限公司、中车株洲电力机车有限公司、中车大同电力机车有限公司等单位联合研制的动车组列车，其研发与生产旨在提高既有铁路运输服务品质，满足人们越来越高的出行要求。

3.3.2　动力集中动车组客运设备设施

CR 系列动力集中动车组在车辆编号时，以 J 代表动力集中式（例如 CR200J），以此和动力分散式的 CR300A（B）F、CR400A（B）F 等型动车组相区分。

从某种程度上说，动力集中动车组是复兴 1 型或复兴 3 型电力机车与 25T 型客车进行统一设计、统一编组，同时不可自由拆卸的一种电力动车组，属普通机辆形式列车编组的一种改良式产品。在内部布局上，动力集中动车组引入了高速复兴号动车组的设计，在技术接口上，也能实现一定程度的互通。

与复兴号动车组家族其他车型不同，动力集中动车组采用深草绿色车身，黑色车窗区，搭配明黄色腰线的设计，常被人们称为"绿巨人"。

动力集中动车组（绿巨人）如图 3–38 所示。

图 3–38　动力集中动车组（绿巨人）

动力集中动车组分为单端动力、可推挽运行的短编组动力集中动车组，以及双端动力，彼此共同推挽运行的长编组动力集中动车组。

1. 短编组动力集中动车组

短编组动力集中动车组为仅一端具有动力的 9 辆编组列车，且在列车的另一端设有一节带有司机室的载客拖车。其典型的编组方式为 1Mc+7T+1Tc，其中，Mc 为带司机室的动力车，T 为拖车，Tc 为带司机室的拖车，即控制车。

短编组动力集中动车组编组示意图如图 3–39 所示。

| 动力车 | 普通座车 | 普通座车 | 普通座车 | 餐座合造车 |

| 普通座车 | 普通座车 | 普通座车 | 控制车/一等座车 |

图 3–39　短编组动力集中动车组编组示意图

短编组动力集中动车组设动力车、普通座车、餐座合造车（餐吧式）和控制车，其中动力车不载客。普通座车两端设通过台及走廊，中部客室设"2+3"座椅；餐座合造车（餐吧式）

一位端设无障碍通过台及走廊，中部客室一位端设 2 个无障碍座椅，其余设"2+3"座椅，二位端设餐吧区及侧走廊；控制车一位端设通过台及小走廊，中部客室设"2+2"座椅，二位端设司机室和设备间，客室和设备间设通过台及小走廊。

1）普通座车

普通座车定员 98 人，两端设通过台，一位端设坐式便器厕所、乘务员室（或大件行李区）及小走廊，小走廊内设电气综合控制柜、电开水炉间；车体中部为客室，设"2+3"座椅及 4 个安全锤；二位端设蹲式便器厕所、隐藏式垃圾箱、开敞式双人洗脸间及小走廊。

短编组动力集中动车组普通座车内部布局如图 3-40 所示。

图 3-40　短编组动力集中动车组普通座车内部布局

"2+3"座椅如图 3-41 所示。

图 3-41　"2+3"座椅

2）餐座合造车

餐座合造车定员 76 人，一位端设通过台、隐藏式垃圾箱和一个无障碍厕所；车体中部为客室，设置"2+3"座椅及 4 个安全锤，客室设有无障碍座椅与轮椅存放区；二位端设播音室、机械师室、电气综合控制柜、电开水炉间、餐吧区及侧走廊，餐吧区设用于售卖、展示、储藏商品的设备。

短编组动力集中动车组餐座合造车内部布局如图 3-42 所示。

图 3-42　短编组动力集中动车组餐座合造车内部布局

3）控制车

控制车定员 56 人，车两端设通过台；一位端设蹲式便器厕所、乘务员室及小走廊，小走廊内设电气综合控制柜、电开水炉间；车体中部为客室，设置"2+2"座椅及 4 个安全锤；二位端设坐式便器厕所、隐藏式垃圾箱、开敞式双人洗脸间、小走廊及司机室。

短编组动力集中动车组控制车内部布局如图 3-43 所示。

图 3-43 短编组动力集中动车组控制车内部布局

2. 长编组动力集中动车组

长编组动力集中动车组的两端为带司机室的动力车，中间均为拖车。其典型的编组方式为 1Mc+（9～18）T+1Mc，可灵活编组。其中 Mc 为带司机室的动力车，T 为拖车。

长编组动力集中动车组编组示意图如图 3-44 所示。

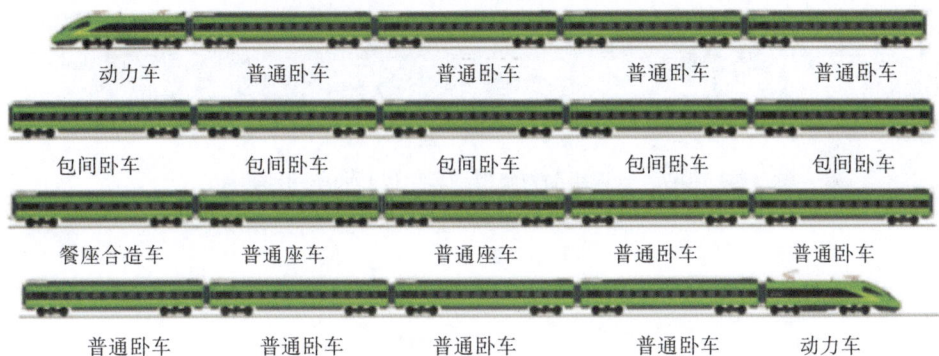

图 3-44 长编组动力集中动车组编组示意图

1）普通座车

长编组动力集中动车组普通座车的内部结构与短编组动力集中动车组普通座车的内部结构一样，此处不再赘述。

2）餐座合造车

长编组动力集中动车组的餐座合造车设有厨房，定员 46 人，一位端设通过台、无障碍厕所、播音室及小走廊，小走廊内设电气综合控制柜；车体中部为客室，设置"2+3"面对面座椅，客室设有无障碍座椅与轮椅存放区；二位端设一体化厨房配餐区，客室与配餐区之间设有机械师室。

长编组动力集中动车组餐座合造车内部布局如图 3-45 所示。

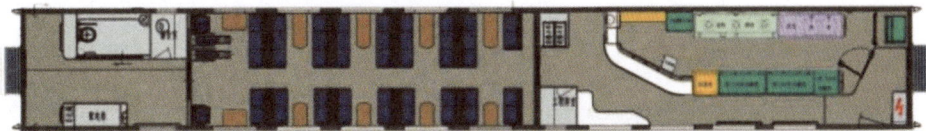

图 3-45 长编组动力集中动车组餐座合造车内部布局

3）普通卧车

普通卧车定员 66 人，一位端设通过台、坐式便器厕所、乘务员室、小走廊，小走廊内设电气综合控制柜、电开水炉间，车体中部设有 11 个半封闭式卧铺包间及侧走廊，二位端设洗脸间、厕所及小走廊。

长编组动力集中动车组普通卧车内部布局如图3-46所示。

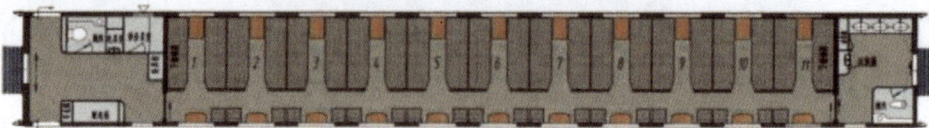

图3-46　长编组动力集中动车组普通卧车内部布局

4）包间卧车

包间卧车结构与普通卧车类似，定员40人，设有10个封闭式卧铺包间。

长编组动力集中动车组包间卧车内部布局如图3-47所示。

图3-47　长编组动力集中动车组包间卧车内部布局

项目 4

高速动车组认知

📝 **项目描述**

大部分人对动车组没有清晰的概念，很多人甚至对动车组还存在认识上的误区。通过认真学习本项目的内容，掌握 CRH、CR 系列动车组的基本知识。

动车组包括车体及车端连接、转向架、高压牵引系统、辅助电气系统、供风及制动系统、驾驶设施、车内设施、车内环境控制系统、给排水及卫生系统、旅客信息系统、网络控制系统、列车运行控制车载设备和其他装置共十三个系统。本项目对其中与客运直接相关的内容进行详细的介绍。

🚩 **项目导入**

安全是动车组运行的第一要务

西安动车段检修车间"狠抓稳打"，多方联动全力确保动车组运行安全、持续、可靠。为彻底解决高峰期间动车组上线频率高、上部服务设施使用频繁的问题，该车间成立了以主任为组长的上部设施整修领导小组，重点针对动车组司机室、客室、车体外侧等设备设施，组织专人对动车组的座椅、电茶炉等上部服务设施进行全面检查，发现问题立即处理，确保客室服务设备设施运转状态良好。

车间还要求作业人员对自检故障、遗留故障、质检鉴定故障、上报延伸服务检修故障等进行全部处理、复查，作业班组工长、值班管理人员及值班主任再进行逐级复查，每次确保至少有一名值班管理人员全程参与、盯控整修工作，进一步明确要求、落实责任，坚决杜绝整修期间出现违章违纪、漏检漏修、干部履职不力等问题，尽全力为旅客打造安全、舒适的动车组乘车环境。

西安动车段检修车间职工检查动车组座椅动作状态如图 4-1 所示。

西安动车段检修车间职工检查动车组盥洗装置状态如图 4-2 所示。

图 4-1　西安动车段检修车间职工检查
动车组座椅动作状态

图 4-2　西安动车段检修车间职工检查
动车组盥洗装置状态

点拨要点、领会精髓：

（1）动车组设备设施是昂贵的国家资产，其结构复杂，科技含量高。运用动车组设备设施时，要按操作规程规范操作。维护动车组设备设施时，要有高度的责任心，不放过任何隐患，确保动车组设备设施达到预期的使用寿命，使国有资产发挥最大的效用。

（2）动车组设备设施的安全性、可靠性关系到人民群众生命、财产安全，关系到社会和谐、稳定。铁路运输安全高于一切。铁路运输从业人员要从对人民负责的高度，严格遵守安全管理制度，认真履行安全职责，确保动车组运行安全、持续、可靠。

任务 4.1　动车组概况

知识目标

（1）掌握动车组的基本概念；

（2）掌握动车组型号、车组号和座席号编号规则；

（3）掌握各型动车组的编组情况及主要技术参数。

能力目标

（1）能够归纳 CRH、CR 系列动车组的发展历程；

（2）能够归纳部分型号动车组编组情况及主要技术参数。

素质目标

（1）培养自主学习、归纳总结的能力；

（2）培养团队协作能力；

（3）能客观、公正地进行自我评价。

4.1.1　动车组基础认知

1. 动车组的概念

1）动车组≠高速列车

动车组不一定是高速列车，高速列车也不一定是动车组。

从北京北站到八达岭站，61 km 的距离，"和谐长城"号动车组（见图 4-3）最少需要运行 1 h 11 min，速度虽然不快，但它是动车组。

1955 年 3 月 29 日，法国 Jeumont-Schneider 电力机车在波尔多与达克斯之间运行时的速度达到了 331 km/h。2006 年 9 月 2 日，西门子第三代 EuroSprinter 电力机车（见图 4-4）在纽伦堡至慕尼黑高速线上运行时的速度达到 357 km/h。以上两者的运行速度都很快，但它们都不是动车组。

2）动车组≠动力分散式列车

动车组分为动力集中式和动力分散式两种类型，动力集中式列车是指动力装置集中安装在列车的两端，动力分散式列车是指动力装置分散安装在列车的几个车厢，由驾驶员通过驾驶室的计算机控制。

图 4-3　"和谐长城"号动车组

图 4-4　西门子第三代 EuroSprinter 电力机车

动车组动力分散配置有两种方式。一种是完全分散方式，即高速列车编组中的车辆全部为动力车（动车），如日本的 0 系高速列车，16 辆编组中的每辆车均是动力车（动车）。另一种是相对分散方式，即高速列车编组中大部分是动力车（动车），小部分为无动力的拖车，如日本的 100 系、700 系高速列车，16 辆编组中有 12 辆动力车（动车），4 辆拖车，即其动力配置组合为"12 动+4 拖"。

动力分散式动车组具有牵引功率大，最大轴重小，起动加速性能好，可靠性高，列车利用率高，编组灵活，运用成本低等诸多优点，因此，动力分散式动车组是当今世界铁路动车组，特别是高速动车组技术发展的方向。

法国 TGV 动车组（见图 4-5）从第一代到第四代，均采用动力集中的方式。第五代 TGV 动车组，将动力集中式改为动力分散式。

1990 年 5 月 18 日，TGV-A 动车组在大西洋线上的运行速度达到了 515.3 km/h，这是人类铁路历史上首次突破 500 km/h 的运行速度。TGV 的"V-150"试验列车，在 2007 年 4 月 3 日的试验中创造了 574.8 km/h 的新列车运行速度纪录。

3）动车组≠电力牵引动车组

"神州"号动车组（见图 4-6）曾经运行在北京与天津之间，它是内燃动车组，另外，前面提到的"和谐长城"号动车组也是内燃动车组。

图 4-5　法国 TGV 动车组

图 4-6　"神州"号动车组

动车组根据动力装置的不同可分为柴油动车组、燃气轮动车组和电力动车组三类。

4）中国的动车组≠CRH 系列动车组

在 CRH 系列动车组生产制造之前，我国制造了"大白鲨""蓝箭""庐山""先锋""中华之星"等多种型号动车组列车，2002 年 11 月 27 日，"中华之星"动车组（见图 4-7）在秦沈客运专线上的试验时速达 321.5 km。

图 4-7 "中华之星"动车组

5）到底什么是动车组？

动车组就是由动力车（动车）和拖车或全部由动力车（动车）长期固定地连挂在一起组成的车组。

按照这个定义，除高速铁路、城际客运、市郊客运运用的动车组外，城市中的地铁列车和轻轨电车也属于动车组。

动车组中带有动力的车辆称为动力车，简称动车（用 M 表示），不带动力的车辆称为拖车（用 T 表示），列车两端都带有司机室，可在线路上往复运行。

2. CRH 系列动车组

CRH（China Railway High-speed），是 2007 年 4 月 18 日起，在中国铁路第六次大提速后开行的动车组列车。

2004 年 4 月 1 日，国务院审议通过了我国铁路史上第一个《中长期铁路网规划》，明确了"引进先进技术、联合设计生产、打造中国品牌"的动车组生产制造原则。原铁道部重点扶持了国内几家机车车辆制造企业，组织青岛四方-庞巴迪-鲍尔铁路运输设备有限公司（2008 年 12 月，青岛四方-庞巴迪-鲍尔铁路运输设备有限公司改名为青岛四方庞巴迪铁路运输设备有限公司，本书将前者简称为 BSP，后者简称为 BST）、中车青岛四方机车车辆股份有限公司（以下简称四方）、中车唐山机车车辆有限公司（以下简称唐客）、中车长春轨道客车股份有限公司（以下简称长客），研制、生产中国品牌的高速动车组。

2004 年 10 月，原铁道部组织完成了 140 列时速 200 km 动车组采购项目合同的签订，成功引进了川崎重工、庞巴迪、阿尔斯通的动车组技术。该合同内容包括：川崎重工与四方合作生产 60 列 CRH2；阿尔斯通与长客合作生产 60 列 CRH5；BSP 生产 20 列 CRH1（后又增加 20 列）。

2005 年 11 月，铁道部又组织完成了 60 列时速 300 km 动车组采购项目合同的签订，成功引进了西门子（与唐客合作）的高速动车组先进技术（CRH3）。

2006 年 7 月 31 日，国内首列国产化，时速 200 km 的动车组下线。

2007 年 2 月，中国铁路高速动车组以 160 km 的时速投入春运。

2007 年 4 月 18 日，铁路第六次大提速，中国铁路高速动车组（200 km/h）和"和谐型"大功率机车（7 200 kW）上线投入运营，它们被正式命名为"和谐号"。

2007 年 11 月 24 日，时速 300 km 的国产 CRH2-300 型"和谐号"动车组在四方下线。

2008 年 4 月 11 日，时速 300 km 的国产 CRH3 型"和谐号"动车组在唐客下线。

2008 年 8 月 1 日，京津城际客运专线投入运营，它是中国首条高速铁路客运专线（300 km/h），也是中国进入高铁时代的标志。

2008 年 8 月以来，京津、京沪、武广、郑西、沪宁等一批新建的设计时速 300 km 以上的高速铁路相继投入运营。大面积、高密度开行"和谐号"高速动车组列车，标志着我国铁路已走在世界高速铁路发展的前列。

2010 年 9 月 28 日，四方研制的国产"和谐号"CRH380A 新一代高速动车组，在沪杭高铁的试运行途中，最高时速达到 416.6 km。2010 年 12 月 3 日，在京沪高铁枣庄至蚌埠间的先导段联调联试和综合试验中，CRH380A 新一代高速动车组的最高时速达到 486.1 km。

2011 年 1 月 9 日，唐客自主创新研制的新一代 CRH380BL 高速动车组，在京沪高铁运行试验中，运行速度达到了 487.3 km/h。

虽然当时中国高速动车组的制造水平、管理水平等有了大幅度的提高，但在发展中也暴露出一些亟须解决的问题：一是在动车组技术引进、消化、吸收的基础上，尚未建立自主创新的技术平台，未完成国际领先水平的中国标准动车组的设计；二是动车组技术来源多样，尚未搭建统一的技术标准体系，截止到 2015 年，我国共有 4 个技术平台的近 20 种型号动车组，型号多、技术标准不统一，不能实现互联互通，甚至不能相互救援，动车组备用率高，给运营组织管理带来诸多不便；三是没有做到简统化，零部件尚未统型，每个平台需依赖自己的产品供应链，大量配件为独家供货，价格居高不下，造成维护备件储备量大，占用资金多，对铁路的经营效益产生不利影响。此外，由于缺乏自主知识产权使我国高铁在走出去的过程中，不断出现商务摩擦等问题。

3. CR 系列动车组

为了彻底解决当时中国动车组存在的平台多、型号杂，不同厂家生产的车型操作界面、零配件等不统一，维护、采购成本大等问题，按照党中央提出的建设创新型国家的战略，中国铁路总公司（现已改制为中国国家铁路集团有限公司，简称国铁集团）根据中国高速铁路发展和"走出去"的要求，组织启动"中国标准动车组"研制项目。"中国标准动车组"研制项目以市场为导向，力求全面提高自主化水平，构建、完善中国动车组技术标准体系，研制具有自主知识产权的标准化、系列化、简统化动车组产品，满足我国铁路事业发展的需求。

中国标准动车组是根据中国铁路特点制定的中国标准，进行自主设计制造的标准化平台性产品，由中国企业全面进行整车设计，软件全面自主化；为适应技术进步要求，大量应用新技术，以达到世界领先水平。

中国标准动车组采用 CR（China Railway）为英文代号，不再采用 CRH 为英文代号，中文代号为复兴号。2017 年 6 月 26 日，中国标准动车组复兴号在京沪高铁首发。

4. CRH、CR 系列动车组的型号

CRH、CR 系列动车组是中国铁路在引进、消化、吸收相关技术后，打造的中国自己的动车组品牌。

中国已经生产的 CRH 系列动车组型号有 CRH1、CRH2、CRH3、CRH5、CRH380A/AL、CRH380B/BL、CRH380CL、CRH380D 等。CRH1、CRH2 和 CRH5 型动车组能适应在中国铁路既有线上运行，并能在中国铁路既有线指定区段及新建的客运专线上以 200 km/h 的速度正

常运行,而 CRH2-300、CRH3、CRH380A、CRH380B 型动车组能在新建客运专线上以 300 km/h 及以上速度正常运行。中国已生产的 CR 系列动车组型号有 CR400AF、 CR400BF。

（1）CRH1 型动车组是以庞巴迪公司的 Regina 型动车组为原型车,由 BSP 消化、吸收庞巴迪技术,研制生产的。

（2）CRH2 型动车组是以日本新干线的 E2-1000 型动车组为原型车,由四方消化、吸收日本川崎重工技术,研制生产的。

（3）CRH3 型动车组是以德国西门子公司的 VELARO-E 型动车组为原型车,由唐客消化、吸收德国西门子公司技术,研制生产的。

（4）CRH5 型动车组是以阿尔斯通公司的 SM3 型动车组为原型车,由长客消化、吸收阿尔斯通公司技术,研制生产的。

（5）CRH380A/AL 型动车组（CRH2-380 型）,是原铁道部为运营新建的高速城际铁路及客运专线,要求四方在 CRH2-300 型动车组的基础上自主研发的高速动车组。这两款动车组不仅采用了现代科技与中国文化相融合的新车头造型,而且在列车总成、车体、转向架等关键技术研究和装备研制方面取得了实质性的突破。CRH380A 型动车组于 2010 年 9 月投入试运行。

（6）CRH380B/BL 型动车组是由唐客、长客,在 CRH3 型动车组的基础上自主研发的动车组,其是以 CRH3 型动车组产品技术平台为基础,以京津、武广等线路的运用实践经验为依托,以"高速列车国家科技支撑计划"为支撑研制开发的,以满足长编组、大运量的需求,其持续运营时速为 380 km,最高试验时速 487.3 km。2011 年 1 月,CRH380BL 型动车组在春运前夕投入沪杭客运专线的商业运营。

（7）CRH380CL 型动车组,是原铁道部为运营新建的高速城际铁路及客运专线,要求长客在 CRH3C、CRH380BL 型动车组的基础上自主研发的动车组。与 CRH3C 型动车组相比,CRH380CL 型动车组持续运营时速由 300 km 提高到 350 km,最高运营时速由 350 km 提高到 380 km,最高试验时速超过 400 km;在性能方面,以提高牵引功率、降低传动比及动车组气动外形减阻为优化重点;而在舒适度方面,主要采取提高列车减振性能、车厢降噪、加强车内气压控制等方式进行优化。

（8）CRH380D 型动车组是由 BST 基于庞巴迪 ZEFIRO 平台研发的。2013 年 4 月,在宁杭甬高速铁路线路上,CRH380D 型动车组的最高试验时速达 420 km。

（9）CR 系列中国标准动车组目前生产了两个型号:CR400AF（见图 4-8）;CR400BF（见图 4-9）。

图 4-8　CR400AF

图 4-9　CR400BF

拓展阅读

中国高铁列车的"引进、消化、吸收、创新"历程

一、引进

2004 年，铁道部启动了 140 列时速 200 km 动车组的招标采购，这是当时世界上最大的一次性动车组招标。世界上最好的四家高铁制造商闻风而动，德国西门子、法国阿尔斯通、日本川崎重工、加拿大庞巴迪都对这块大蛋糕虎视眈眈。

针对这次至关重要的招标，铁道部采取了被称为"战略买家"的集中采购策略。"中国的办法是，我们自己铁板一块，让外商形成竞争的态势，这样我们就掌握了谈判的主动权。"

西门子通过情报收集，判断他们以 ICE3 为基础研发的"VELARO"系列最受铁道部青睐，于是志在必得。虽然两家的谈判已经持续了一年多，但始终因为技术转让问题无法达成一致。西门子要求以购买长客 22%～35% 的股份为前提，而且对牵引系统等关键技术的转让设置了诸多条件。更有甚者，他们在谈判中开出了每列原型车 3.5 亿元人民币、技术转让费 3.9 亿欧元的高价。第二天上午 7 时，距开标仅有两个小时，长客突然宣布，决定选择法国阿尔斯通作为合作伙伴。阿尔斯通提供的列车寿命长达 30 年，执行 UIC 和 EN 等国际通用标准，同时承诺向长客转让 AGV（时速达 350 km）技术，双方"联合设计、合作生产，法国将提供技术图纸和文件"。在法国阿尔斯通的方案中，中方企业从少量引进整车、部分散件组装到最终完成大规模国产，同时法方向中方提供平均 304 人/月的技术培训和 277 人/月的技术支持。

此外，南车四方与日本大联合六家公司结成了联合体，庞巴迪以自己与南车四方成立的合资公司为主体也投出标书。只有西门子"无依无靠"黯然出局，成了最大的输家。这件事在当时的影响极大。西门子在欧洲的股票一度狂泻，总裁引咎辞职，在中国的谈判代表更是被全体炒了鱿鱼。

西门子在犯下"战略性错误"后，足足等了一年多才得到弥补的机会。

中国在 2005 年发展时速 350 km 级别的高速铁路时，向日企请求转让技术，却遭到了拒绝。11 月 11 日，铁道部与西门子在"以市场换技术"的原则下签订协议，引进了 60 列时速 300 km 及以上的动力分散型动车组。

西门子终于回到了世界上最大、发展最快的铁路市场。而以此为基础，中国最终也掌握了世界领先的高铁技术。

西门子公司 2004 年提出的 3.9 亿欧元的技术转让费，破天荒地被降到 2005 年的 8 000 万欧元，这段传奇式的谈判被誉为当代国际商业谈判的经典。据《光明日报》报道，这个故事还在 2008 年被写入了斯坦福大学经济学课程教案。

二、消化、吸收

得鱼容易，得渔难；引进容易，消化、吸收难。怕的是花费巨额技术转让费用，最后只导入了产品，却没引进技术，只有跟随复制的能力，却没有开发创新的能力。为了不吃这个亏，中国厂商在消化、吸收外来技术方面，也有自己的制度创新。四方公司就设计了一个"1∶2∶17 三段论"的方法。意思是所有动车，按照 1∶2∶17 的比例，分三个阶段生产。

第一阶段叫"他们干我们看"：车辆完全在国外工厂生产，国内企业派出员工到国外接受培训、参与组装。第二个阶段叫"我们干他们看"：散件从国外进口，然后由从国外培训回来的员工在国内完成组装，国外技术专家在旁边进行指导。第三个阶段叫"自己干"：中国员工独立完成全部生产流程，并逐步用国产零部件替换国外进口零部件。

在这样的策略下，中国技术人员从合作外商那里学得非常快，超出了许多人的预料，以至于当时许多外媒惊呼中国"窃取"了外商的知识产权。对此，我方专家反驳道："哪些技术对方可以转让，哪些必须保留，哪些转让到什么程度，合同里说得都非常明确。转让核心技术是我们一开始就明确提出的，他们觉得有利可图就同意了合作，这是生意，不存在窃取。"

就在这一过程中，脱胎于日、德、法技术的 CRH2、CRH3 和 CRH5 系列动车先后诞生。它们也共同实现了第一代中国高铁的历史使命：从引进到消化、吸收，再到零部件的国产化。但国产化不是自主化，国产化只代表在国内生产，却不代表能够自主设计，自主化的任务要靠第二代中国高铁来实现。

三、创新

2008 年，依托"十一五"国家科技支撑计划，科技部积极介入中国高铁发展，与铁道部合作启动了"中国高速列车关键技术研究及装备研制"重大项目，协同全国各大高校、科研院所联合攻关。最终在 2010—2011 年，自主研发了新一代高速动车组 CRH380 系列（最高运营时速 380 km），在牵引传动、网络控制等核心技术上进行了全面再创新，摆脱了引进技术源头方的控制，能够实现自由出口，完成了第二代中国高铁的使命。

第三代中国高铁的核心特征则是中国标准体系的建立，凭借自己修炼多年的强大"内力"，将之前从其他国家引进的技术融会贯通、冶于一炉，代表作品就是于 2015 年下线、2017 年正式运营的 CR400 系列动车组，其还有个更广为人知的名字："复兴号"。中国高铁也像这个名字所寓意的那样，一步一步驶向了世界最高水平的舞台。

点拨要点、领会精髓：

（1）习近平总书记多次强调，核心技术是国之重器，是我们最大的命门，核心技术受制于人是我们最大的隐患。不掌握核心技术，我们就会被卡脖子、牵鼻子，不得不看别人脸色行事。我们必须争这口气，下定决心、保持恒心、找准重心，增强抓核心技术突破的紧迫感和使命感。

（2）中国高铁列车的"引进、消化、吸收、创新"历程，佐证了习近平总书记的重要论断。高铁核心技术必须掌握在自己手里，才能不受制于人，才能真正走出中国高铁自主创新之路。

5. 高铁与动车的区别

简单地说，高铁的全称是"高速铁路"，指的是路，或"路+车"这一系统整体。动车的全称是"动车组列车"，指的是车。

大家乘车时会遇到 D 字头列车和 G 字头列车，它们都属于动车组，有什么区别呢？D 字头列车，全称是"动车组旅客列车"，可简称"动车"。G 字头列车，全称是"高速动车组旅客列车"，简称"高铁"是错误的，正确的简称应是"高速动车"。

什么是高速铁路？高速铁路在不同国家、不同时代有不同规定，中国铁路分为高速铁路、快速铁路和普通铁路三种。

在中国，高速铁路是指新建的设计开行时速不低于 250 km（含预留）且初期运营时速不低于 200 km 的客运专线铁路；快速铁路是指设计开行时速在 160～250 km 的铁路，其开行的列车类型多样，一般客货共线，在城际铁路领域称作客运专线；普通铁路是指设计开行时速在 160 km 以下的铁路。

4.1.2　动车组车辆方位及相关编号规则

1. 动车组型号及车组号编号规则

动车组型号及车组号示意如下：

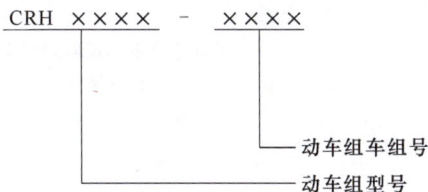

```
CRH ××××  -  ××××
                  └── 动车组车组号
         └── 动车组型号
```

动车组型号的命名方式分技术序列代码命名方式和速度目标值命名方式两种。

1）技术序列代码命名方式

动车组型号及车组号（技术序列代码命名方式）示意如下：

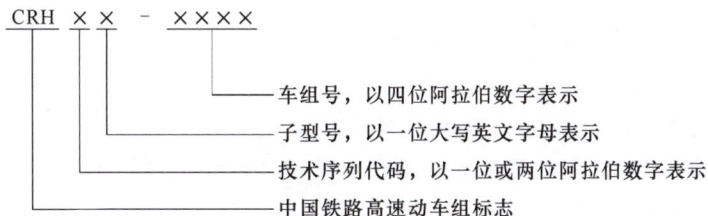

```
CRH × × - ××××
              └── 车组号，以四位阿拉伯数字表示
           └── 子型号，以一位大写英文字母表示
        └── 技术序列代码，以一位或两位阿拉伯数字表示
  └── 中国铁路高速动车组标志
```

（1）技术序列代码。

以阿拉伯数字表示，由 1 开始顺序排列。

1——BST 研制生产的动车组；

2——四方研制生产的动车组；

3——唐客研制生产的动车组；

5——长客研制生产的动车组；

6——四方/浦镇研制生产的城际动车组；

7 及后续数字——预留的动车组技术序列代码。

（2）子型号。

以一位大写英文字母表示，由 A 开始顺序排列。

A——时速 200～250 km、8 辆编组、座车动车组；

B——时速 200～250 km、16 辆编组、座车动车组；

C——时速 300～350 km、8 辆编组、座车动车组；

D——时速 300～350 km、16 辆编组、座车动车组；

E——时速 200～250 km、16 辆编组、卧车动车组；

F——时速 160 km、8 辆编组、城际座车动车组；

G——时速 200～250 km、8 辆编组、耐高寒座车动车组；

H——时速 200～250 km、8 辆编组、耐风沙及高寒座车动车组；

I——预留；

J——综合检测动车组；

K 及后续字母——预留。

2）速度目标值命名方式

（1）CRH 系列动车组的速度目标值命名方式。

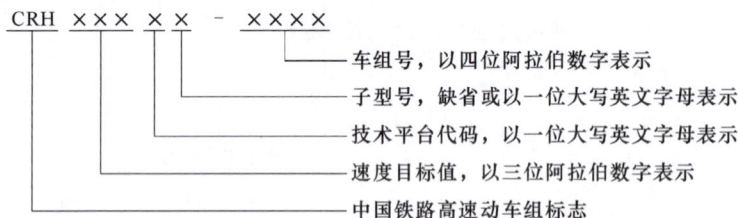

CRH ××× ×× － ××××
车组号，以四位阿拉伯数字表示
子型号，缺省或以一位大写英文字母表示
技术平台代码，以一位大写英文字母表示
速度目标值，以三位阿拉伯数字表示
中国铁路高速动车组标志

① 速度目标值。

速度目标值以动车组设计的最高运行速度目标值的三位阿拉伯数字表示，例如：380——设计最高运行速度目标值为 380 km/h。

② 技术平台代码。

以一位大写英文字母表示，由 A 开始顺序排列。

A——四方研制生产、8 辆编组、座车动车组；

B——长客/唐客研制生产、8 辆编组、座车动车组；

C——长客研制生产（与 B 采用不同的牵引及控制系统）、8 辆编组、座车动车组；

D——BST 研制生产、8 辆编组、座车动车组；

E——预留；

F——预留。

③ 子型号。

以一位大写英文字母表示，由 G 开始顺序排列，缺省时为基本型。

G——耐高寒动车组；

H——耐风沙及高寒动车组；

I——预留；

J——综合检测动车组；

K——预留；

L——基本型的 16 辆编组动车组；

M——更高速度等级试验列车改为综合检测动车组；

N 及后续字母——预留。

（2）CR 系列动车组的速度目标值命名方式。

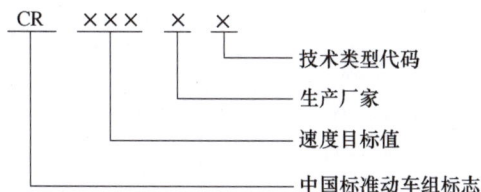

```
CR    ×××    ×    ×
                  └──── 技术类型代码
              └──────── 生产厂家
       └─────────────── 速度目标值
└────────────────────── 中国标准动车组标志
```

① 速度目标值。

速度目标值以动车组设计的最高运行速度目标值的三位阿拉伯数字表示。

400——设计最高运行速度目标值为 400 km/h；

300——设计最高运行速度目标值为 300 km/h；

200——设计最高运行速度目标值为 200 km/h。

② 生产厂家。

A——四方生产制造；

B——长客生产制造。

③ 技术类型代码。

F ——动力分散式动车组；

J ——动力集中式电力动车组；

N——动力集中式内燃动车组。

2. 动车组中车辆的车种及车辆号编号规则

动车组中车辆的车种及车辆号示意如下：

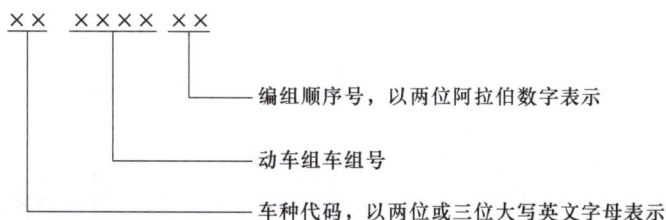

```
××    ××××    ××
              └──── 编组顺序号，以两位阿拉伯数字表示
       └────────── 动车组车组号
└──────────────── 车种代码，以两位或三位大写英文字母表示
```

动车组中车辆的车种代码是车种名称的汉语拼音缩写。动车组中车辆的车种代码、车种名称及车种名称的英文见表 4–1。

表 4–1　动车组中车辆的车种代码、车种名称及车种名称的英文

序号	车种代码	车种名称	车种名称的英文
1	ZY	一等座车	first class coach
2	ZE	二等座车	second class coach
3	WR	软卧车	soft sleeper coach
4	WY	硬卧车	hard sleeper coach
5	CA	餐车	dining coach
6	SW	商务车	business coach
7	ZEC	二等座车/餐车	second class/dining coach
8	ZYS	一等/商务座车	first class/business coach
9	ZES	二等/商务座车	second class/business coach
10	ZYT	一等/特等座车	first class/premier coach
11	ZET	二等/特等座车	second class/premier coach
12	JC	检测车	detection car

示例：

ZYS 264201

ZYS——车种代码，一等/商务座车

2642——动车组车组号

01——编组顺序号

3. 动车组座席号编号规则

动车组采用数字和字母组合的方式表示座席号，数字表示排号，字母表示位置。

1）座席排号

（1）以阿拉伯数字表示；

（2）商务座车从商务座端开始由 1 顺序编排；

（3）设无障碍设施的车辆从远离无障碍卫生间的车端开始由 1 顺序编排；

（4）餐座合造车从非厨房端开始由 1 顺序编排；

（5）其他座车从图 4-10 所示的 1 位端开始由 1 顺序编排。

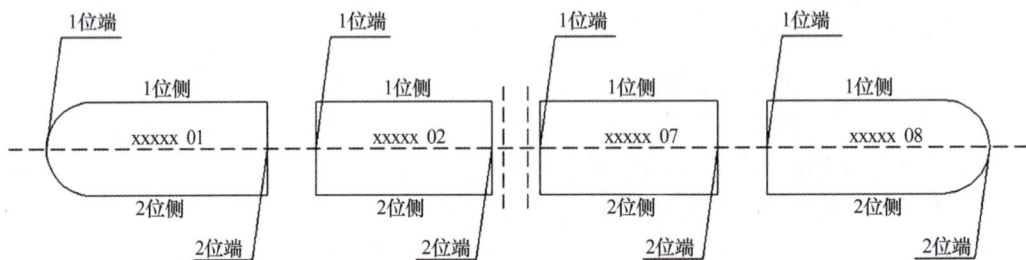

图 4-10 动车组定位示意图

2）座席位置

座席位置采用 A、B、C、D、F 5 个字母表示，具体要求如下。

（1）3+2 座椅排列中，3 人座椅用 A、B、C 表示，分别代表靠窗、中间和靠走廊座席，2 人座椅用 D、F 表示，分别代表靠走廊、靠窗座席；

（2）2+2 座椅排列（包括二等座车/餐车的餐座）分别用 A、C 和 D、F 表示；2+1 座椅排列分别用 A、C 和 F 表示；

（3）1+1 座椅排列（包括二等座车/餐车的餐座）分别用 A 和 F 表示。无论何种座席排列，A、F 代表靠窗座席，C、D 代表靠走廊座席。

4. 动车组型号、车组号、车辆车种、车辆号等标志

1）型号及车组号标志

（1）标志位置。动车组型号及车组号标志标在头车靠近司机室的 1 位侧和 2 位侧侧墙上，标志底部距轨面 1 350 mm，标志中心距靠近司机室的转向架中心线 3 000 mm 范围内，每列设 4 处。

（2）标志尺寸和字体。字高 130 mm，英文、数字字体为 "helvetica condensed" 并加粗。

动车组型号及车组号标志如图 4-11 所示，动车组型号及车组号标志在动车组上位置的示意图如图 4-12 所示。

CRH380AL-2548

图 4-11 动车组型号及车组号标志

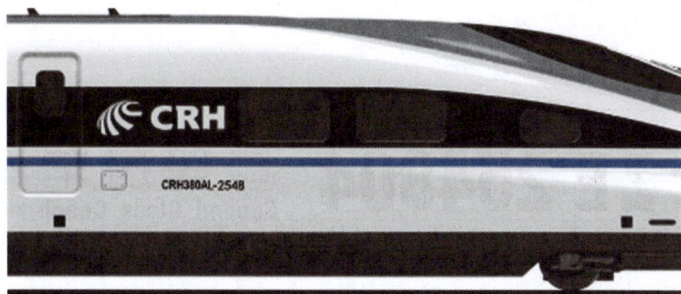

图 4-12　动车组型号及车组号标志在动车组上位置的示意图

2）车辆车种及车辆号标志

（1）标志位置。①车辆车种及车辆号标志标注在头车远离司机室端的侧墙上，每车2处，对于此端有旅客登车门的，标注在旅客登车门的附近侧墙上（车体中心侧）。②车辆车种及车辆号标志标注在中间车上，分以下几种情况：对于有4个旅客登车门的车，标注在两端旅客登车门附近的侧墙上（车体中心侧），每车4处；对于有2个旅客登车门的车（登车门靠近车端），其中2处标注在旅客登车门附近的侧墙上（车体中心侧），另2处标注在远离旅客登车门的端部侧墙上（标志中心距端部5 000 mm范围内），每车4处；对于有2个旅客登车门的车（登车门靠近车体中心），标注在旅客登车门附近的侧墙上（车体中心侧），每车2处；对于有餐车上货门的车，上货门旁不设车种标志；对于无旅客登车门的车，标注在靠近端部的侧墙上（标志中心距端部5 000 mm范围内），每车4处。③车辆车种标注中，汉字和英文标志排列在靠近车辆端部或登车门处。④标志底部距轨面1 350 mm。⑤旅客登车门开启时门板不应遮挡标志。

（2）标志尺寸和字体：中文字体为黑体，英文、数字字体为"helvetica condensed"并加粗。车辆车种及车辆号标志尺寸（一等座车）如图4-13所示；车辆车种及车辆号标志尺寸（二等座车）如图4-14所示；车辆车种及车辆号标志尺寸（一等/商务座车）如图4-15所示；车辆车种及车辆号标志尺寸（检测车）如图4-16所示；车辆车种及车辆号标志在动车组上位置的示意图如图4-17所示。

图 4-13　车辆车种及车辆号标志尺寸（一等座车）

单位：mm

1位端1位侧、2位端2位侧使用

ZE 254804

二等座车
Second Class Coach

车端或车门

1060
380
130
100
80
35
15
135 40 395 80 205
410

1060

车端或车门

二等座车
Second Class Coach

ZE 254804

1位端2位侧、2位端1位侧使用

380
80
35
205
410
130
100
15
80 135 40 395

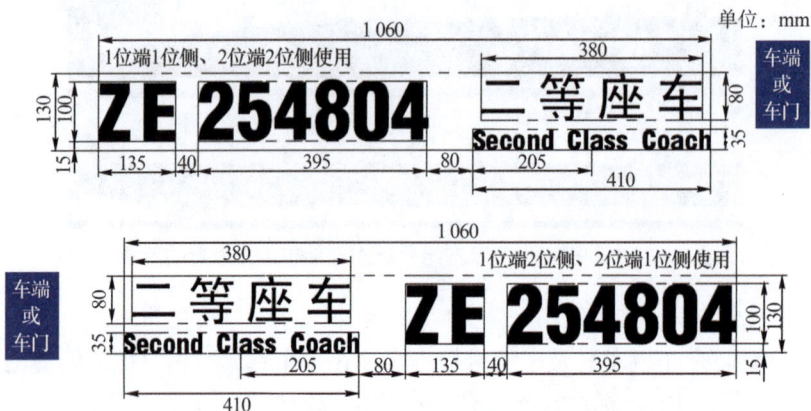

图 4-14　车辆车种及车辆号标志尺寸（二等座车）

单位：mm

1位端1位侧、2位端2位侧使用

ZYS 264101

一 等／商 务 座 车
First Class / Business Coach

车端或车门

1420
675
100
80
130
35
15
238 40 395 130 550

1420
675

车端或车门

一 等／商 务 座 车
First Class / Business Coach

ZYS 264101

1位端2位侧、2位端1位侧使用

80
35
550 130
238 40 395
100
130
15

图 4-15　车辆车种及车辆号标志尺寸（一等/商务座车）

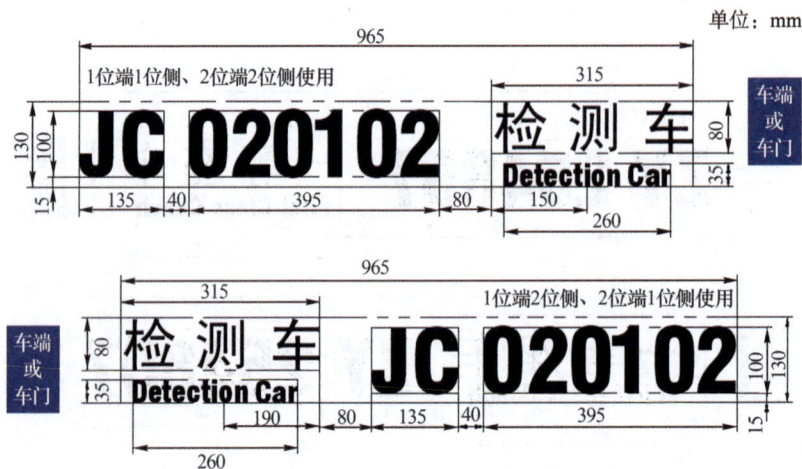

单位：mm

965
315

1位端1位侧、2位端2位侧使用

JC 020102

检 测 车
Detection Car

车端或车门

130
100
80
35
15
135 40 395 80 150
260

965
315

车端或车门

检 测 车
Detection Car

JC 020102

1位端2位侧、2位端1位侧使用

80
35
190 80 135 40 395
260
100
130
15

图 4-16　车辆车种及车辆号标志尺寸（检测车）

图 4-17　车辆车种及车辆号标志在动车组上位置的示意图

4.1.3　我国部分动车组编组情况及主要技术参数

1. CRH 动车组（以 CRH380A 型为例）编组情况及主要技术参数

CRH380A 型动车组的编组情况如图 4-18 所示。

单位：人

1号T1车：二等座/观光座拖车　　2号M1车：二等座动车 变压器+变流器　　3号M2车：一等座/包间动车 变流器　　4号M3车：一等座动车 变压器+变流器
定员 40+6　　　　　　　　　　　定员 85　　　　　　　　　　　　　　定员 38+6　　　　　　　　　　　　+受电弓
　　定员 51

5号M4车：二等座/餐动车 变流器　　6号M5车：二等座动车 变压器+变流器　　7号M6车：二等座动车 变流器　　8号T2车：二等座/观光座拖车
定员 38+14　　　　　　　　　　　+受电弓　　　　　　　　　　　　　　定员 85　　　　　　　　　　　　　定员 40+6
　　　　　　　　　　　　　　　　定员 85

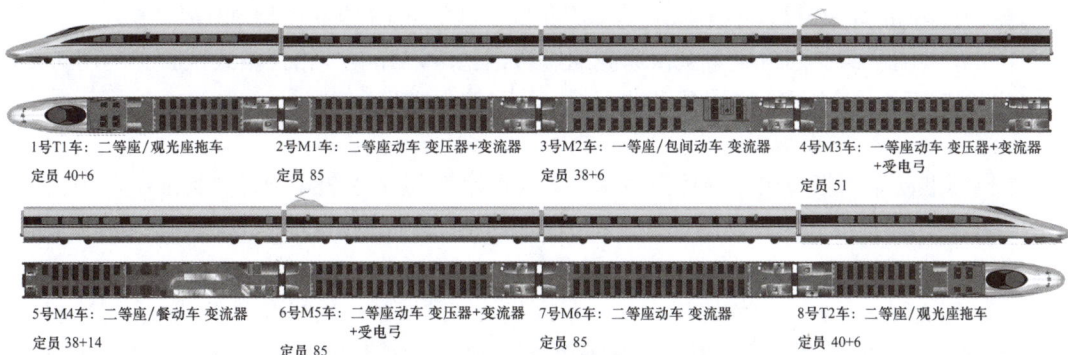

图 4-18　CRH380A 型动车组的编组情况

CRH380A 型动车组的主要技术参数如表 4-2 所示。

表 4-2　CRH380A 型动车组的主要技术参数

车组总长/m	203	车体最大宽度/mm	3 380	车体最大高度/mm	3 700	车体材质	铝合金
车组设计寿命/年	20	适应站台高度/mm	1 250	编组整备总重/t	400	全列载重/t	39.1
最高试验速度/（km/h）	385	标记速度/（km/h）	350	最大制动距离/m	6 500	转向架中心距/mm	17 500
固定轴距/mm	2 500	车轮直径/mm	860/790	车轮踏面类型	LMA	最大轴重/t	15
自动车钩中心高度/mm	1 000	中间车钩中心高度/mm	1 000	轮周牵引总功率/kW	9 120	ATP 型号	CTCS$_3$-300S/300T/300H
LKJ	无	停放制动	铁靴	通过最小曲线半径/m	150	通过最小 S 形曲线半径/m	180+10+180
受电弓落弓高度/mm	4 516	受电弓工作高度/mm	4 816～6 916	受电弓最大升弓高度/mm	7 016	正常运行网压/kV	22.5～29
蓄电池电压/V	DC100	外接电源电压/V	单相AC400	环境温度/℃	−25～+40	编组方式	6 动 2 拖
电机额定输出功率/kW	400	定员/人	480（包间定员 6，观光座定员 12，一等座定员 89，二等座定员 373；不含餐座定员 14）				

2. CR 系列动车组（中国标准动车组）

1）CR 系列动车组的研制背景和研制过程

（1）CR 系列动车组的研制背景。

为了能够适应中国的高速铁路运营环境和条件，满足复杂多样、长距离、长时间、连续高速运行等需求，打造适合中国国情、路情的高速动车组的设计、制造平台，实现高速动车组技术全面的自主化，国内有关企业、高校、科研单位等优势力量开展了中国标准动车组的研制工作。研制 CR 系列动车组是统一标准，降低成本的需要。针对不同型号的动车组，建立统一的技术标准体系，实现动车组在服务功能、运用维护上的统一，以提高效率，降低成本。

（2）CR 系列动车组的研制过程。

① 2013 年 6 月，中国标准动车组项目正式启动，中国铁路总公司要求：中国标准动车组要综合国内各型动车组的优点，建立统一的技术标准体系，实现动车组在服务功能、运用维护上的统一。

② 2013 年 12 月，中国标准动车组总体技术条件、标准制定完成。

③ 2014 年 9 月，中国标准动车组方案设计完成。

④ 2015 年 6 月 30 日，中国标准动车组正式下线。2015 年 9 月至 2016 年 5 月，中国标准动车组在大同至西安高铁原平至太原高速综合试验段，开展了相关型式试验和运用考核。

⑤ 2017 年 6 月 26 日，中国标准动车组在京沪高铁首发。

2）CR 系列动车组的特点

中国标准动车组指中国标准体系占主导地位的动车组（在 254 项重要标准中，中国标准占 84%），其功能标准和配套轨道的施工标准都高于欧洲标准和日本标准，具有鲜明而全面的中国特征。

2017 年 1 月 3 日，国家铁路局正式向四方和长客颁发了中国标准动车组"型号合格证"和"制造许可证"。中国标准动车组也正式获得型号命名。中国标准动车组采用 CR400/300/200命名，分别对应最高速度 400 km/h、300 km/h 和 200 km/h，数字代表最高速度，例如，400代表最高速度可达 400 km/h 及以上，持续运行速度为 350 km/h。

如图 4-19 所示，四方生产的"蓝海豚"被命名为 CR400AF，长客生产的"金凤凰"被命名为 CR400BF。

图 4-19　中国标准动车组 CR400AF、CR400BF

CR 是 China Railway 的缩写，即中国铁路；"A" 和 "B" 为企业标识代码，代表生产厂家；F 为技术类型代码，表示动力分散式动车组，区别于 "J" 所代表的动力集中式电力动车组和 "N" 所代表的动力集中式内燃动车组。如图 4-20 所示，"蓝海豚" CR400AF 头部玻璃平，侧面有一条凸尖线，最前部形如 "▶"；如图 4-21 所示，"金凤凰" CR400BF 头部玻璃凸，侧面比较平缓，最前部形如 "◣"。

中国标准动车组有一个响亮的名号——复兴号动车组。中国标准动车组的特点如下。

（1）首次实现了动车组牵引、制动、网络控制系统的全面自主化，标志着我国已全面掌握高速铁路核心技术，高速动车组技术实现全面自主化。

图 4-20　"蓝海豚" CR400AF

图 4-21　"金凤凰" CR400BF

（2）中国标准动车组采用的标准涉及动车组基础通用、车体、走行装置、司机室布置及设备、牵引电气、制动及供风、列车网络标准、运用维修等 10 多个方面。大量采用中国国家标准、行业标准、企业标准等技术标准，同时采用了一批国际标准和国外先进标准，使中国标准动车组具有良好的兼容性能。中国标准动车组在运用安全、节能环保、降低全寿命周期成本、特别是进一步提高安全冗余等方面加大了科技创新力度。

（3）为了确保运行安全，中国标准动车组进一步增加了主动安全与被动安全措施：一是列车设计（包括防火、防碰撞、动力学等方面）严格遵循安全标准，提高列车可靠性，具备失稳检测、烟火报警、轴温监控、受电弓视频监视等安全防护功能，安全防护设计更为完善；二是按照"故障导向安全"的原则，优化了智能化感知系统，能全面监测列车运行状况，实时感知列车状态，当列车出现异常时，可自动报警或预警，并能根据安全需求自动采取限速或停车措施。

（4）为改善旅客乘车体验，中国标准动车组的设计充分贯彻了人性化设计理念，进一步优化了旅客界面与司乘界面，在乘车空间、空调系统、行李架设置、车厢照明、无障碍设施等方面进行了完善。

① 中国标准动车组车厢内二等座椅间距统一加大到 1 020 mm、一等座椅间距统一加大到 1 160 mm，座椅色彩搭配更有特色，时尚活泼，每个座椅都配有 220 V 电源插座。中国标准动车组商务座如图 4-22 所示，中国标准动车组二等座如图 4-23 所示，中国标准动车组车厢连接处如图 4-24 所示。

图4-22 中国标准动车组商务座

图4-23 中国标准动车组二等座

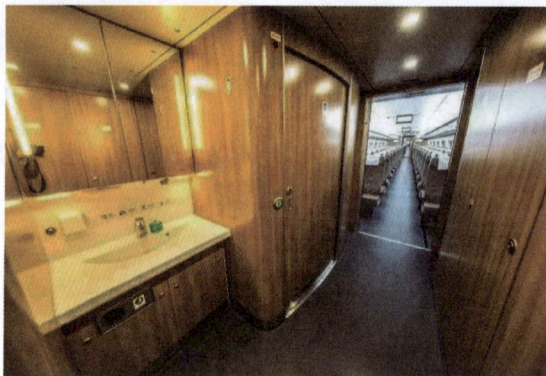
图4-24 中国标准动车组车厢连接处

② 中国标准动车组设置了十几种车内照明模式，每个旅客都能使用阅读灯，亮度和色温都可以手动或自动调节。

③ 中国标准动车组全列车实现了 WiFi 网络覆盖，旅客可随时上网，旅途不再寂寞。

（5）为适应节能环保要求，中国标准动车组整车采用全新低阻力流线型设计和车体平顺化设计，降低气动阻力，减少持续运行能量消耗，并统一零部件技术标准，实现各型号动车组相同零部件的互换使用，有效降低运用、检修等方面的成本。

3）CR400AF、CR400BF 型动车组的编组情况

（1）CR400AF 型动车组的编组情况。CR400AF 型动车组的编组情况如表 4-3 所示。

表 4-3 CR400AF 型动车组的编组情况

车厢号	1	2	3	4	5	6	7	8
车型	一等/商务座车	二等座车			二等座车车/餐车	二等座车		二等/商务座车
车厢编号	CR400AF-2××× ZYS 2×××01	CR400AF-2××× ZE 2×××02	CR400AF-2××× ZE 2×××03	CR400AF-2××× ZE 2×××04	CR400AF-2××× ZEC 2×××05	CR400AF-2××× ZE 2×××06	CR400AF-2××× ZE 2×××07	CR400AF-2××× ZES 2×××00
动力配置	有动力，带驾驶室（Mc）	无动力，带受电弓（Tp）	有动力（M）	无动力（T）		有动力（M）	无动力，带受电弓（Tp）	有动力，带驾驶室（Mc）
定员	28+5	90	90	75	63	90	90	40+5
动力单元	单元1				单元2			

（2）CR400BF 型动车组的编组情况。CR400BF 型动车组的编组情况如表 4–4 所示。

表 4–4　CR400BF 型动车组的编组情况

车厢号	1	2	3	4	5	6	7	8
车型	一等/商务座车	二等座车			二等座车/餐车	二等座车		二等/商务座车
车厢编号	CR400BF–5××× ZYS 5×××01	CR400BF–5××× ZE 5×××02	CR400BF–5××× ZE 5×××03	CR400BF–5××× ZE 5×××04	CR400BF–5××× ZEC 5×××05	CR400BF–5××× ZE 5×××06	CR400BF–5××× ZE 5×××07	CR400BF–5××× ZES 5×××00
动力配置	有动力，带驾驶室（Mc）	无动力，带受电弓（Tp）	有动力（M）	无动力（T）		有动力（M）	无动力，带受电弓（Tp）	有动力，带驾驶室（Mc）
定员	28+5	90	90	75	63	90	90	40+5
动力单元	单元 1				单元 2			

拓展阅读

中国高铁技术是具有完全自主知识产权的"中国名片"

2004 年的两次招标，西门子公司拿出的筹码，是基于 ICE3 开发的 VELARO 平台技术，也是当时全球动力分散型动车组的最高水平。法国阿尔斯通拿出来的，是并不算先进的"潘多利诺"摆式列车和 SM3 型动车组的结合体。而日本"大联合"拿出的，则是缩水版"疾风号"E2–1000。

当时，日本川崎重工总裁大桥忠晴曾劝告中方技术人员："不要操之过急，先用八年时间掌握时速 200 km 的技术，再用八年时间掌握时速 350 千米的技术。"

让大桥忠晴没有想到的是，仅仅用了三年时间，中国人就掌握了他预计八年才能掌握的技术。更让他没有想到的是，在不到八年的时间里，中国人已经进入国际市场，与原来的"师父"们竞争，争夺海外订单了。

有人说，中国高铁从 CRH1 到 CRH5 都是与国外公司合作的模仿产品，但这种情况早在 CRH380A 下线后就已不复存在。

2010 年，在北京召开的第七届世界高铁大会上，美国 GE 公司提出与中国企业在美国成立合资公司竞标美国高铁，为了确保合作顺利，美方邀请第三方机构对 CRH380A 型高速动车组的知识产权问题进行了评估。这次历时半年多的评估，过程异常复杂。

评估方先在美国检索与铁路机车车辆有关的专利，形成 934 项专利清单，再筛选出 254 项高度相关和中度相关的专利清单，然后由美国律师事务所，以美国的方式对专利风险进行评估，并出具专利风险评估报告，最终的报告结论是：

"世界各国相关高速动车组在美国申请的专利与中国企业准备出口到美国的 CRH380A 型高速动车组相关性不大，没有发现任何可能会发生产权纠纷的情况。"

技术图纸可以购买，制造和研发能力却只能自己锻炼。CRH380A 的技术完全具有自主知识产权，且已经超过日本新干线技术。而 CRH380B 型高寒动车组，更是适合在 –40 ℃

的环境下运行。这份卓越的成绩单，证明了中国人确实具备了高铁的自主研发的能力。

随着中国标准动车组 CR 系列产品的诞生，我国更是形成了整体化、系列化、综合性的高铁技术体系，可以自豪地说，中国高铁是具有完全自主知识产权的"中国名片"。

点拨要点、领会精髓：

（1）中国高铁"走出去"是发展我国外向型经济的必由之路、是中国参与经济全球化的重要条件、是我国铁路企业参与国际市场竞争的重要条件、是我国铁路企业发展壮大后参与国际竞争的必然选择。

（2）知识产权已经成为国际经济贸易和企业竞争的一个焦点，并在经济、社会发展中发挥着越来越重要的作用。随着经济全球化和经济信息化进程的加快，各国都将知识产权问题提升到国家战略的高度，我们要提高知识产权的国内和国际保护水平，打造创新型国家，促进我国铁路企业顺利"走出去"。

任务 4.2　车内设施及外部门操作

知识目标

（1）掌握动车组各车辆主要设备配置；

（2）掌握内部门的操作方法；

（3）熟悉内部门常见故障的处理方法；

（4）了解门锁的类型；

（5）掌握侧拉门的操作方法；

（6）掌握客室座椅的操作方法；

（7）了解厨房设备的布置；

（8）了解应急备品的布置。

能力目标

（1）能列举动车组各车辆的主要设备；

（2）能进行内部门隔离作业和常见故障排除作业；

（3）能进行手动开关、隔离侧拉门作业；

（4）能进行二等座椅靠背套和座垫套的安装、拆卸；

（5）能进行一等座椅靠背套和座垫套的安装、拆卸；

（6）能进行微波炉加热作业。

素质目标

（1）培养自主学习及动手操作的能力；

（2）培养团队协作能力；

（3）能客观、公正地进行自我评价。

4.2.1　动车组各车辆主要设备配置

CRH380A 型动车组各车辆主要设备配置如表 4-5 所示。

表 4–5 **CRH380A** 型动车组各车辆主要设备配置

车号	车种	车型	主要设备	备注
01	T1	二等座车	驾驶室、卫生间、盥洗室、观光区、电开水炉、电气控制柜、备品柜、行李室	
02	M1	二等座车	卫生间、盥洗室、电开水炉、电气控制柜、行李室、车上水箱	
03	M2	一等座车	卫生间、盥洗室、电开水炉、电气控制柜、备品柜、行李室	
04	M3	一等座车	卫生间、盥洗室、电开水炉、电气控制柜、行李室、车上水箱	带受电弓
05	M4	二等座车/餐车	餐饮区、厨房、卫生间、盥洗室、乘务员室、机械师室、电开水炉	
06	M5	二等座车	卫生间、盥洗室、电开水炉、电气控制柜、行李室、车上水箱	带受电弓
07	M6	二等座车	卫生间、盥洗室、电开水炉、电气控制柜、行李室、备品柜	有无障碍设施
08	T2	二等座车	驾驶室、卫生间、盥洗室、观光区、电开水炉、电气控制柜、备品柜、行李室	

4.2.2　内部门操作

内部门由内端门、小间门组成。

1．内端门

1）概述

内端门为电动式的自动门，通过顶板内光电开关的检测来自动进行开关操作。

内端门有普通宽度和适用于轮椅使用者的大宽度两种类型。下面对普通宽度内端门进行介绍。内端门门板主结构为玻璃，三面铝型材包边。人或物体通过时，门两侧的光电开关将检测信号传递给门控系统，从而实现自动开门。自动开关门有故障时（停电时），用手也能够轻松地进行开闭。

2）结构简介

（1）尺寸参数：门通过净宽为（750±5）mm；门通过净高为 1 950 mm。

（2）电气参数：供电电压 DC 70～125 V。

（3）内端门部件构成：门板、门机构及其他附件。

①门板：玻璃门板、门边型材、门锁、扣手等。

②门机构：电机、皮带、传动系统、电子门控器（EDCU）、隔离锁、手动/电动切换开关、上滑轨、缓冲头组件等。

③其他附件：下滑轨、门框橡胶条、红外传感器等。

3）使用方法

（1）使用须知。使用前操作者应详细了解内端门的主要结构、动作原理，熟悉操作方法和日常保养等知识，避免错误操作造成人为故障。正常开、关门出现故障时，可关断电源，用手将门打开，并报请专业人员检修。

（2）开、关门操作方法。内端门的操作方式分为手动操作、电动操作，由手动/电动切换开关完成二者的切换。

① 手动操作。手动/电动切换开关拨到 OFF（关）位置时，电控系统输入电源断开，此时门系统处于手动操作状态。

② 电动操作。手动/电动切换开关拨到 ON（开）位置时，电控系统通电，门系统将以低速进行第一次关门，初始化系统参数，初始化完成后，进入电动操作状态。

开门：在门没有机械锁闭、手动/电动切换开关拨到 ON 位置、门系统有电时，门处于自动状态，红外传感器探测到有物体时，将发出开门信号通知 EDCU，EDCU 接收到开门信号后，控制电机开门。

关门：门开到位后，红外传感器未探测到有物体时，延时 4 s 后（0～10 s 可调）自动关门。在关闭途中遇到障碍，门会自动返回，4 s 后再次自动关闭。

（3）障碍检测。门在关闭过程中碰到障碍物，会再次自动打开，然后再重新关闭。如果障碍物依然存在，这一过程将重复，3 次试图关门失败之后，门将保持打开，并给出故障指示。30 s 以后门将再次进行关闭动作，如障碍物消失，故障指示将消失，门恢复正常运行，如果仍遇到障碍物则重复以上过程。当门运动至最后约 25 mm 内的位置时，无障碍检测功能。

门在开门过程中碰到障碍物，将自动停在受阻位置数秒然后重新关闭，并再次打开，3 次试图开门而没有达到全开后，EDCU 会给出故障指示。当门运动至最后约 25 mm 内的位置时，无障碍检测功能。

（4）第一次开关门。电控系统上电，EDCU 的电源指示灯亮。门系统将以低速进行第一次关门，并初始化系统参数。

（5）门隔离。门关到位时，用四角钥匙操作隔离锁可以将门系统进行机械锁闭，在此过程中，隔离锁上的隔离开关动作后，电控系统电源被切断。

2. 小间门

1）乘务员室拉门、机械师室拉门

乘务员室拉门、机械师室拉门均为手动拉门，门板上设有乳白色聚碳酸酯玻璃窗和换气用的通风板。乘务员室拉门设专用锁，室内带内手动锁闭功能。机械师室拉门设专用锁，与司机室隔门采用同一把钥匙。

2）厨房拉门

厨房拉门为手动转轴门，门板上设有乳白色聚碳酸酯玻璃窗和换气用的通风板，厨房拉门内侧带把手，厨房拉门外侧设置通用锁。

3）卫生间拉门

卫生间拉门不设窗户，设置了换气用的通风板。同时设置了门把手和在内侧锁闭的暗锁。残疾人卫生间的门加宽，通过按钮开关进行开闭。

4）司机室隔门

司机室隔门为手动转轴门，设于司机室与观光区之间，向观光区侧打开，该门为不透明玻璃门。

（1）司机室隔门的打开。

① 在司机室侧：用手握住把手，沿顺时针方向转动把手，此时门锁打开，向外推门，司机室隔门打开。

② 在观光区侧：用一只手握住把手，用另一只手拿钥匙沿逆时针转动锁芯，直到转不动为止，此时门锁打开，向内拉门，司机室隔门打开。

（2）司机室隔门的关闭。

① 在司机室侧：用手握住把手向内拉门，当门碰到门框时，门关闭。

② 在观光区侧：用手握住把手向外推门，当门碰到门框时，门关闭。

司机室隔门设专用锁，该锁与机械师室采用同一把钥匙，钥匙编号 D002（CRH380A 型动车组通用）。

3. 门锁

1）内端门锁

内端门锁安装在内端门的门板上部。在开关门位置都能进行可靠的锁闭，从客室侧和通过台侧的任意一方都能够用四角钥匙锁闭。

2）垃圾处理室锁

按下垃圾处理室锁的突起部位即变为把手，向下旋转打开门扇，关闭时，动作相反。

3）卫生间拉门锁

卫生间拉门为关闭时不自动上锁结构。要上锁时，将卫生间拉门关到位后，按标识提示操作即可。卫生间拉门锁在走廊侧开锁，通过四角钥匙操作门锁。

4.2.3　外部门操作

动车组外部门包括侧拉门和外端拉门。

1. 侧拉门

动车组侧拉门装置通过设置在司机室及乘务员室的开关集中控制。关闭侧拉门之后，各个车厢侧面外部的显示灯会熄灭，司机室操纵台的关门显示灯会亮起。司机在确认了显示灯状态之后，进行发车。头车靠司机室的侧拉门和靠近餐车的侧拉门为可单控侧拉门，可根据需要选择单控还是集控。各侧拉门能用钥匙从车内部锁闭，其中可单控侧拉门可从外部开启、锁闭（采用专用钥匙），以实现动车组在存放线时对全列车门的开启、锁闭操作。

如图 4-25 所示，CRH380A 统型动车组采用气压旋转杆式的内藏侧拉门，侧拉门机构由上部驱动装置、电磁阀组件、气压旋转杆式压紧装置、下导轨及供气管路等组成。门板采用隔音复合结构，夹层内安装中空玻璃。

侧拉门在构造上力求简单，门板和车体外表面存在 35 mm 的错差。侧拉门门口部分与地板为同一平面，导轨安装在门袋内。关门时压紧装置将门板向车外方向压紧，保持了气密性，在构造上还具有防冻性能。

侧拉门的有效宽度设定为 720 mm 和 1 010 mm 两种规格。另外，门的驱动机构为带有缓冲机构的直动式气缸，气缸的构造及动作速度，都充分考虑了防夹需求。侧拉门具有障碍物检测功能，车门关闭时如检测到障碍物则车门返回打开状态，防止夹伤旅客或夹坏物品。侧拉门能检测到的最小障碍物的尺寸：30 mm×60 mm。

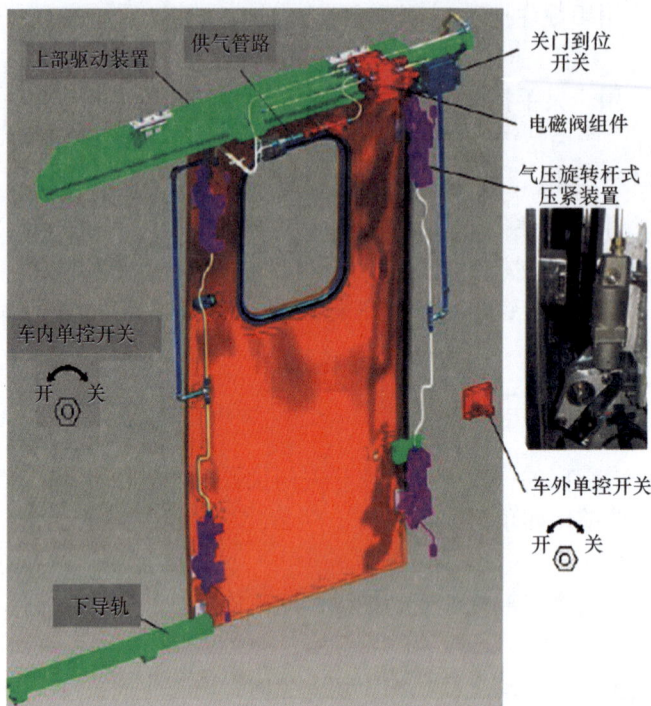

图4-25 CRH380A 统型动车组侧拉门结构图

侧拉门压紧装置为气压旋转杆式压紧装置，通过锁紧气缸来压紧；列车运行速度达到30 km/h 以上时压紧装置会起动，使门和车体紧密贴近，以保持列车气密性。列车运行速度达到 5 km/h 以上时，因为关门保护电路在起作用，乘务员即使是在操作门开关，侧拉门也不会打开，但是在紧急情况下，可通过操作车内门罩板上部的气阀，强行排空气缸里的空气，然后手动开门。

单控侧拉门附加说明如下。

① 司机上车门、餐车上货门设置为单控侧拉门。

② 在司机室配电盘内和餐车配电盘内分别设置单控/集控转换开关。

③ 车内外设置开关门操作开关，给出开门信号、关门信号，车外开关旋至"关/压紧"可以将门关闭，门关闭后，将该开关旋至"关/压紧"位置，保持 2～3 s，便可以压紧车门。

④ 门板上设置隔离锁，操作隔离锁后，实现该门的机械和电隔离。

除隔离锁采用保险钥匙外，其他操作均使用动车组通用钥匙。

侧开门的开关可以在 01 号车、08 号车的司机室操纵台和 05 号车的列车员室进行操作。车速在 5 km/h 以下时，也可以进行侧拉门的开关操作，但车辆上有旅客时，务必在停车状态下操作。

01、08 号车司机室操纵台开关门按钮如图 4-26 所示。

05 号车列车员室侧拉门开关操作步骤如下：

（1）将列车员钥匙插入靠站台侧的侧拉门操作开关；

（2）旋转列车员钥匙到"合"位；

图 4-26　01、08 号车司机室操纵台开关门按钮

（3）按下开门开关（车侧灯亮灯、车门打开、旅客上下车）；

（4）确认已无旅客上下车后，按下关门开关；

（5）确认车侧灯已熄灭；

（6）旋转列车员钥匙到"断"位；

（7）拔出列车员钥匙。

1）手动开关、隔离侧拉门操作

（1）手动开关侧拉门操作如表 4-6 所示。

表 4-6　手动开关侧拉门操作

图片	操作程序
	在车内通过操作每个侧拉门上方罩板内的供气阀门便可手动打开或关闭该门
	在车外，操作车体侧面中部裙板内的供气阀门，便可手动打开或关闭该辆车该侧的侧拉门

（2）手动隔离侧拉门操作如表 4-7 所示。

表 4-7　手动隔离侧拉门操作

图片	操作程序
	1. 把门关闭到位，用六角钥匙锁闭门前立罩上部的隔离锁。
	2. 断开"关车门连锁 1"或"关车门连锁 2"开关。注："1"对应 1、3 位门，"2"对应 2、4 位门。 3. 通过 MON 车辆信息显示器切换至"切除状态"界面，对门状态切除进行确认

2）单控侧拉门操作

由于旅客不使用司机上车门和餐车上货门，所以这两种车门为单控侧拉门，分别由司机和餐车工作人员负责操作，这里只介绍餐车上货门的操作方法。

（1）开门上货。

餐车上货门主要由餐车工作人员进行操作，一般在站台上装卸货物和相关工作人员登乘时使用。

餐车上货门处于有电有风的状态时，餐车工作人员用安全钥匙打开单控门隔离锁，操作开门开关便可打开车门，上车后关闭车门。为安全起见，可以从车内锁闭隔离锁。在动车组停靠站台后，可以随时开关车门，供相关工作人员和货物通行。

餐车上货门处于无电有风的状态时，须操作车外裙板内的阀门，切断门机构的气源，然后打开车门。上车后，打开该门横罩内紧急开门阀，然后把打开的裙板内的阀门恢复。通行完毕后，必须把横罩内的紧急开门阀恢复，待车门供电后便可正常开关。

（2）入库停车。

当动车组入库停车时，餐车工作人员必须关闭车门，从车内锁闭隔离锁，下车后用通用钥匙操作关门开关来关闭车门，并通过关门开关压紧车门，锁闭隔离锁。

当餐车工作人员下车时，如果侧拉门无电有风，则无法通过开关操作车门的打开和关闭，需要把车内紧急开门阀打开，切断侧拉门的气源，然后手动开门下车，下车后用安全钥匙锁闭车门，此时该车门无法压紧密封。下次如果从此门上车，打开隔离锁后可直接拉开车门上车，上车后必须恢复车内紧急开门阀。

2. 外端拉门

外端拉门是装在两辆车之间的贯通口上为防火而设置的不锈钢制的手动拉门，在 01～

07 号车的二位端各设有一个外端门。为了在全开、全关时依然能够保持外端门的良好工作状态还设置了压紧装置。

在正常情况下，外端拉门藏于外端墙的内部，是不使用的，通过弹性定位装置保持固定状态。需要使用时，先把手动拉手从门板内取出，然后用力拉动拉手，便可把门拉出。把拉手放回到门板内部，才能进行关门操作，门关到位后，弹性定位装置把门板顶紧在外端墙上，起到隔断两辆车的功能。

4.2.4　客室座椅操作

动车组一等座车设宽幅软座座椅（按"2+2"方式布置），二等座车设软座座椅（按"2+3"方式布置）。部分型号动车组设置了 VIP 座椅，本项目对这几种座椅的操作均进行介绍。

二等座椅中双人座椅靠背的角度可从 0° 到 24.5° 自由调节和锁定；三人座椅两侧靠背的角度可从 0° 到 24.5° 自由调节和锁定，中间靠背的角度可从 −5° 到 24.5° 自由调节和锁定。所有座椅均能保证靠背的倾斜不会干扰到后面的活动空间。各座椅都设有供旅客使用的小桌板，且侧窗窗台设有放置饮料瓶的台面。

一等座椅靠背的角度可从 8° 到 30° 自由调节和锁定。

VIP 座椅具备可坐可躺功能，坐、躺可任意切换。

所有座椅均采用可旋转 180° 的结构。座椅的可旋转结构充分体现了人性化设计，提高了乘坐的舒适度。

二等座椅如图 4-27 所示，一等座椅如图 4-28 所示，VIP 座椅如图 4-29 所示。

图 4-27　二等座椅

图 4-28　一等座椅

图 4-29　VIP 座椅

1. 二等座椅

二等座车的座椅间距为 1 000 mm，按"2+3"方式布置，过道宽度为 570 mm。座椅靠背带倾斜装置。二等座椅采用绒头化纤面料。为了防止座垫和靠背的间隙中插入垃圾，还设有座椅罩。

二等座椅各部位的名称如图 4-30 所示。

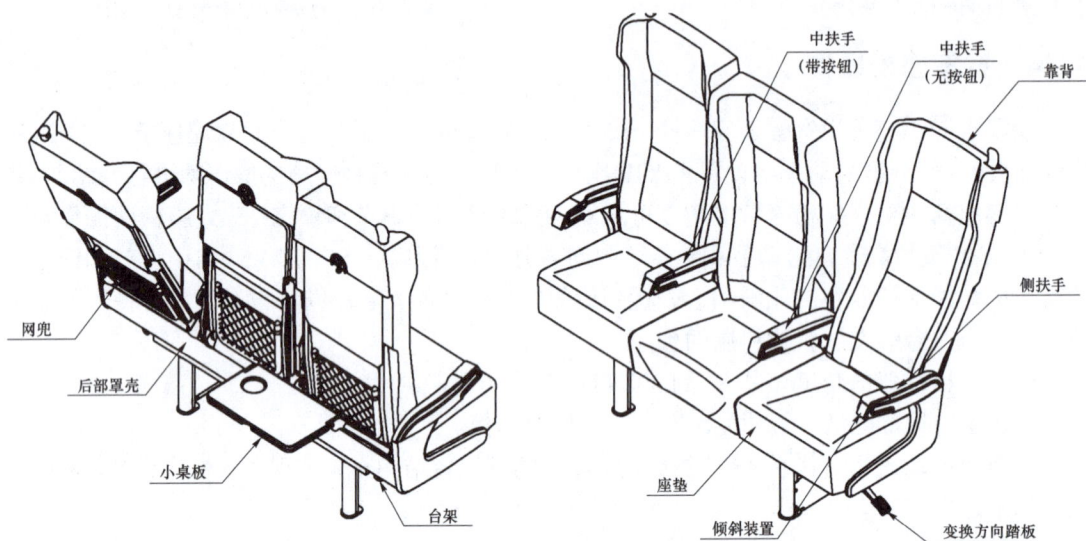

图 4-30　二等座椅各部位的名称

1）二等座椅靠背套的安装和拆卸

二等座椅靠背套如图 4-31 所示。

（1）二等座椅靠背套的安装。

① 如图 4-32 所示，先将座椅后部的小桌板置于打开状态，再将靠背往后倾斜，以便于安装。

图 4-31　二等座椅靠背套

图 4-32　打开小桌板

② 将事先准备好的靠背套取出，按自上而下的顺序"套"，如图 4-33 所示，先"套"至

头靠部位，将靠背套在各方向整理得跟靠背的形状相符，将上部的拉手露出，并保证四周闪缝均匀，调整好后接着往下"套"，直至"套"到底部，整个"套"入后再总体整理一遍，使上部的拉手、小桌板旋钮完全露出（见图 4-34），并保证下部的网兜完全露出，且四周闪缝均匀。

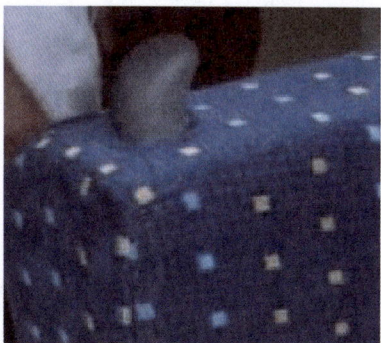

图 4-33　保证拉手露出，四周闪缝均匀

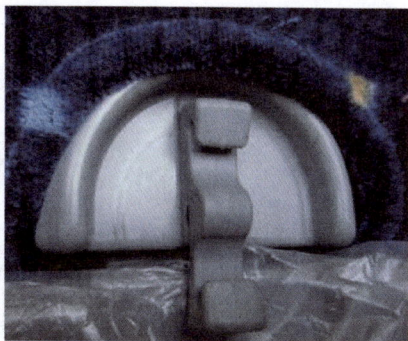

图 4-34　小桌板旋钮完全露出

③ 将靠背调回直立状态，并将小桌板扣好。

（2）二等座椅靠背套的拆卸。

将小桌板打开，将靠背套自下往上拽出即可。

2）二等座椅座垫套的安装和拆卸

由于二等座椅的座垫结构跟一等座椅的座垫结构相同，故二等座椅座垫套的安装和拆卸方法跟一等座椅座垫套的安装和拆卸方法完全一样，详细步骤参见下文中一等座椅座垫套的安装和拆卸方法。

2. 一等座椅

一等座车的座椅间距为 1 100 mm，按"2+2"方式布置，过道宽度为 600 mm。座椅的设计充分考虑了轻量化。脚踏为背面弹动、双停止位置、转动翻出方式，可适合不同旅客使用。端部座椅的脚踏和书报袋安装在客室端部墙壁上。座椅侧扶手设有内置式的可折叠小桌板，中间扶手设置了耳机插孔，一等座椅各部位的名称如图 4-35 所示。

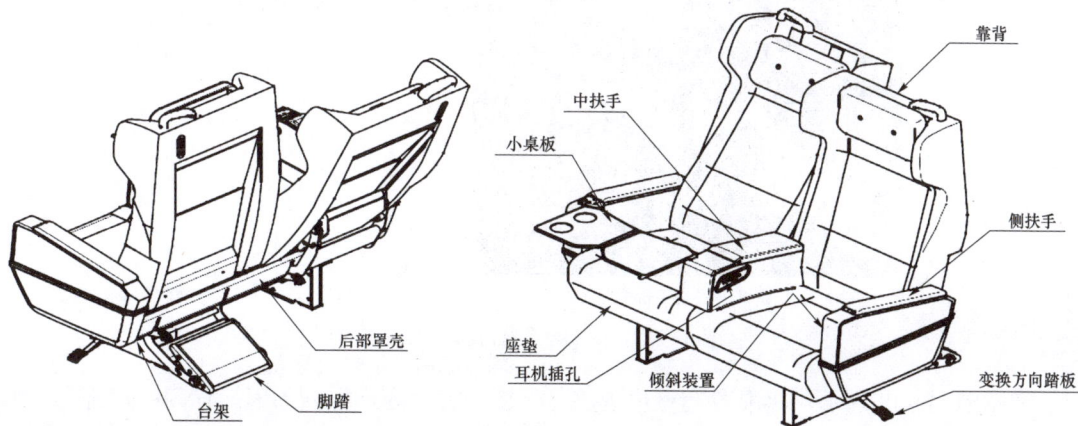

图 4-35　一等座椅各部位的名称

1）一等座椅靠背套的安装和拆卸

一等座椅靠背分左右件，现以左件为例进行说明。

（1）一等座椅靠背套的安装。

① 如图 4-36 所示，先将一等座椅的头靠垫摘掉。

把两个搭扣打开，
将头靠垫摘掉

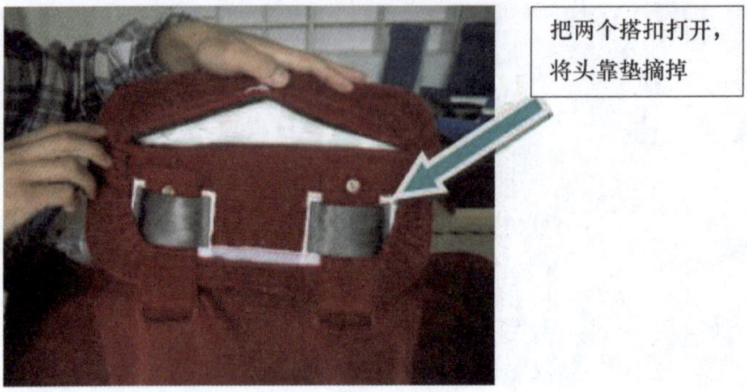

图 4-36　将一等座椅的头靠垫摘掉

② 如图 4-37 所示，将靠背套自上往下套入靠背，套入时分段对称拽扯，勿一次性扯到底，首先保证头靠部分顺利套入，并整理规整，接着顺势将靠背套往下理顺，当到达相应的位置时将座椅书报袋下部的尼龙搭扣松开，将靠背套的书报袋从座椅的书报袋内侧插入，将尼龙搭扣重新扣好再将靠背套顺势向下套。

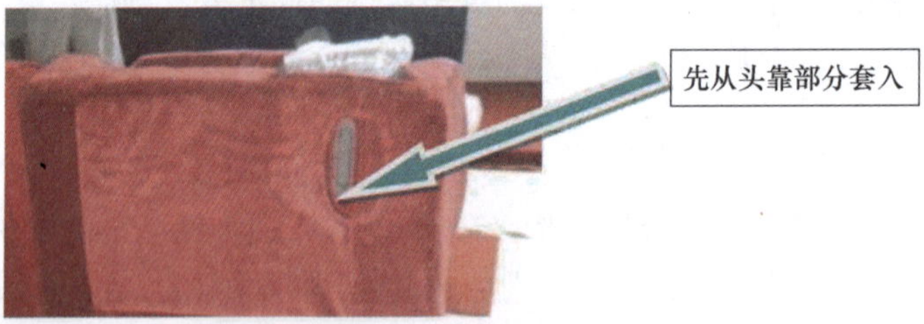

先从头靠部分套入

（a）从头靠部分套入

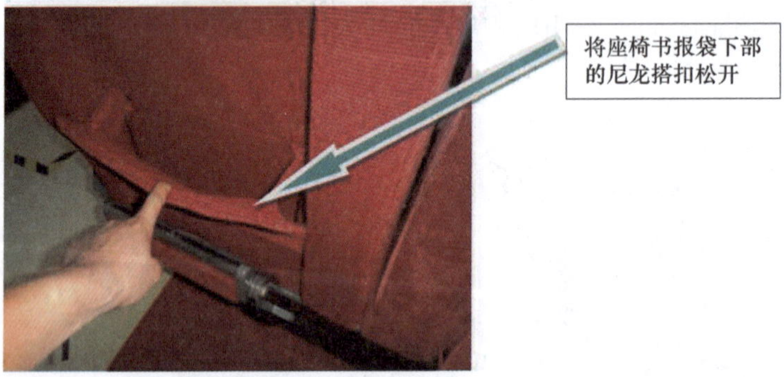

将座椅书报袋下部
的尼龙搭扣松开

（b）松开座椅书报袋下部的尼龙搭扣

图 4-37　一等座椅靠背套的安装 1

③ 如图 4-38 所示，将靠背套整理规整，保证上拉手露出，四周闪缝均匀；后部的衣帽钩露出，四周闪缝均匀；靠背套各开孔处周围锁边，以保证美观。

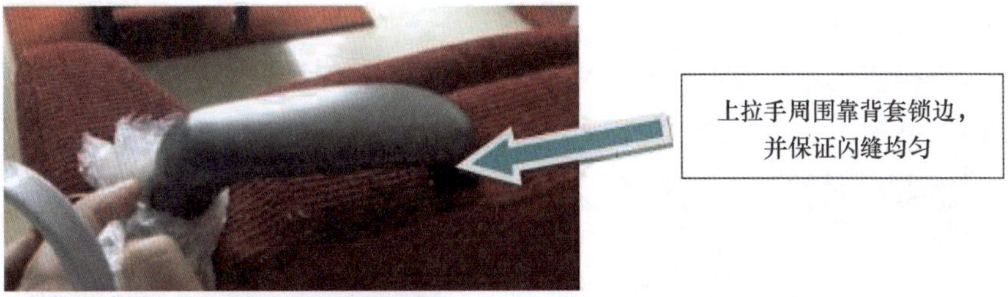

上拉手周围靠背套锁边，并保证闪缝均匀

（a）上拉手露出

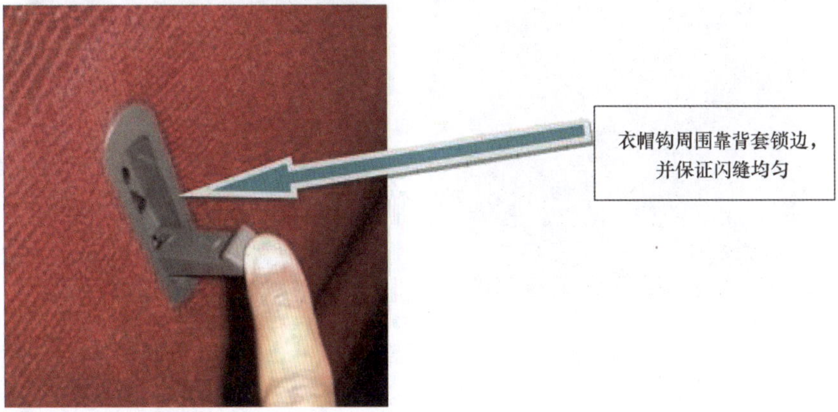

衣帽钩周围靠背套锁边，并保证闪缝均匀

（b）衣帽钩露出

图 4-38 靠背套的安装 2

④ 靠背套套入后各部分应与座椅靠背贴靠平实、座椅书报袋完全被包裹。如图 4-39 所示，将靠背套下部的尼龙搭扣扣好，尼龙搭扣由座椅的前部通过座椅底部闪缝处穿到座椅后部，并搭接好。

从此处将尼龙搭扣扣好

图 4-39 靠背套的安装 3

⑤ 最后进一步整理靠背套，使其与座椅靠背更贴合。

（2）一等座椅靠背套的拆卸。

一等座椅靠背套拆卸：首先把一等座椅靠背套安装的步骤（4）中的尼龙搭扣松开，扯回尼龙搭扣带，再把步骤（2）中的书报袋的尼龙搭扣松开，把书报袋的套翻出，最后以自下往上的方式将座椅靠背套慢慢脱出。

2）一等座椅座垫套的安装和拆卸

（1）一等座椅座垫套的安装。

① 如图4-40所示，将座垫从座椅上取出。

（a）取出座垫　　　　　　　　　　（b）一等座椅座垫

图4-40　将一等座椅座垫从座椅上取出

② 取出座垫后，将事先准备好的座垫套自前往后套入，套入整理后，将座垫套上的尼龙搭扣扣在座垫本身的搭扣上，最后整理平整，使其完全服贴。

（2）一等座椅座垫套的拆卸。

座垫套拆卸：按一等座椅座垫套安装的步骤（2）的逆顺序将座垫套慢慢脱出。

3. VIP 座椅

VIP 座椅根据人机工程学原理进行设计，具备可坐可躺功能，坐、躺可任意切换。软垫采用高档真皮蒙面，具备宽敞、舒适的座位空间。座椅带有宽大的私密罩壳，具备一定的私密空间，受外界影响小，同时配有电视、小桌板、电源插座、阅读灯等配套设备，满足旅客旅途休息、娱乐、就餐及办公等需求，为旅客提供一个温馨、舒适的乘坐环境。VIP 座椅的各部位名称如图4-41所示。

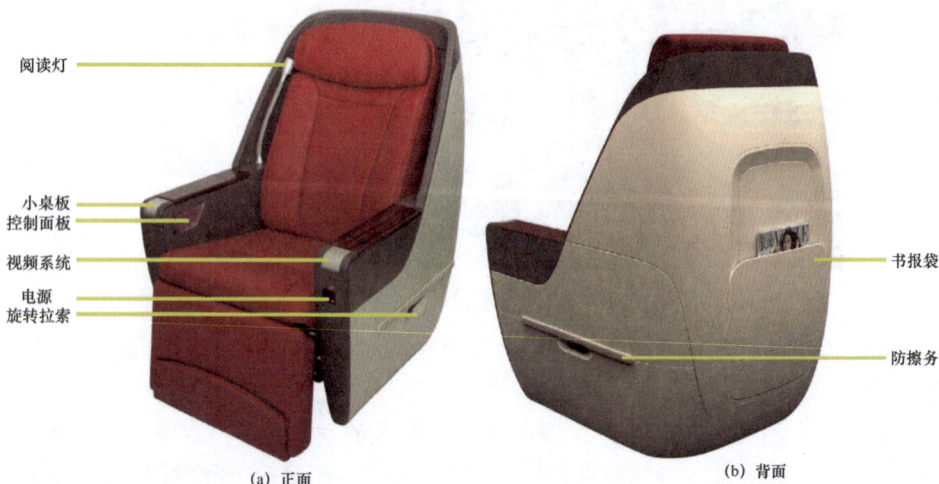

阅读灯　小桌板　控制面板　视频系统　电源　旋转拉索　书报袋　防擦务

（a）正面　　　　　　　　　　（b）背面

图4-41　VIP座椅的各部位名称

VIP 座椅是一套电动系统，可在不同姿态之间进行转变，满足坐、躺等需求，在从坐到躺的转变过程中，靠背后倾，座盘前移，腿靠抬起，脚踏延伸，可以根据每位旅客的要求轻松调节。

1）控制面板

在私密罩右边内侧的扶手上，设有 VIP 座椅的控制面板（见图 4-42），其可控制座椅的状态，以达到旅客所需的最佳舒适度。

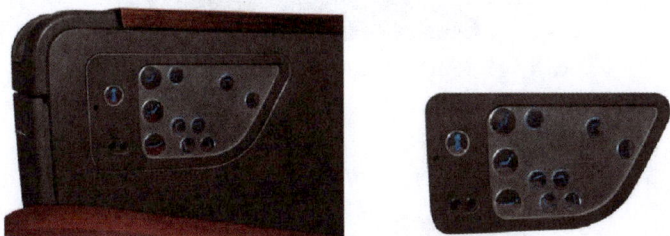

图 4-42　VIP 座椅的控制面板

VIP 座椅主要有以下三种姿态：坐姿、半躺及平躺。如图 4-43 所示，控制面板上预置了上述三种姿态，可通过控制面板上提前设置好的程序实现"一键到位"控制。如图 4-44 所示，旅客也可以根据自己的喜好，来调节座椅靠背、腿靠及脚踏等部件的角度，以达到最佳舒适度。

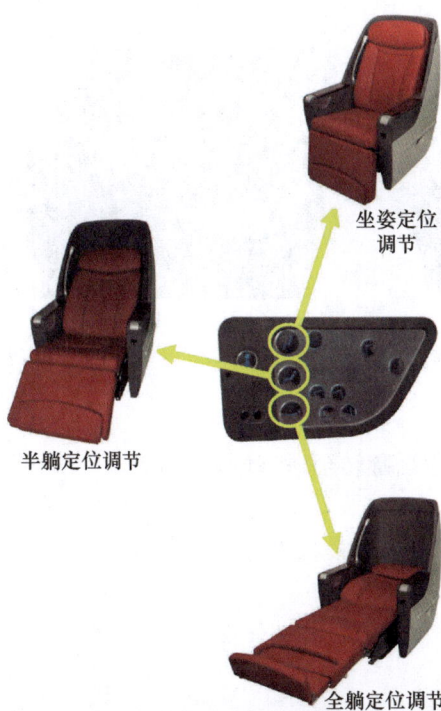

坐姿定位调节

半躺定位调节

全躺定位调节

图 4-43　VIP 座椅"一键到位"控制

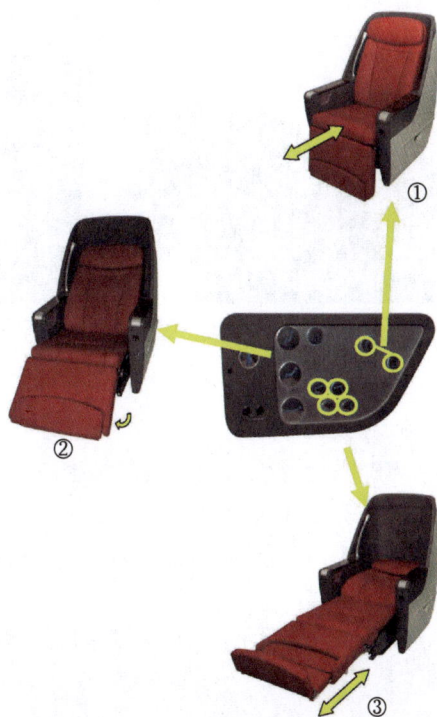

①
②
③

图 4-44　VIP 座椅"微调"控制

如图 4-45 所示，VIP 座椅的控制面板上还配有呼唤按钮、音频输出口。在需要呼叫乘务员时，可按下呼叫按钮，在服务区内的乘务员就会来到相应的座位。音频输出口可为旅客提供相关音频服务。

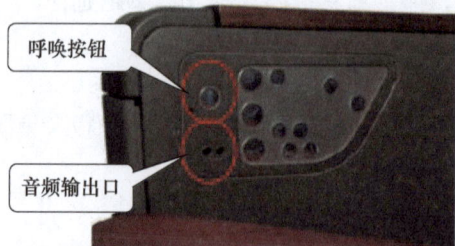

图 4-45　VIP 座椅的呼唤按钮、音频输出口

2）小桌板

小桌板位于私密罩右侧扶手内，桌板可折叠，使用时可按图 4-46 所示的顺序操作。

（a）将右侧扶手盖板翻开　　　　　　　　（b）向上提拉小桌板的拉带

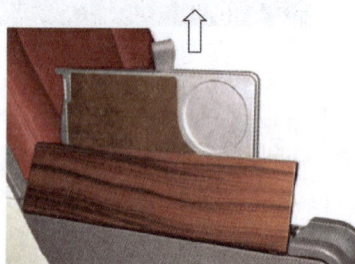

（c）向座椅前方旋转 90°　　　（d）向座椅内侧旋转 90°（将桌板放平）　　　（e）将上面一块已折叠的桌板展开

图 4-46　VIP 座椅小桌板的打开

3）视频系统

VIP 座椅视频系统安装在私密罩左边扶手内，取出后翻转至适当位置即可使用。VIP 座椅视频系统的打开如图 4-47 所示。

如图 4-48 所示，VIP 座椅的电源插座位于私密罩左前端盖板上方，即插即用。

4）阅读灯

如图 4-49 所示，VIP 座椅的阅读灯位于右侧扶手的后方，灯头侧面设有控制开关。

（a）将左侧扶手盖板翻开

（b）拉住视频系统悬臂上的拉带，向座椅前方旋转90°

（c）将显示屏向座椅内侧旋转90°

（d）将显示屏向上旋转至限位处，亦可按个人喜好调节旋转角度

图 4-47　VIP 座椅视频系统的打开

图 4-48　VIP 座椅的电源插座示意图

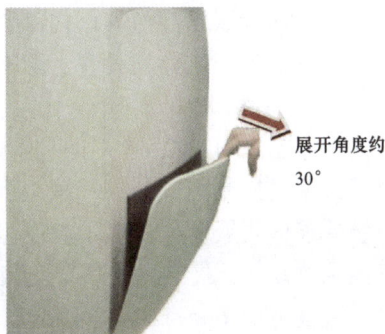

图 4-49　VIP 座椅的阅读灯

5）书报袋

如图 4-50 所示，私密罩后侧设置有书报袋以方便后排旅客取阅书报杂志。

（a）整体　　　　　　（b）局部

图 4-50　VIP 座椅的书报袋

4.2.5 厨房设备操作

1. 厨房设备布置

如图 4-51 所示，CRH380A 型动车组的 05 号车二位端设有厨房。厨房内设有提供冷、热链配餐的厨房设备。

图 4-51　CRH380A 型动车组厨房设备

CRH380A 型动车组厨房设备主要包括以下模块。

1）洗池模块

厨房侧墙设有洗池柜，洗池柜为整体式结构，配有外装式水龙头；洗池柜内一端设有 40 L 抽屉式垃圾箱，另一端嵌有消毒柜；洗池台面上设有电开水炉，为厨房提供开水；洗池柜上部设有吊柜，用于厨具和物品的存储，吊柜下表面设有照明用 LED 灯；厨房侧墙设有 500 W 和 1 400 W 两个插座。

2）加热模块

厨房内设有微波炉柜，用于放置微波炉，柜体下部为储物柜，上部为小吊柜，吊柜内设有微波炉散热用风机，微波炉后侧设有隔热板，CRH380A 型动车组设有 4 个微波炉，用于食品的快速加热。厨房端部设有小推车柜，上部为储藏柜，柜体下部设有两个小推车。小推车高 970 mm，长 620 mm，宽 300 mm。小推车平时置于小推车柜下部，其采用铝合金制作。小推车前后均设门，上面设饮料存放架，内部设隔板用于盒饭的存放。小推车滚轮设脚踏锁定和解除功能。小推车上下四个角均设置了防撞角。

3）冷藏、展示及保温模块

厨房冷藏柜的冷藏温度可在 2～8 ℃间调节，冷藏柜采用整体式独立制冷系统，设电子式温度控制器，电子式温度控制器安装在冷藏柜上部挡板上，接线盒设在柜体上部。厨房展示柜为独立制冷系统的整体式展示柜；展示温度可在 2～8 ℃间调节，内部设 LED 照明，展示柜设电子式温度控制器，电子式温度控制器安装在展示柜上部挡板上，接线盒设在柜体上部。厨房保温柜的保温温度可在 60～110 ℃间调节，用于保存加热后的食品，保温柜设电子式温度控制器，电子式温度控制器安装在保温柜上部挡板上，接线盒设在柜体上部。

2. 微波炉

CRH380A 型动车组配备了 4 台松下 NE-1756 型商用微波炉，满足餐车售餐加热需要。

1）微波炉主要技术参数

（1）型号：松下 NE-1756。

（2）工作电源： 220 V/50 Hz。

（3）输入功率：2.7 kW。

（4）输出功率：1 700 W（高）、850 W（中）、340 W（低）。

2）微波炉主要功能

（1）烹调方式。微波炉设有手动烹调和程序加热烹调两种模式，既能满足灵活性，又能快捷便利地用于相同加热情况的操作。

（2）分段烹调。微波炉具有一、二、三段烹调的功能，提前设置不同的烹调方式，微波炉即可按照预设方式加热。

（3）记忆烹调。微波炉可设置 20 个烹调记忆程序，可将加热功率和时间编排在以数字为代码的烹调记忆程序中，使用时可直接使用已设置好的烹调记忆程序。

（4）一键起动。只需按一下预先设置好的烹调方式，微波炉便可开始工作。

（5）工作显示。微波炉工作过程中，随时能显示当前的工作状态。

（6）自我诊断。微波炉能始终监视自身的工作，出现故障时能显示出来，并在使用一定的时间后提醒用户做维护、清理工作。

（7）声响。微波炉带有声音，能在工作结束时提醒工作人员，声响的音量和长度都可调节。

3）微波炉各按钮操作

微波炉示意图如图 4-52 所示。

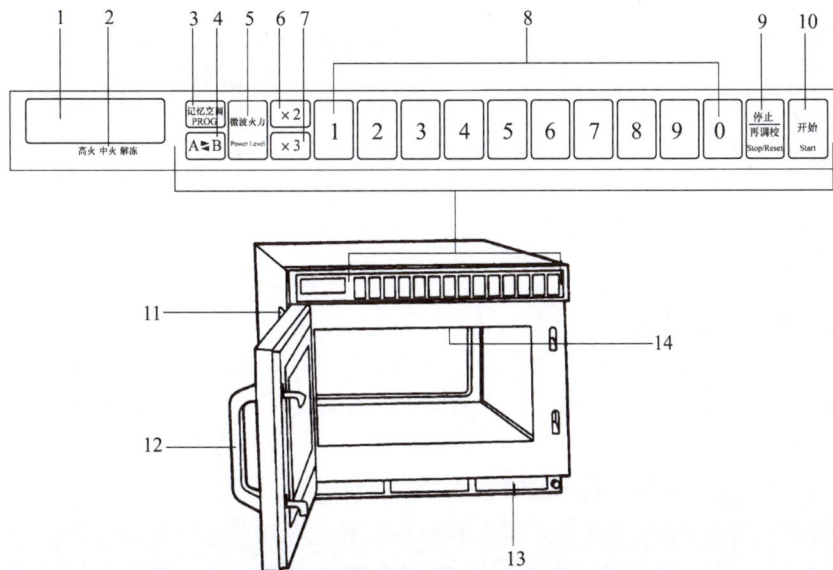

1—数字显示窗；2—火力强度指示灯显示；3—记忆烹调钮；4—转换钮；5—微波火力选择钮；6—双重分量钮；
7—三重分量钮；8—数字/存储钮；9—停止/再调校钮；10—开始钮；11—炉灯罩；12—门把手；
13—空气过滤器；14—溅散物挡板（内壁顶部）。

图 4-52　微波炉示意图

微波炉显示屏如图 4-53 所示。

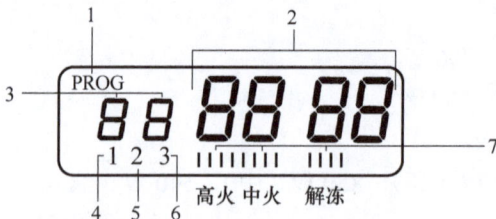

1—烹调记忆程序显示；2—烹调时间显示（分，秒）；3—烹调记忆程序数字代码显示；
4——段烹调指示灯；5—二段烹调指示灯；6—三段烹调指示灯；7—火力强度指示灯。

图 4-53　微波炉显示屏

3. 冷藏柜、展示柜、保温柜

动车组厨房内设双门冷藏柜、展示柜、保温柜各一台，双门冷藏柜和展示柜均采用整体式制冷系统，保温柜为独立单元，采用电阻加热。厨房配电柜设在配电室内。

一般情况下将电子式温度控制器置于柜体内，用于调节双门冷藏柜、展示柜及保温柜的温度。

一般情况下将双门冷藏柜的电子式温度控制器设置为（3±2）℃；

一般情况下将展示柜的电子式温度控制器设置为（5±2）℃；

一般情况下将保温柜的电子式温度控制器设置为（80±2）℃。

4. 电开水炉

电开水炉主要技术参数如下。

产开水量：40 L/h。

储水箱容量：≥12 L。

降温速率：≤5 ℃/h。

外壳最高温度：≤60 ℃。

电开水炉面板上设三个指示灯：电源指示灯为绿色，加热指示灯为黄色，缺水指示灯为红色。

4.2.6　应急备品

1. 紧急用梯子、过渡板

紧急用梯子是在列车运行中无法停靠站台的情况下，方便旅客从车辆移动到地面的应急备品。紧急用梯子放置在 01 号车（1 位侧通过台配电柜内）和 08 号车（4 位侧通过台配电柜内）。

紧急用梯子如图 4-54 所示。

过渡板是在列车无法移动时，旅客从车辆换乘至反向列车时使用的应急备品。使用过渡板前须安装扶手。过渡板放置在 03 号车和 07 号车的 2 位侧备品柜内。

过渡板如图 4-55 所示。

图 4-54　紧急用梯子

图 4-55　过渡板

2. 火灾报警按钮、紧急报警按钮

每节车厢的内端检查门上设置有火灾报警按钮和紧急报警按钮，按下按钮后，在蜂鸣器报警的同时，驾驶室和列车员室的显示器上也会显示报警画面。

火灾报警按钮、紧急报警按钮如图 4-56 所示。

图 4-56　火灾报警按钮、紧急报警按钮

3. 灭火器

为了保证消防安全，CRH380A 型动车组每节车厢都布置了干粉灭火器及水性灭火器，CRH380A 型动车组灭火器具体设置位置如图 4-57 所示。

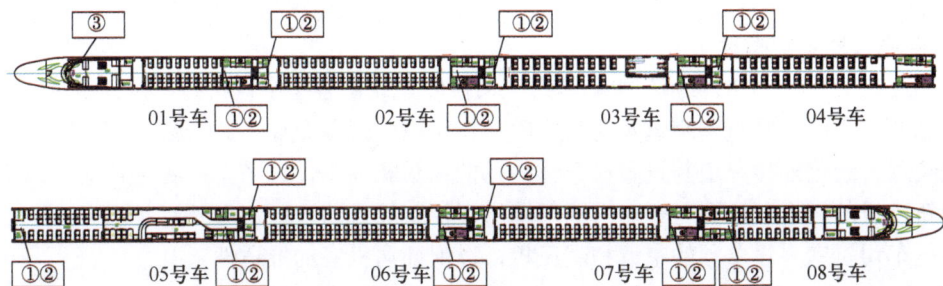

①—2 kg 干粉灭火器；②—2 kg 水性灭火器；③—5 kg 干粉灭火器

图 4-57　CRH380A 型动车组灭火器具体设置位置

4. 卫生间紧急报警按钮

在坐式、蹲式卫生间内，设置有紧急报警按钮，按下按钮后，在蜂鸣器报警的同时，驾驶室和列车员室的显示器上也会显示报警画面。

卫生间紧急报警按钮如图 4-58 所示。

图 4-58　卫生间紧急报警按钮

任务 4.3　车内环境控制系统操作

📢 知识目标

（1）了解空调换气系统的组成；
（2）了解应急通风系统的作用；
（3）了解照明灯具的常见故障。

🖥 能力目标

（1）能设定 CRH380A 型动车组空调的运行模式；
（2）能设定 CRH380A 型动车组空调的温度；
（3）能判断照明灯具的常见故障并进行相应的处理。

📓 素质目标

（1）通过了解空调系统的基本原理，培养理论联系实际的能力；
（2）培养团队协作能力；
（3）能客观、公正地进行自我评价。

4.3.1　空调换气系统认知

1. 空调换气系统概述

如图 4-59 所示，CRH380A 型动车组空调换气系统由客室空调机组、换气装置、风道系统、应急通风系统、司机室空调及司机室暖风机组成。每节车厢车底安装 2 台空调装置、1 台换气装置，通过连接风道与设置在车体内部的风道相连接，调节车厢各部位对送风量、回风量和新风量的需求，达到对车厢内的环境进行控制的目的。

头尾车司机室另设单独的空调和暖风机，以保证司机室的舒适性。

CRH380A 型动车组空调换气系统主要设备配置如表 4-8 所示。

（a）空气传输流程

（b）换气装置平面图

（c）空调装置平面图

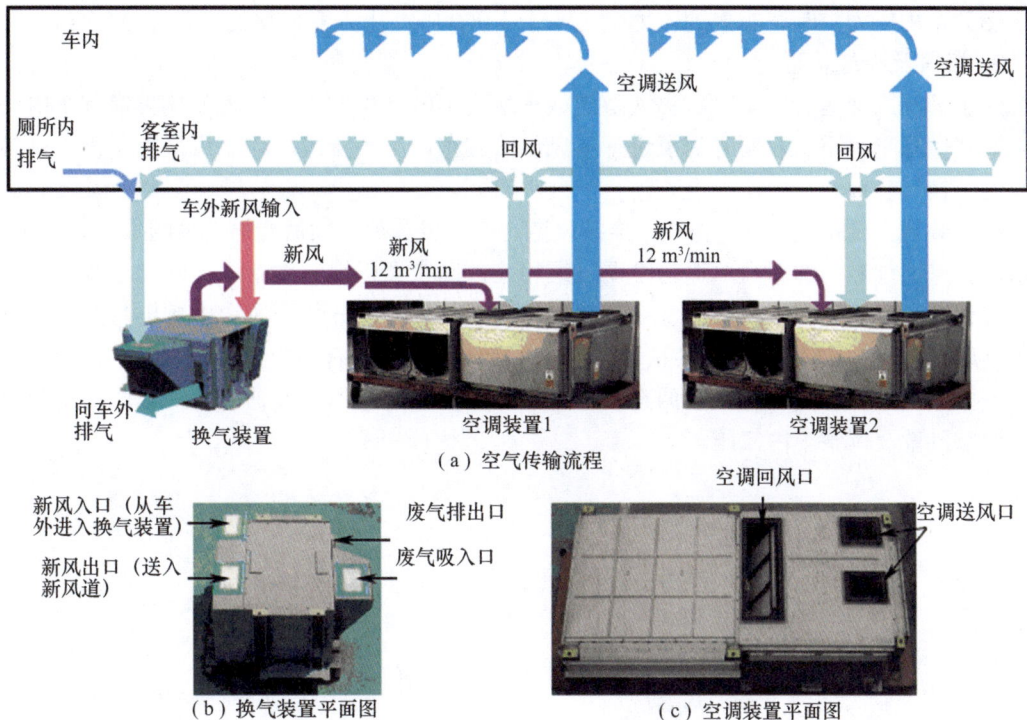

图 4-59　CRH380A 型动车组空气传输流程示意图

表 4-8　CRH380A 型动车组空调换气系统主要设备配置

名称	车辆							
	T1	M1	M2	M3	M4	M5	M6	T2
客室空调机组/组	2	2	2	2	2	2	2	2
换气装置/套	1	1	1	1	1	1	1	1
风道系统/套	1	1	1	1	1	1	1	1
司机室空调机组/组	1	—	—	—	—	—	—	1
司机室暖风机/台	2	—	—	—	—	—	—	2
应急通风系统/套	1	1	1	1	1	1	1	1

2. 空调换气系统技术参数

（1）制冷能力。当夏季车外温度为 33 ℃、相对湿度为 80%时，客室温度可保持在 26 ℃以下；当夏季车外温度为 40 ℃、相对湿度为 46%时，客室温度可保持在 28 ℃以下。

（2）制热能力。当冬季车外温度为 -15 ℃时，客室温度可保持在 20 ℃以上。

（3）新鲜空气量。当正常通风时新鲜空气量 ≥ 14.4 m³/（人·h）；当应急通风时新鲜空气量 ≥ 5.6 m³/（人·h）。

（4）空气清净度。粉尘浓度 < 0.15 mg/m³；

CO_2 浓度（在定员状态下）< 0.15%。

（5）车内压力控制。车内的压力变化小于 1 000 Pa；压力变化率控制在 200 Pa/s 以下。

3. 换气及冷却装置

为了抑制高速运行的车辆在进入隧道或车辆交汇时产生的车外压力变化传递到车内，避免旅客产生耳鸣等不适，同时为了进行新风供给和车内废气排放，动车组采用了供、排风一体的连续换气装置。

换气装置主要由送风机、电机、连接风道、换气装置及变频器箱等部分组成。如图 4-60 所示，新风通过专门的新风风道与空调机组相连，向空调机组提供新风；回风道及卫生间废气风道相连，以排出客室内的废气（废气包括两部分，一部分从回风道中排出，另一部分从厕所排风道排出）。送风机与连接风道相连，连接风道壁敷设有消声用降噪材料。在新风吸入侧的连接风道内设有固定式风量调整板，在排气侧的连接风道上设置有滑动式风量调整板，用于调节风量及调整车内气压。

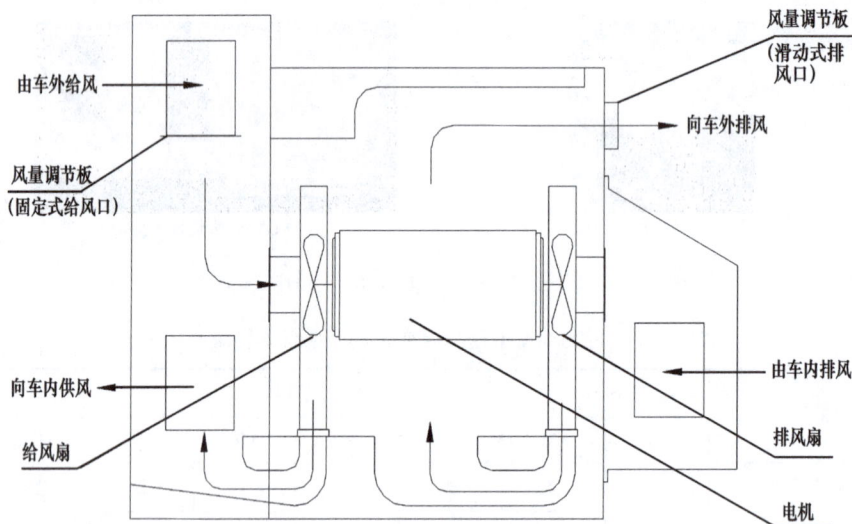

图 4-60 换气装置工作示意图

车外新风经过装有风量调节板的给风侧，被高压送风机吸入，分别送到两台空调机组中，客室内回风被高压排风机吸入，进入装有电机的换气装置的内部通道，通过冷却风机的出风口排出车外。正常运行时，它可以保证从室内排出的风量与补充的新风量相等，从而保证客室内空气压力恒定。

4. 空调机组

每节车厢车下设有 2 台空调机组。空调机组将风送入地板中的送风道，通过窗间的竖向复合风道，进入车内客室纵向玻璃钢风道，送风口设在侧顶处，为隐形送风口。餐车送风口设置在侧顶与墙板间；走廊侧送风口设置于窗框与顶板结合处，为隐形送风口。

回风口设在座椅下方。为防止噪声，地板下空调机组、换气装置连接部分的附近座席下没有设置回风口。餐车的回风口分别设在餐厅餐椅下方、厨房纵向间壁上和吧台下方。

动车组每节车厢设有 4 个温度传感器，两台机组分别接收两个传感器检测的温度信息，并将 2 个温度传感器测定的温度值平均后所得的车内温度和制冷设定温度比较、自动选择不同的运行模式，以对压缩机进行开关控制，并决定压缩机运行频率。

空调装置的新风送风口、回风口各自与地板中的新风道和回风道连接。制冷时，由回风道吸入的车内空气，与换气装置送来的车外新风混合，通过空调装置回风口上的过滤器与蒸发器进行热交换，形成冷风。冷风由地板中新风道送入车内复合风道，经过玻璃钢风道，从各个送风口吹向车厢。冬天，由回风道吸入的空气与车外空气混合，通过空调装置回风口上的过滤器，由电热器加热，通过与制冷同样的路径送入客室。

1）空调显示设定器操作

高速动车组通过两台内置变频装置的空调机组进行空气调节。空调由机组内置的变频装置进行控制，变频装置对温度传感器检测到的车内温度与空调的设定温度进行比较，根据比较结果调节车内温度。

空调显示设定器用于显示从车上监视装置（车辆信息控制装置）传输的内容，并向变频装置发出空气调节指令。同时，空调显示设定器显示了从变频装置传来的空调机组的状态信息，并将信息传送到车上监视装置。也就是说，空调显示设定器起到了在车上监视装置与变频装置之间进行数据传输的作用。

空调显示设定器有 "通常模式" 和 "维护模式" 两种使用模式。"通常模式" 和 "维护模式" 的切换通过显示设定器上的 "维护模式" 按钮进行操作（灯灭时为通常模式；灯亮时为维护模式）。

"通常模式" 是指由乘务员操作的模式，在该模式下可以进行空调运行模式和温度的设定。

"维护模式" 是由随车机械师操作的模式。

每节车厢配备一台空调显示设定器。

（1）"通常模式" 的显示界面。

"通常模式" 的显示界面如图 4-61 所示。

"通常模式" 下，图 4-61 中显示为阴影的按钮无效。

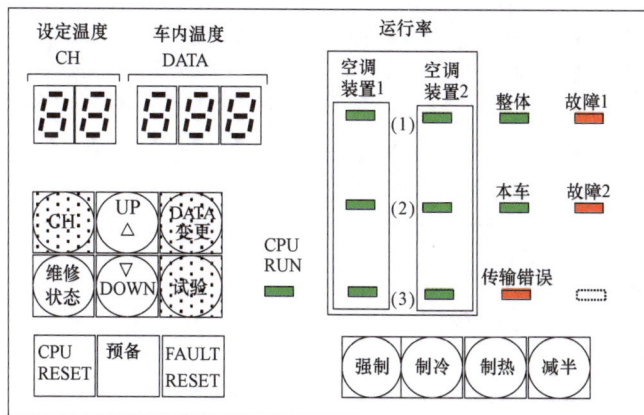

图 4-61　"通常模式" 的显示界面

（2）空调温度的设定。

① 制冷温度的设定。

制冷运行中，每按一次 UP △ 开关，设定温度增加 1 ℃。

制冷运行中，每按一次 ▽ DOWN 开关，设定温度减少 1 ℃。

制冷温度的设定范围为 20～29 ℃。

② 制热温度的设定。

制热运行中，每按一次 UP △ 开关，设定温度增加 1 ℃。

制热运行中，每按一次 ▽ DOWN 开关，设定温度减少 1 ℃。

制热温度的设定范围为 20～29 ℃。

注：通风模式下，UP △ ▽ DOWN 按键无效。

③ 温度的显示。

温度的显示如表 4-9 所示。

表 4-9 温度的显示

项目	显示的内容
温度设定 （CH）	①通过操作开关选择"制冷"的情况下，显示制冷设定温度。 ②通过操作开关选择"制热"的情况下，显示制热设定温度。 （运行模式若为制冷、制热模式以外时，显示空格） ③显示范围。制冷时：20～29 ℃。 　　　　　　制热时：20～29 ℃。 显示"20 ℃"时即使按降温按键，也会保持"20 ℃"不变。 显示"29 ℃"时即使按升温按键，也会保持"29 ℃"不变。 ④从车辆监视装置传送的设定值和空调显示设定器自身的设定值有差别时，采用后设定的值
车内温度 （DATA）	显示从变频装置传送来的室内温度数据的平均值

（3）LED 灯故障指示。

LED 灯故障指示如表 4-10 所示。

表 4-10 LED 灯故障指示

LED 灯名称	故　　障
传输异常	和车上监视装置的传送持续 10 s 为异常
故障 1※	①和空调机组 1 的变频装置的传送信息故障 ②和空调机组 1 的变频装置间的传输异常
故障 2※	①和空调机组 2 的变频装置的传送信息故障 ②和空调机组 2 的变频装置间的传输异常

※：和变频装置间的传输异常持续 10 min 以上时显示，如果传输恢复，则灯灭。

5. 应急通风系统

在车体两端设置了独立的应急通风系统，其主要由应急通风机、应急释放阀和通风格栅等部分组成。CRH380A 型动车组每车有 2 台应急通风机。

当列车断电，空调系统无法运行时，列车司机可起动应急通风系统，系统由蓄电池供电，应急释放阀打开，应急通风机运行，将车外新鲜空气由列车的一端吸入到客室，并将客室内废气由另一端排出。应急通风可为每车提供不小于 5.6 m^3/（人·h）的新风量，并可持续运行 90 min。

在应急通风系统工作时，各车内端门、司机室后端门（视具体情况开启）、机械师室座椅后控制柜门等都要处于打开状态，以利于通风。

4.3.2　照明装置认知

1. 照明系统概述

350 km/h 速度级动车组大量使用 LED 照明。照明系统作为铁路车辆更人性化服务的最直接体现之一，不仅承担着节能环保的重任，也承担着维护人机界面安全的重任，还体现出中国铁路应用高科技产品的水平。

2. CRH380A 统型动车组照明灯具使用条件

（1）使用温度：−25～65 ℃。

（2）额定电压：额定电源电压 DC 100 V，电源电压范围：DC 70～110 V。

（3）储存要求：包装良好的产品应储存在环境温度为−25～45 ℃、相对湿度不超过 85%的通风室内，空气中不应有酸性或碱性等腐蚀性气体，产品储存期为两年（自生产日期算起）。

3. CRH380A 统型动车组照明灯具主要技术特性

（1）绝缘电阻：端子与外壳之间的绝缘电阻≥50 MΩ。

（2）介电强度：端子与外壳之间能承受交流 1 200 V/50 Hz，无击穿现象（1 min 的试验）。

（3）LED 特性：色温范围为 4 300～4 700 K；显色性指数 CRI≥75%。

（4）极性颠倒：满足 TB/T 2917.2—2019 要求，恢复电源电压极性后仍能正常工作。

（5）高低温试验：满足 TB/T 2917.2—2019 要求。

（6）湿热试验：满足 TB/T 2917.2—2019 要求。

（7）使用寿命：≥50 000 h。

4. 照明灯具检修

照明灯具常见故障的检查与处理措施如表 4−11 所示。

表 4−11　照明灯具常见故障的检查与处理措施

故障现象	检查内容	处理措施
闪烁	1. 输出电压是否稳定； 2. LED 与光源板焊接是否松动； 3. 光源板与电源组件连接是否良好	1. 修整松动处； 2. 若光源板与光源组件损坏较严重可更换新光源板或光源组件
不亮	1. 输入电压是否正常； 2. 光源板与电源组件连接是否松动； 3. 电源组件连接是否良好	1. 确保输入电压正常； 2. 修整松动处； 3. 确保电源组件连接良好

任务 4.4 给排水及卫生系统操作

📢 **知识目标**

（1）熟悉车上水箱供水系统和车下水箱供水系统的组成、功能；

（2）熟悉电开水炉的操作方法；

（3）掌握卫生间和盥洗室设备的组成和操作方法；

（4）了解排污系统的工作原理。

📇 **能力目标**

（1）能模拟进行卫生间排水作业；

（2）能模拟进行盥洗室排水作业。

📋 **素质目标**

（1）对给排水及卫生系统的构成和主要设备操作形成总体认识，树立铁路职业意识；

（2）培养团队协作能力；

（3）能客观、公正地进行自我评价。

4.4.1 给排水装置及饮水设施操作

CRH380A 型动车组每车均设置了给水系统，给水系统分为车上水箱供水系统及车下水箱供水系统两种。CRH380A 型动车组在 02、04、06 号车设车上水箱供水系统，在 01、03、05、07、08 号车设车下水箱供水系统，02、04、06 号车配置 400 L 车上水箱，05 号餐车配置 700 L 车下水箱，其他车配置 400 L 车下水箱，两种方式均采用电动水泵供水方式，为卫生间便器与水阀、盥洗室水阀、洁具池水阀、电开水炉供水。

给水系统具有供水控制、水箱液位指示、大流量保护、吸气保护、缺水保护、泄漏保护、给水系统故障报警、防冻排空等功能。为保证系统在低温环境下的正常使用，水箱、水泵、管路设有防寒及电加热装置。

1. 车上水箱供水系统

车上水箱供水系统主要由车上水箱、车上水泵装置、车上水泵电控箱、注水管路、溢水管路、供水管路、排水管路、防冻装置、液位开关等组成。

1）车上液位/加热显示器

车上液位/加热显示器安装于车上配电柜内，用于显示电源指示、水箱液位、污（物）箱液位和污（物）箱加热指示的情况。

车上液位/加热显示器通过端子排与卫生系统电气控制单元、水箱、污（物）箱、车下液位显示器连接。

车上水箱供水系统车上液位/加热显示器如图 4-62 所示。

2）车下液位显示器

车下液位显示器装于车下设备舱内靠近水箱注水口附近，用于指示清水箱、污物箱液位情况。

车下液位显示器通过电力连接器与卫生系统电气控制单元连接。

车上水箱供水系统车下液位显示器如图 4-63 所示。

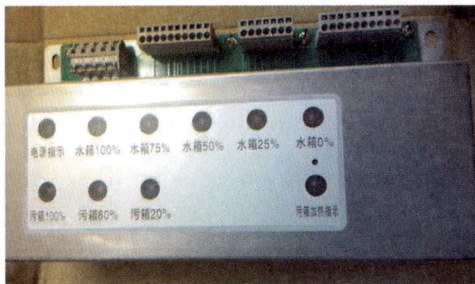

图 4-62　车上水箱供水系统车上液位/加热显示器　　图 4-63　车上水箱供水系统车下液位显示器

3）车上水箱供水系统电气控制部分

车上水箱供水系统电气控制部分主要具有如下功能。

（1）供水控制。系统上电（直流、交流）后，排水电磁阀得电关闭，经水箱 0% 液位 15 s 持续检测，判断水箱有水后，进水电磁阀得电打开，再经 15 s 后水泵起动。当供水管路压力上升至扬程压力开关设定的上限值时，水泵停止工作处于待机状态。车上用水时，当供水管路压力下降至扬程压力开关设定的下限值，水泵起动。车上停止用水时，当供水管路压力上升至扬程压力开关设定的上限值，水泵停止。

（2）水箱液位指示及缺水保护功能。水箱的五挡液位（100%、75%、50%、25%、0%）可在车上液位/加热显示器和车下液位显示器上指示出来，当水箱液位低于 25% 或 0% 无水时，卫生系统电气控制单元及列车 MON 监控器上会报警。

当水箱水位低于 25% 高于 0% 时（为防止误报，液位信号持续 15 s 检测有效），水泵工作正常，便器可用，卫生系统电气控制单元显示相应代码，列车 MON 监控器报警。

当水箱无水时（为防止误报，液位信号持续 15 s 检测有效），水泵停止工作，便器禁用，卫生系统电气控制单元显示相应代码，列车 MON 监控器报警。

注：水箱注水后，0% 液位开关关闭，信号持续检测 15 s 后，系统恢复正常。

（3）大流量保护功能。当供水管路流量大于流量开关设定的上限值时，即供水管路压力达到扬程压力开关设定的上限值，水泵停止工作，以避免供水压力波动造成水泵频繁启停。

（4）吸气保护功能。当吸气检测压力开关检测到供水管路压力降至设定的下限值，且信号持续 30 s 后，水泵停止，等待 30 s 后（即第 60 s），水泵再次起动，当吸气检测压力开关再次检测到供水管路压力降至设定的下限值，且信号持续 30 s（即第 90 s）后，水泵停止且不再起动，便器不可用，卫生系统电气控制单元显示相应代码。若在第 0~30 s（或第 60~90 s）之间，吸气检测开关 OFF，系统恢复正常工作。

注：操作电气控制单元给水系统故障复位按钮后水泵重新起动。

（5）泄漏保护功能。当泄漏检测开关检测到供水管路流量大于 1 L/min，且信号持续 3 min 后，水泵停止，等待 3 min 后（即第 6 min）PLC 控制水泵再次起动，若泄漏检测开关再次检测到持续 3 min 的流量信号，第 9 min 后水泵停止且不再起动，便器禁用，卫生系统电气控制单元显示相应代码，列车 MON 监控器报警。若在第 0～3 min 或第 6～9 min 时泄漏检测开关断开，系统自动恢复正常。

注：操作电气控制单元水系统故障复位按钮后水泵重新起动。

（6）防冻功能。

① 水泵加热。

水泵泵体设有电加热块，受温控开关控制。

② 防冻排空功能。

车上水泵装置设两个排水电磁阀，一位侧供水管路设一个排水电磁阀，二位侧供水管路设一个排水电磁阀，用于排空水泵进水管路及供水管路存水。

2. 车下水箱供水系统

车下水箱供水系统主要由车下水箱、水泵装置、电气箱、注水管路、溢水管路、供水管路、排水管路、防冻装置、液位开关等组成。

05 号车（餐车）配置了 700 L 车下水箱，01、03、07、08 号车配置了 400 L 车下水箱。

1）车上液位/加热显示器

车上液位/加热显示器装于车上配电柜内，用于指示水箱液位、水箱加热、污物箱液位和污物箱加热情况。

01、03、07、08 号车车上液位/加热显示器通过端子排与卫生系统电气控制单元、水箱、污物箱、车下液位显示器连接。05 号车车上液位/加热显示器通过端子排与电源模块、水箱连接。

车下水箱供水系统车上液位/加热显示器如图 4-64 所示。

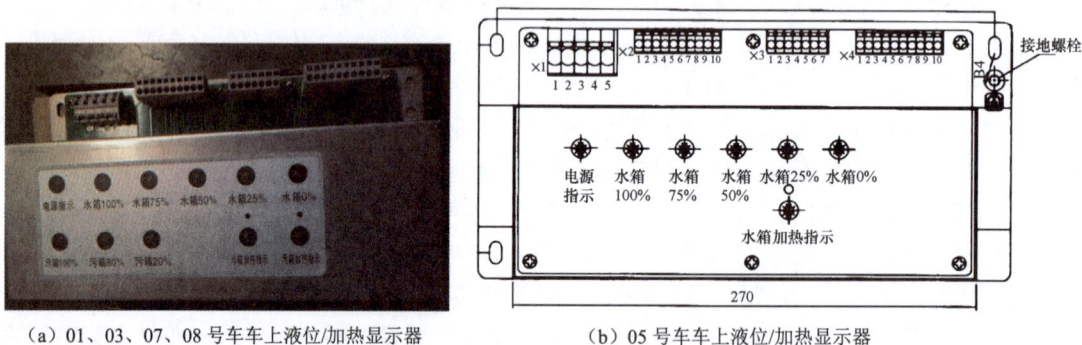

（a）01、03、07、08 号车车上液位/加热显示器　　　（b）05 号车车上液位/加热显示器

图 4-64　车下水箱供水系统车上液位/加热显示器

2）车下液位显示器

车下液位显示器装于车下设备舱内靠近水箱注水口附近，用于指示水箱、污物箱存水情况。

01、03、07、08 号车车下液位显示器通过电力连接器与车上液位/加热显示器连接；05 号车（餐车）车下液位显示器直接与水箱连接。

01、03、07、08 号车设有卫生系统，车下液位显示器同 02、04、06 号车，设水箱、污物箱液位状态指示灯，05 号车（餐车）无卫生系统，车下液位显示器只设（清）水箱液位状态指示灯。

05 号车（餐车）车下液位显示器如图 4-65 所示。

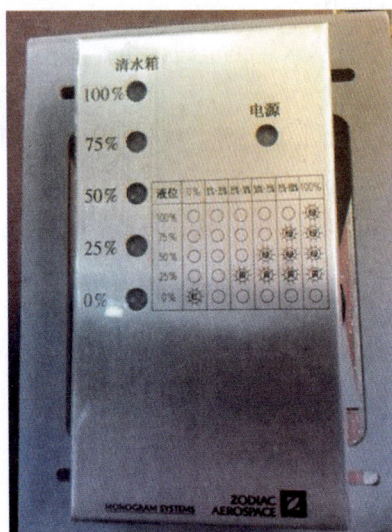

图 4-65　05 号车（餐车）车下液位显示器

3）车下水箱供水系统电气控制部分

车下水箱供水系统电气控制部分主要具有如下功能。

（1）供水控制。车下水箱供水系统供水控制同车上水箱供水系统。

（2）水箱液位指示及缺水保护功能。

01、03、07、08 号车：设有卫生系统，水箱液位指示及缺水保护功能同 02、04、06 号车。

05 号车（餐车）：无卫生系统，未设给水卫生系统电气控制单元，水箱液位低于 25%高于 0%或无水时，车上液位/加热显示器、车下液位显示器及列车 MON 监控器报警指示。

车下水箱供水系统车下液位显示器指示同车上水箱供水系统。

（3）大流量保护功能。车下水箱供水系统大流量保护功能同车上水箱。

（4）吸气保护功能。

01、03、07、08 号车水泵吸气保护功能同 02、04、06 号车车上水箱供水系统。

05 号车（餐车）水泵吸气保护时，系统通过执行吸气保护程序来防止水泵长时间连续空转。当吸气检测压力开关检测到供水管路压力达到设定的上限值时，系统恢复正常。

（5）泄漏保护功能。

01、03、07、08 号车水箱泄漏保护功能同 02、04、06 号车车上水箱供水系统。

05 号车（餐车）无卫生系统，未设给水卫生系统电气控制单元，只能在列车 MON 监控器上报警提示。操作 05 号车泄漏复位按钮后水泵重新起动。

（6）防冻功能。

① 水泵及泵房水管路电加热。车下水箱供水系统水泵及水泵泵体加热块加热功能同车上水箱供水系统。泵房水管路增设自控伴热带，且与水泵泵体加热块共用同一温控开关，伴热功能由伴热带自身和温控开关共同控制。

② 水箱加热。水箱设电加热器，受温控开关控制。

若温控探头感应温度低于温控开关设定的下限值，水箱电加热器通电加热，直至温控探头感应温度达到温控开关设定的上限值，加热停止。

③ 防冻排空功能。车下水箱泵房水管路上设两个排水电磁阀，用以排空水泵进、出水管路及供水主管路存水。

01、03、07、08 号车排空功能同 02、04、06 号车车上水箱供水系统，设断电排空及与卫生系统联动的单车排空、集控排空三种排空功能。

05 号车（餐车）无卫生系统，排空部位为供水主管路。

3. 电开水炉

电开水炉水位控制流程图如图 4-66 所示。

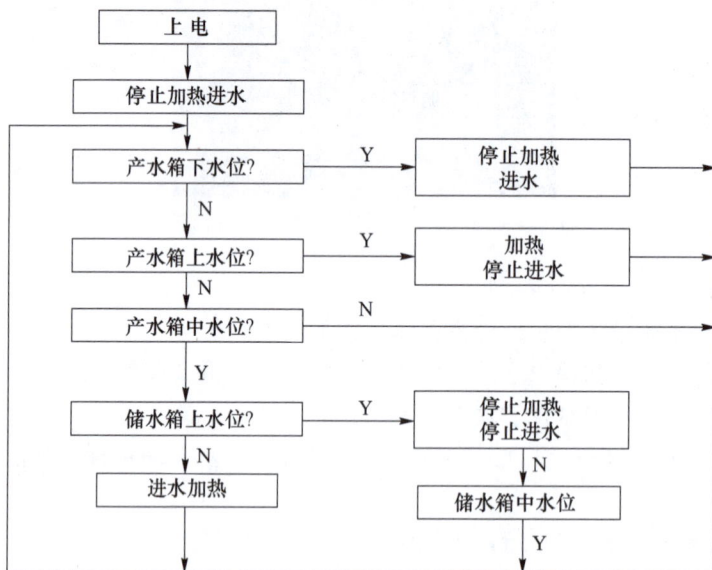

图 4-66 电开水炉水位控制流程图

电磁阀通电后，冷水经过滤器、电磁阀、电气箱冷却管注入产水箱，当达到产水箱上水位时电磁阀关闭，停止进水并开始加热，水沸腾后从翻水膨胀筒上端跃出，进入储水箱，使产水箱水位下降，当降至产水箱中水位时电磁阀打开补水，至上水位时停止补水。当储水箱内开水水位升至上水位时，停止加热，自动进入保温状态。当取用开水使储水箱内开水水位降至下水位时，再次开始加热，如此即可连续不断地供应开水。

1）主要技术参数

工作电源：单相 AC 400^{+104}_{-124} V。

频率：50 Hz。

控制电源：DC 100 V。

额定功率：4.5 kW。

产开水量≥40 L/h（进水水温≥18 ℃）。

储水箱容量≥18 L。

出水水温＞90 ℃。

降温速率≤4℃/h。

进水水压≤ 120 kPa。

2）自动保温

电开水炉设置了自动保温程序，在储水箱满水位时能自动进入保温状态：即电开水炉停止工作 3 min 后，能自行开启加热 8 s，这样保证储水箱中水温达到 95 ℃以上。

3）二次保护（防干烧）

电开水炉具有二次缺水保护装置，即当产水箱水位下降至下水位时，电开水炉迅速进入补水程序，停止加热。电开水炉配有压力温度控制器，即使在水位传感器失灵或发生器件损坏等突发情况下：产水箱内缺水，甚至无水，开水炉加热腔迅速升温，这时装在加热腔中的温度控制器能立即进入保护状态，把控制箱面板上防干烧保险丝熔断，防止加热线圈损坏。

4）漏电保护

空气开关至整流桥部分为交流电源，当电器线路中出现漏电现象超过 30 mA 时空气开关立即动作；整流桥之后的部分为直流电源，当直流部分出现漏电情况时，装载于直流电路中的传感器立即工作，把电压传给分励脱扣器，分励脱扣器得电后开关分断，因为分励脱扣器的开关与空气开关的开关相连，所以空气开关的开关也分断，这样电开水炉脱离供电系统，杜绝电开水炉影响其他设备的正常工作。

5）操作使用及维护

（1）电开水炉开机前后检查供电电压是否正常，保护接地线是否牢固、可靠，供水压力是否正常。打开产水箱、储水箱的排污阀，排除积水，然后关上排污阀。

（2）接通 DC 100 V 电源，合上空气开关，绿灯亮，表示电开水炉控制电源已接通。接通 AC 400 V 电源，合上空气开关，红灯亮，表示电开水炉冷水处于规定的冷水下水位，即电开水炉处于冷水缺水状态（此时电开水炉会自动停止加热），电磁阀打开进水。红灯灭，表示电开水炉冷水水位（产水箱水位）超过规定的冷水下水位。

（3）黄灯亮，表示电开水炉正处在加热状态。

（4）黄灯灭，表示储水箱开水水位处于上水位（满开水状态），电开水炉自动进入保温状态并停止加热。

（5）工作 20 min 左右，打开放水嘴即可供应开水。

（6）电开水炉停用后应切断电源，并打开产水箱、储水箱的排污阀，排除积水，冲去水垢，环境温度小于 0 ℃时，还应把过滤器内积水排尽，并关闭进水总阀让电开水炉通电一分钟，排除电磁阀内积水，以防止冻结。

4.4.2 卫生系统操作

1. 卫生系统概述

CRH380A 型动车组在 01、08 号车均设有一个坐式卫生间和一个盥洗室，02、03、06、07 号车均设有一个坐式卫生间和一个蹲式卫生间，每个卫生间内设有一个按压式洗手阀，02、03、04、06、07 号车各设有一个盥洗室，供旅客盥洗使用。04 号车设有一个残疾人卫生间和一个蹲式卫生间。卫生系统采用真空集便系统收集来自便器的污物，盥洗等废水通过水封排至车外。

CRH380A 型动车组卫生间及盥洗室的具体配置如图 4-67 所示。

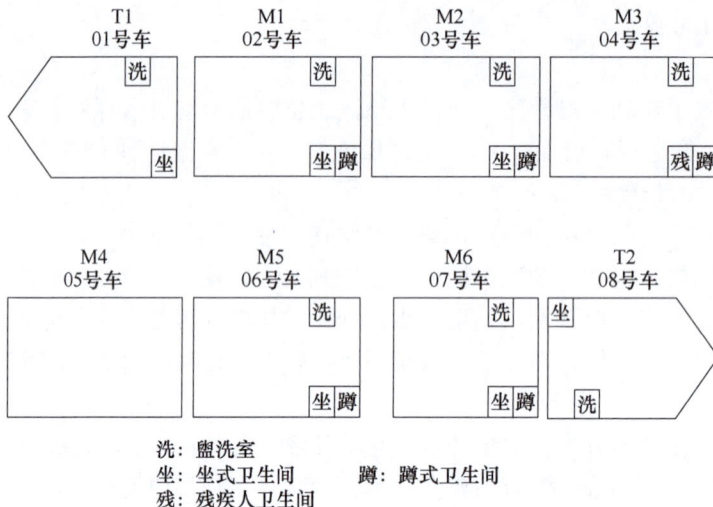

洗：盥洗室
坐：坐式卫生间　　蹲：蹲式卫生间
残：残疾人卫生间

图 4-67　CRH380A 型动车组卫生间及盥洗室的具体配置

CRH380A 统型动车组卫生间及盥洗室的具体配置如图 4-68 所示。

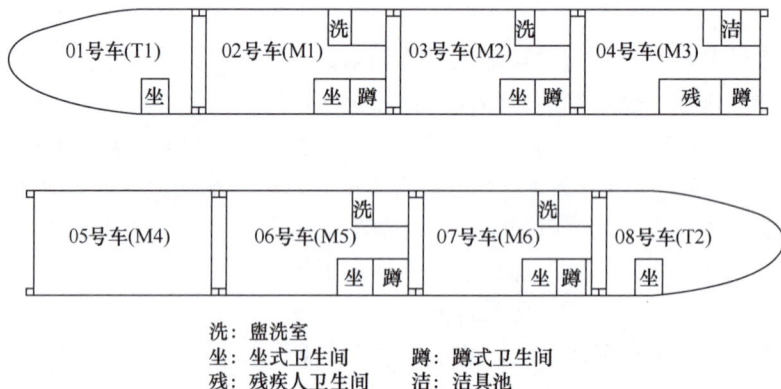

洗：盥洗室
坐：坐式卫生间　　蹲：蹲式卫生间
残：残疾人卫生间　　洁：洁具池

图 4-68　CRH380A 统型动车组卫生间及盥洗室的具体配置

2. 坐式卫生间

二位侧坐式卫生间门为拉门，该门使用从内侧能够锁上的结构（外侧为暗锁，能从外面打开实施救援）。坐式卫生间一般男女共用，采用真空保持式便器。

坐式卫生间安装了大理石台面、按压延时洗手装置、便器冲洗按钮、紧急呼叫按钮、座垫盒、扶手、镜子、便纸支架等。为减轻臭味，坐便器为真空保持式。当按压便器冲洗按钮时，便器排污管内抽真空，将污物吸入车下中转箱内。便器部分设置了瓣阀防止污物箱内的臭气回流。在卫生间顶部增加了开孔，为卫生间提供新风。卫生间内通过排气格栅持续排气时，卫生间内的气压与风道内的气压相比为负压。

残疾人卫生间的拉门为按钮式的自动门，卫生间内安装了坐便器、婴儿尿布床、可折叠扶手等。

卫生间的供水设备及管路在冬季低温条件下，如长期存放且列车存放环境无保温措施时，必须进行排水操作，具体流程如下。

（1）车上水箱供水系统在坐式卫生间、残疾人卫生间接水盘上设有排水电磁阀，通过排水电磁阀排尽管路存水。

（2）在水泵关闭电源及管路排水完成后，操作排空按钮，系统自动执行防冻排空动作，排出供水设备及管路中的存水。

坐便器使用清水高压冲洗，分为两次冲洗，首次冲洗耗水不超过 0.4 L/次，二次冲洗耗水不超过 0.2 L/次。在便器的排污口设置有密封用蝶阀，通常为「关闭」状态。为减少污物的附着，便器内表面采用特殊聚四氟乙烯涂层。

便器的清扫：便器内面为特殊聚四氟乙烯涂料，要求使用中性洗涤剂，用海绵等柔软材料进行清扫。

3. 蹲式卫生间

蹲式卫生间门采用内侧能够锁上的结构（外侧为暗锁，能从外面打开实施救援）。蹲式卫生间内安装了真空保持式蹲便器，便盆为不锈钢制品，外表面抛光处理。

为减轻臭味，蹲便器为真空保持式，设置了瓣阀防止污物箱内的臭气回流。

蹲式卫生间的供水设备及管路在冬季低温条件下，如长期存放，列车存放环境无保温措施时，须进行排水操作，具体流程如下。

（1）车上水箱供水系统在蹲式卫生间接水盘上设有排水电磁阀，通过排水电磁阀排尽管路存水。

（2）在水泵关闭电源及管路排水完成后，操作排空按钮，系统自动执行防冻排空动作，排出供水设备及管路中的存水。

蹲便器便斗采用不锈钢材质，使用清水高压冲洗，分为两次冲洗，首次冲洗耗水不超过 0.4 L/次，二次冲洗耗水不超过 0.2 L/次。在便器排污口设置有密封用蝶阀，通常为关闭状态。

便器的清扫：要求使用中性洗剂，用海绵等柔软材料进行清扫。

4. 卫生系统电气控制单元

卫生系统电气控制单元安装于配电柜内，主要由控制器、电路板、接线端子、按钮开关等组成。

卫生系统电气控制单元外形如图 4-69 所示。

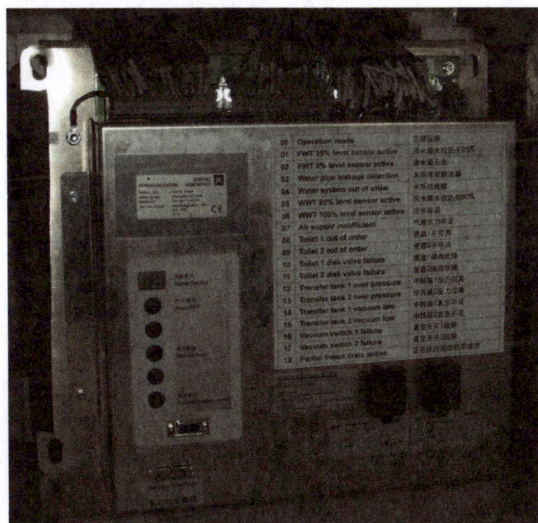

图 4-69 卫生系统电气控制单元外形

卫生系统电气控制单元用于控制整个卫生系统的工作，包括：集便系统各部件的动作控制、集便系统故障保护与报警、水箱与污物箱液位指示、缺水保护、箱满保护、泄漏保护、防冻排空等。

卫生系统电气控制单元面板上设有系统故障显示窗口，卫生系统故障代码如表 4-12 所示。

表 4-12　卫生系统故障代码

代码	含义	代码	含义
00	正常运转	10	便器 1 蝶阀故障
01	水箱水位低于 25%	11	便器 2 蝶阀故障
02	水箱无水	12	中转箱 1 压力过高
03	泄漏检测	13	中转箱 2 压力过高
04	给水系统故障	14	中转箱 1 真空不足
05	污物箱液位达到 80%	15	中转箱 2 真空不足
06	污物箱已满	16	真空开关 1 故障
07	气源压力不足	17	真空开关 2 故障
08	便器 1 不可用	18	正在执行局部防冻排空
09	便器 2 不可用		

图 4-70　按压延时水龙头流量调节

5. 卫生间用按压延时水龙头流量调节

（1）如图 4-70 所示，拆下蓝色堵件（水龙头附件）后，将内六角扳手插入水龙头上方流量调节孔内。

（2）通过旋转内六角扳手，调节出水量。顺时针旋转，出水量增大；逆时针旋转，出水量减小。一次出水量一般为 180 mL。水压对水龙头出水延时时间有影响，延时时间一般在 6～8 s 调节。

（3）出水量调节完毕后，把蓝色堵件（水龙头附件）安装在流量调节孔上。

6. 盥洗室

1）洗面台的维护与注意事项

CRH380A 型动车组在 02、03、06、07 号车盥洗室均设置一个温水器，采用储水加热方式，为旅客提供温度相对恒定的盥洗温水，通过按压冷热节水阀即出水。温水器设有温度调节旋钮，加热温度在 30～75 ℃ ［出厂温度设定为（40±5）℃］范围内可调，以适应不同的乘客需求。为防止异常工况下发生危险，温水器设有缺水、超温及防干烧保护功能，温水器面板设有状态指示灯，用以查看其工作状态。

（1）正常使用。

温水器满水情况下，接通温水器电源，温水器面板电源指示灯亮，温水器电热管通电加热，加热指示灯亮，当内胆水温达到设定值（40±5）℃时，温控器断开，加热停止，加热指示灯灭；若车上连续使用温水，冷水通过进水口补充进温水器，使内胆水温下降，当下降至一定温度（低于设定值 4 ℃）时，温控器闭合，恢复加热，加热指示灯亮。

（2）缺水保护。

当温水器内胆水位降至水位探针以下时，水位控制器动作，电热管断电，加热停止，缺水指示灯亮。

（3）超温保护。

若温控器故障，温水器持续加热，当内胆水温达到（80±5）℃时，突跳式温控器闭合，电热管断电，加热停止，超温指示灯亮。

（4）防干烧保护。

若温控器故障，温水器持续加热，当温水器的加热箱表面温度达到（130±20）℃时，防干烧装置在 2 min 内切断电源，并不可恢复。

盥洗室的供水设备及管路在冬季低温条件下，如长期存放且列车存放环境无保温措施时，须进行排水操作，具体流程如下。

① 从管路上拆除冷热混水按压延时水龙头与温水箱连接软管，多次按压冷热混水延时水龙头排净水龙头阀体及管路内存水。

② 打开温水器的排水阀、排水堵、溢流阀进行排水。温水器排水位置如图 4-71 所示。

③ 排水完毕后将冷热混水按压延时水龙头和温水箱恢复到原状态。

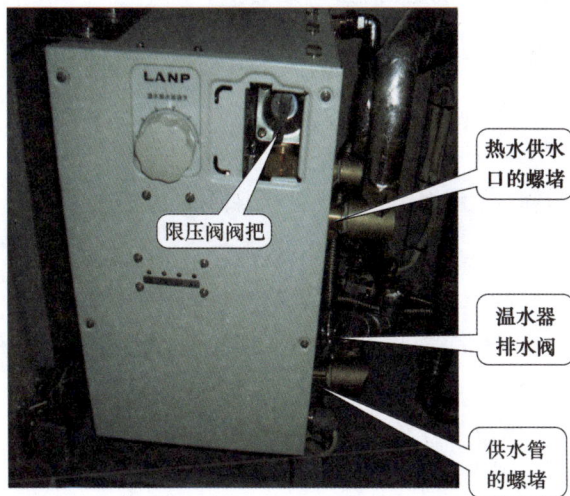

图 4-71　温水器排水位置

2）陶瓷洗面盆的清洁与维护

用拧干的湿布擦拭陶瓷洗面盆上的污渍（包括由于塑料零件的静电造成的黑色污渍），然后将蘸水的湿布蘸上少量的中性洗涤剂擦拭，最后擦干。

注：稀料、挥发油等溶剂和清洁剂及尼龙扫帚，卫生间、浴室、瓷砖用洗涤剂及氯系洗涤剂由于会伤害陶瓷表面而禁止使用。

3）皂液器的使用与维护

（1）按压式皂液器皂液的加注方法。

在洗面台上有皂液注入口，将注入口的盖子打开后即可加注。

（2）皂液箱位于洗面柜内部，打开检查门，即可看到，皂液箱容积为 2 L，容积显示最低点为 0.2 L，最高点为 1 L。皂液指示器如图 4-72 所示。

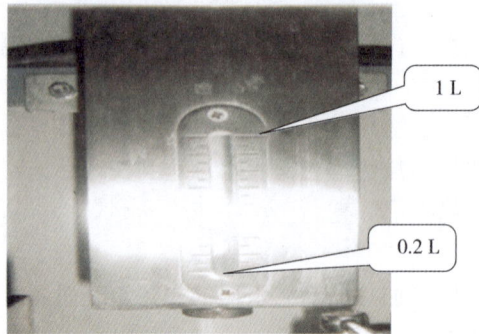

图 4-72　皂液指示器

当列车长时间不运行或车辆存放地点的温度较低时，如皂液有剩余，可将皂液箱下部的排液螺栓打开，将皂液排尽。排液螺栓如图 4-73 所示。

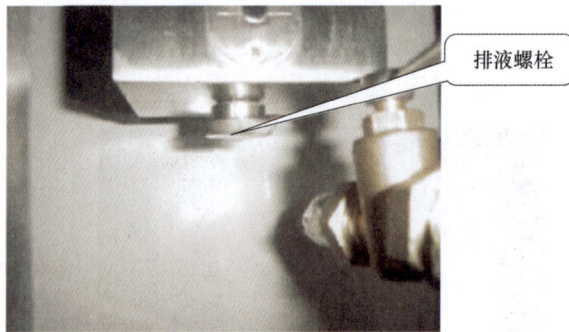

图 4-73　排液螺栓

（3）皂液器推荐使用品牌皂液（按其说明书要求的稀释比例稀释），还可使用普通有色中性皂液，如使用有色中性皂液，皂液与水按 1∶3 均匀混合后再倒入皂液箱。皂液器外观的清洁与保养与排水金属件的清洁与保养方法相同。

4）盥洗室用冷热混水按压延时水龙头流量调节

（1）如图 4-74 所示，用内六角扳手拆下水龙头上部盖。

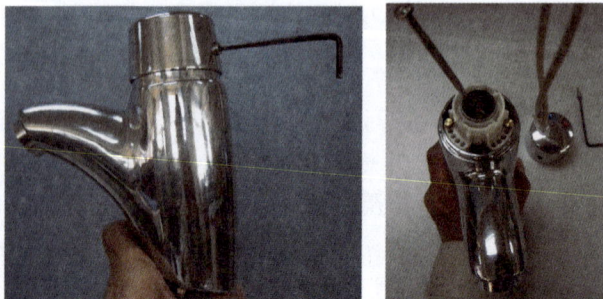

图 4-74　拆下水龙头上部盖

（2）用小型一字形螺丝刀旋转水龙头内部一字形螺栓，通过调节延时时间，达到调节出水量的目的。顺时针旋转，延时时间增大；逆时针旋转，延时时间减小。一次出水量一般为240 mL。由于水压对水龙头出水延时时间有影响，延时时间一般在6～8 s间调节。

（3）出水量满足要求后，恢复水龙头上部盖。

（4）按压出水后，通过旋转水龙头上部盖，达到调节出水温度的目的。

7. 排污系统

如图 4-75 所示，卫生系统采用独立控制真空式集便系统收集来自便器的污物，车上盥洗废水通过排水管路经车底水封装置排至车外。

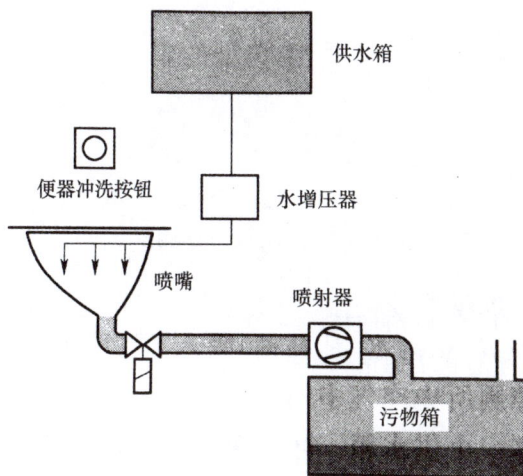

图 4-75　真空式集便系统工作原理

真空式集便系统主要由污物箱（含中转箱及真空发生器）、便器、水增压器、气动控制单元、电气控制单元、管路等组成。各便器独立工作，便器与中转箱之间一一对应。

按动便器冲洗按钮，真空发生装置开始工作，中转箱内真空度达到设定值后，水增压单元提供压力水冲洗便器，便器蝶阀打开，污物在负压作用下进入中转箱，蝶阀关闭，水增压单元提供压力水对便器进行二次冲洗，水增压单元补水，1次冲洗循环结束。当便器连续使用设定次数（6次或12次）或中转箱内污物达到设定液位时（约7 L或20 L），系统会向中转箱注入正压空气，污物在正压的作用下进入污物箱。

为保证系统在低温环境下的正常运用，污物箱、真空发生装置、管道阀、排污阀、水封及管路等设有防冻装置。列车冬季停放且无保温措施时，须进行防冻排空操作，并通过吸污设备排空污物箱。

任务 4.5　旅客信息系统操作

📢 **知识目标**

（1）掌握广播系统控制放大器的操作方法；

（2）掌握广播系统主机的操作方法；

（3）了解影视系统的功能；

（4）熟悉影视系统的操作方法；

（5）了解烟火报警系统控制盘的操作方法。

能力目标

（1）能进行全列广播作业；

（2）能设置紧急文显示；

（3）能播放本地视频。

素质目标

（1）对旅客信息系统的构成和主要设备操作形成总体认识，树立铁路职业意识；

（2）培养团队协作能力；

（3）能客观、公正地进行自我评价。

4.5.1 广播系统操作

1. 广播系统的功能

CRH380A 型动车组广播系统采用模块化设计，各功能相同的装置之间可以完全互换，其主要可实现以下功能。

（1）司机与司机之间的专线联络通话；

（2）司机与乘务员之间的联络通话；

（3）乘务员之间的联络通话；

（4）通过广播系统主机对广告文字、紧急通知文字的显示内容进行设定；

（5）通过广播系统主机控制旅客信息显示器的显示内容；

（6）通过旅客信息显示器显示停靠站信息、速度信息、外温信息、广告信息及紧急通知信息；

（7）司乘人员能对全列车进行广播；

（8）收音机广播控制；

（9）广播功能可以通过软件进行设定；

（10）能与车载信息装置进行通信；

（11）能进行自动报站和手动报站；

（12）能对设备状态进行监视，发现故障自动报警。

CRH380A 统型动车组广播系统采用模块化设计，操作符合日常习惯。

CRH380A 统型动车组广播系统在设计时，考虑了动车组的应用环境要求，符合温度特性、耐振动及冲击、电磁兼容性、可靠性，以及安全、材料、工艺等方面的规定。

2. 广播系统的组成

（1）司机室控制放大器；

（2）乘务员室、监控室控制放大器；

（3）吧台控制放大器；

（4）输出放大器；

（5）车门音响控制器；

（6）自动广播装置；

（7）收音机装置；

（8）天线存放盒；

（9）信息显示控制器；

（10）司机联络终端；

（11）网络路由器；

（12）旅客信息显示器。

3. 控制放大器操作

CRH380A 型动车组全车共设有 9 台控制放大器，除 05 号车设有 2 台外，其余车各设 1 台。各控制放大器的外形尺寸、安装尺寸及所用的接插件完全相同。控制放大器可实现的功能是：网络通信功能、全体通话功能、通话的强插及监听功能、广播功能、定点广播功能、音量调节功能、权限设定功能、地址设定功能、状态显示功能、MON 接口。

控制放大器的外形如图 4-76 所示。

图 4-76　控制放大器外形

1）设定功能

控制放大器设定功能的使用方法如表 4-13 所示。

表 4-13　控制放大器设定功能的使用方法

1	确认目前装置处于正常待机状态，屏幕显示正常，无乱码，对比度适中，"！"在不停地闪烁
2	同时按操作面板上的"监听"和"强插"键，显示屏进入功能设定界面
3	屏上显示的设定项目有："地址设定""权限设定""广播音量""联络音量"，按"监听"键选项上移，按"强插"键选项下移，被选定的项目突出显示
4	选定"地址设定"，设定每台设备的呼叫地址，即呼叫号码，按"＋"或"－"键修改参数，"＋"为数字增，"－"为数字减
5	选定"广播音量"，设定设备的初始广播音量，按"＋"或"－"键修改参数，参数范围为0～9，最大音量为9
6	选定"联络音量"，设定设备的初始联络音量，按"＋"或"－"键修改参数，参数范围为0～9，最大音量为9

续表

7	同时按下操作面板上的"监听"键和"强插"键，退出功能设定界面，参数将被保留
8	在显示屏最上方，"N××"表示设备地址号，"@××"表示设备的权限，"K××"表示当前的广播音量，"B××"表示当前的联络音量

2）联络功能

各个控制放大器之间可以通过拨打呼叫号码进行通话。呼叫时，被叫控制放大器发出振铃声，提示司乘人员有人呼叫。CRH380A 型动车组全车仅提供一路通话线路，但司机室内的控制放大器在任何状况下，都可以通过司机联络专线进行通话，而不占用通话线路。当使用专线通话时，只有两车端的司机室内的控制放大器会振铃、通话。

（1）全体联络。

控制放大器全体联络功能的使用方法如表 4-14 所示。

表 4-14　控制放大器全体联络功能的使用方法

1	确认目前装置处于正常待机状态
2	拿起话筒，按操作面板上的"联络"键，确认 CAMP 操作屏上显示出"联络"
3	呼叫号码 99，操作屏上显示"联络全体"。如果其他控制放大器或联络装置没有处在广播或者联络状态，听筒内出现等待音，所有设备电话振铃，被叫 CAMP 操作屏上显示"联络全体"
4	当被叫方拿起听筒时，主叫方听筒等待音消失，此时双方可以通话，当 CAMP 接通后，CAMP 显示屏仍显示"联络 99"，其他设备仍然处于振铃状态，直到主叫方挂机
5	按操作面板上的"＋""－"键调节联络的音量
6	当联络结束时，主叫方按面板上的"切断"键或者挂机，全体通话结束，全部设备不再有任何显示
7	在司机室和餐车，可以通过先拿话筒后按话筒上的"＃"键，再拨号进行联络，联络的操作步骤与上述步骤相同

（2）单独联络。

控制放大器单独联络功能的使用方法如表 4-15 所示。

表 4-15　控制放大器单独联络功能的使用方法

1	确认目前装置处于正常待机状态
2	拿起话筒，按下操作面板上的"联络"键，确认 CAMP 操作屏上显示出"联络"
3	呼叫号码（01~98 为事先设定的号码），显示屏上显示"联络××"。如果被叫控制放大器或联络装置没有处在广播或者联络状态，听筒内出现等待音，被呼叫方电话振铃，CAMP 操作屏上显示"联络+主叫号码"
4	对方无法应答或者线路忙，主叫方听筒内出现忙音
5	线路接通 30 s 后，被叫方仍然没有摘机，则主叫方放弃此次呼叫，听筒内出现忙音。主叫方挂机后，不再显示"联络"，被叫方振铃停止，但仍显示未接主叫方号码"联络××"，直到被叫按"切断"键

6	当被叫方拿起听筒，主叫方听筒等待音消失，此时双方可以通话，当 CAMP 接通后，CAMP 显示屏显示"联络+主叫号码"，表示进入通话状态
7	当联络结束，任意一方按面板上的"切断"键或者挂机，通话结束。显示屏上不再显示呼叫号码
8	在正常通话线路被占用的情况下进行相互联络时，司机室内的控制放大器会自动启用专线联络功能。此功能的操作与前述操作方法相同
9	司机室和餐车控制放大器可以通过先拿话筒后按话筒上的"＃"键再拨号进行联络。联络的操作步骤与上述步骤相同

3）广播功能

所有控制放大器均可以通过话筒对全车进行广播，支持多个控制放大器同时进行广播。控制放大器广播功能的使用方法如表 4–16 所示。

表 4–16 控制放大器广播功能的使用方法

1	确认目前装置处于正常待机状态，屏幕显示正常，无乱码，对比度适中，"！"在不停地闪烁
2	拿起话筒，按操作面板上的"广播"键，确认操作屏上显示"广播全体"
3	操作"＋""－"键，可以改变广播音量的大小
4	当 CAMP 进入广播状态后，系统中的自动广播装置（AAD）将进入"全取消状态"，当 CAMP 的广播结束后，AAD 自动切换到默认状态
5	广播结束时，按面板上的"切断"键或挂机

4）监听功能

控制放大器监听功能的使用方法如表 4–17 所示。

表 4–17 控制放大器监听功能的使用方法

1	确认目前装置处于正常待机状态，并且权限设定为 2
2	进行监听时，确认系统处于联络状态，否则"监听"键不起作用，系统处于联络状态的表现为 CAMP 的显示屏显示"联络"
3	确认系统处于联络状态后，按操作面板上的"监听"键，确认操作屏上出现"监听"
4	拿起话筒，可以对正在通话的双方进行监听
5	监听音量可以通过操作面板上的"＋""－"键进行调节
6	将话机放回原位，按下"切断"键，监听结束

5）强插功能

控制放大器强插功能的使用方法如表 4–18 所示。

表 4-18　控制放大器强插功能的使用方法

1	确认装置处于正常待机状态,并且权限设定为 1
2	进行强插时,确认系统处于联络状态,否则"强插"键不起作用。系统处于联络状态的表现为 CAMP 的显示屏显示"联络"
3	确认系统处于联络状态后,按下操作面板上的"强插"键,确认操作屏上出现"强插"
4	拿起话筒,可以对通话进行强插
5	强插音量可以通过操作面板上的"+""-"键进行调节
6	将话机放回原位,按下"切断"键,强插结束

4. 广播系统主机操作

广播系统主机设置在 05 车。

广播系统主机通过网络总线与控制放大器进行通信。

广播系统主机设有一块 10.4 英寸的液晶触摸屏,所有操作均可通过触摸屏来完成。触摸屏亮度可通过亮度调节旋钮进行调节,向左为变暗,向右为变亮,旋钮调至最左端时,触摸屏黑屏显示。

广播系统主机可实现以下功能。

1)自动报站功能

广播系统主机通过与车辆信息系统进行通信获得里程、车站代码等自动报站所需的信息,然后参照预存在装置中的车站代码和线路数据,自动判断列车的出发、到站状态,实现自动报站功能。报站所需的语音文件以 MP3 格式存储在 CF 卡中。用户通过更换 CF 卡来实现对语音文件的更新。

在广播系统主机通电后,如果检测正常,将自动进入自动广播报站界面(见图 4-77)。

2)手动报站功能

通过广播系统主机的手动报站界面可实现手动报站功能,具体操作步骤如下。

(1)如图 4-78 所示,单击【运行转换】按键,进入运行转换界面。

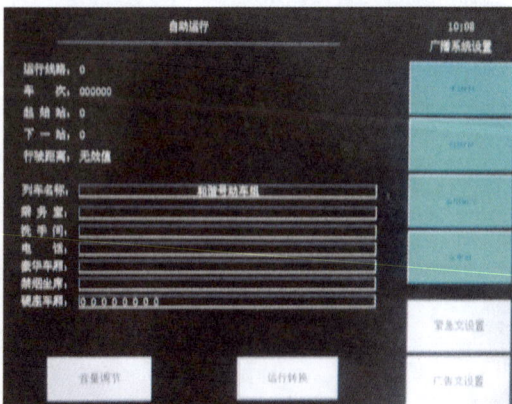

图 4-77　自动广播报站界面

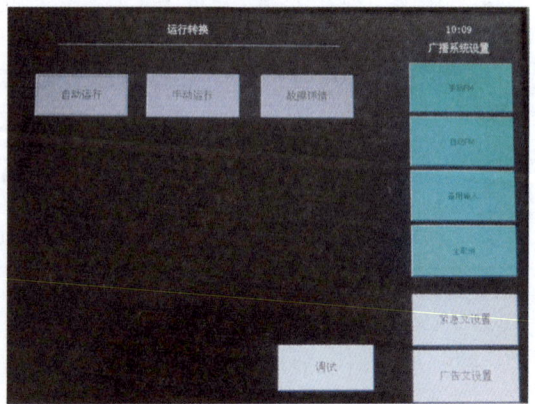

图 4-78　运行转换界面

（2）如图 4-79 所示，单击【手动运行】按键，进入手动运行界面。

设定运行线路、车次、起点站、终点站、上一站、下一站，单击【出发】按键（按键变为绿色），单击【播音开始】按键，进行出站广播，可按【播音停止】按键停止广播；同理，可按【到达】按键进行到站广播。

单击【运行转换】按键，可返回至上一界面。

3）收音机广播功能

广播系统主机同时接收 2 路收音机音频信号（FM 手动、FM 自动），并可通过屏幕上的频道按键来进行选择。收音机广播功能界面如图 4-80 所示。

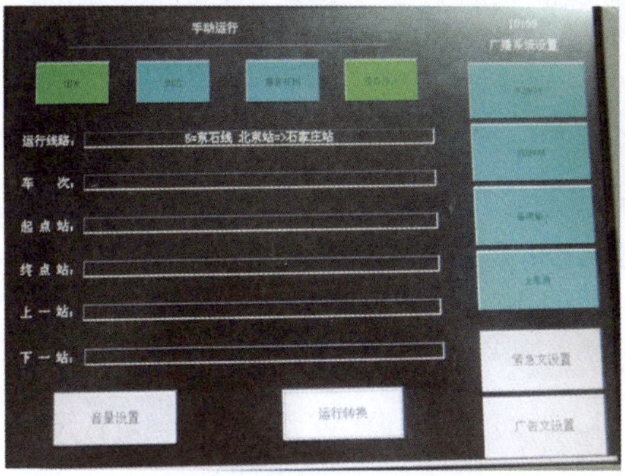

图 4-79   手动运行界面

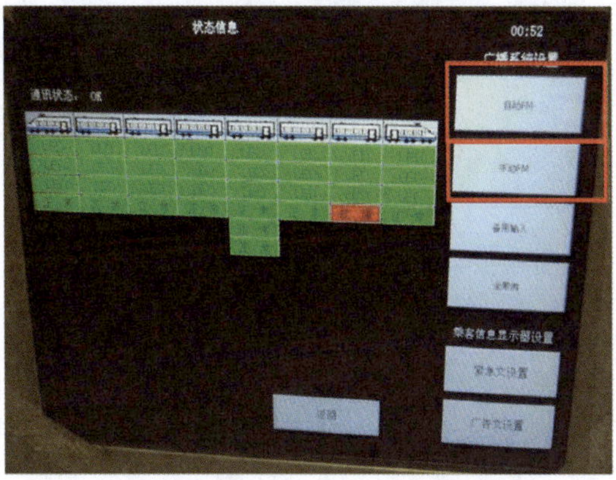

图 4-80   收音机广播功能界面

4）备用输入广播功能

广播系统主机支持外接 MP3 播放，将 MP3 音频通过 MIC 音频插头接入广播系统主机前面板备用输入插孔后，单击广播系统主机界面备用输入按键，车内扬声器播放备用输入音频，再次单击备用输入按键后，备用输入音频停止播放。

5）音量调节功能

广播系统主机设有音量设置界面，可对报站广播、收音机广播和备用广播输出音量进行调节。

如图 4-81 所示，单击【音量设置】按键，进入音量调节界面。

单击【增大】或【减小】按键，控制广播音量，设置完成后按【返回】键返回。

6）广播优先级

广播系统设有广播优先级，当低优先级的广播在进行中，有高优先级的广播插入时，低优先级的广播将被打断，直到高优先级广播完成后才恢复。

广播的优先顺序是：人工广播（控制放大器广播）＞自动广播（手动广播）＞收音机广播＋备用广播。

在发生人工广播插入时，广播系统主机在显示屏上显示正在人工广播（【全取消】按键为红色）。人工广播结束时，将恢复成原来的状态，也可以通过全取消按钮手动切除广播系统主机的全部对外广播（包括对影视系统的广播输出）。

7）网络监视和诊断功能

如图4-82所示，单击【故障详情】按键，进入故障详情界面。

通过此界面，可以对系统中的每一个设备进行监视和管理，包括网络通信状况、设备状态、设备工况等信息。界面中每个方框显示对应设备的状态，绿色代表设备正常，红色代表设备故障。同时可显示控制放大器的广播状态及联络时的主叫、被叫状态。

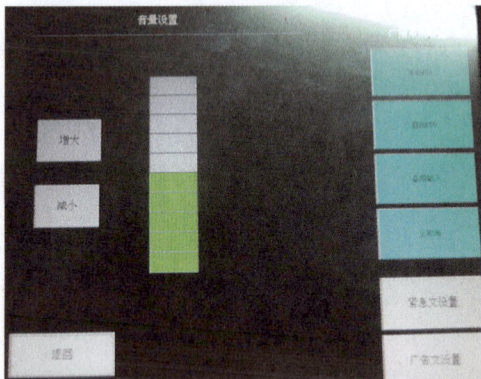

图4-81　音量调节界面

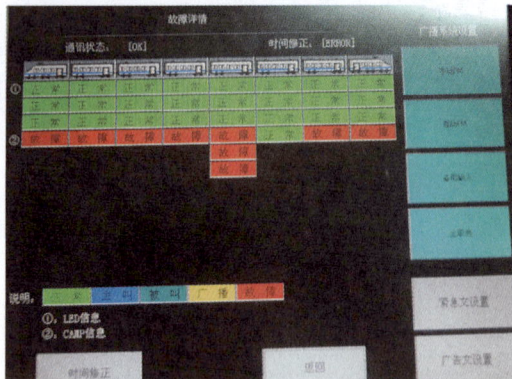

图4-82　故障详情界面

8）时间设置功能

如图4-83所示，单击【时间修正】按键，进入时间设置界面，可对系统时间进行设置。

9）旅客信息显示器信息显示控制功能

（1）广告文显示控制（此功能通过MON触摸屏也可实现）。

如图4-84所示，单击【广告文设置】按键，进入设置界面，选定要播放的广告文，进行编辑，单击【显示当前】按键，手动控制旅客信息显示器显示的广告文信息，单击【返回】键返回。

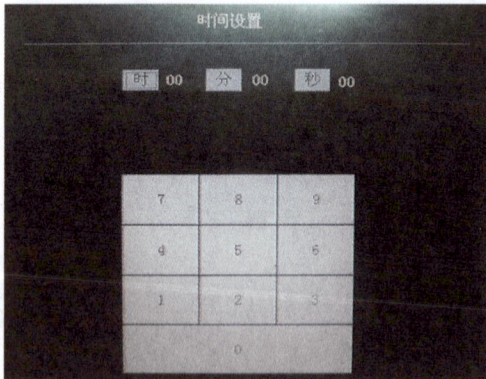

图4-83　时间设置界面

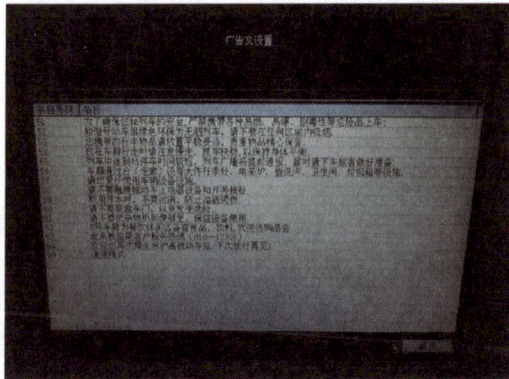

图4-84　广告文设置界面

（2）紧急文显示控制（此功能通过MON触摸屏也可实现）。

如图4-85所示，单击【紧急文设置】按键，进入设置界面，选定要播放的紧急文，进行编辑，单击【显示当前】按键，手动控制旅客信息显示器显示的紧急文信息，单击【返回】键返回。

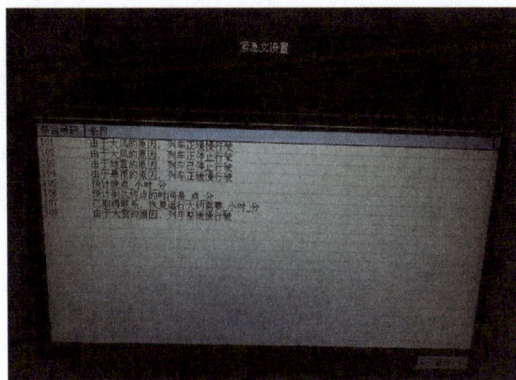

图 4-85　紧急文设置界面

4.5.2　影视系统操作

1. 影视系统功能

1）VIP 座席影视系统的功能

可通过 VIP 座椅扶手上的娱乐单元自主选择欣赏本机存储的音视频节目，并能够通过该娱乐单元访问列车网络系统，进行信息查询、网页浏览。

2）一等座席影视系统的功能

可通过座椅音频娱乐单元选择收听 MP3、视频伴音、收音机音频；通过车厢配置的电视收看视频节目。有的车次，旅客还能通过自备的笔记本电脑访问列车网络系统，进行信息查询、网页浏览。

3）二等座席影视系统的功能

可通过车厢配置的电视收看视频节目，通过旅客区扬声器收听视频伴音、背景音乐或收音机音频。

一等座椅、二等座椅音视频节目采用集中管理本地播放方式，监控屏是全车娱乐系统的人机操作界面，监控屏能够预览音、视频节目，监听、监播当前正在播放的音视频节目。一等座车音频通过座椅接收器播出，二等座车音频由影视娱乐的音频功放输出给广播系统由客室扬声器播出。

影视系统除能实现旅客影视娱乐的基本功能，还能实现与列车广播系统的切换对接。当进行人工或自动广播播放时，音频切换为广播内容，视频继续播放，扬声器和耳机系统播出广播内容。广播结束后，音频自动切换为原来的状态。

2. 影视系统软件操作

1）登录界面

打开影视系统电源，系统中各个设备正常启动后，进入系统登录界面。

在登录界面的右上角，有一个语言选择下拉列表，用于选择软件显示语言，支持简体中文与英文两种语言。

将光标依次切换到用户名和密码输入框，输入用户名和密码，单击【登录】，验证成功即可进入软件主界面。

影视系统软件登录界面如图 4-86 所示。

2）主界面

主界面分为上下两块区域，上面是功能选择标签，下面是功能界面，按功能划分为 7 个分页：影视监控，MP3，音频监控，FM，素材更新，设备维护，账号管理。用户登录后，主界面默认定位在影视监控分页。用户使用不同功能时，单击分页标签即可进入对应的功能界面。

主界面的右上角有一个注销按钮，单击【注销】即可注销当前登录账号，返回登录界面。

3）影视监控

如图 4-87 所示，单击【影视监控】进入影视监控界面。

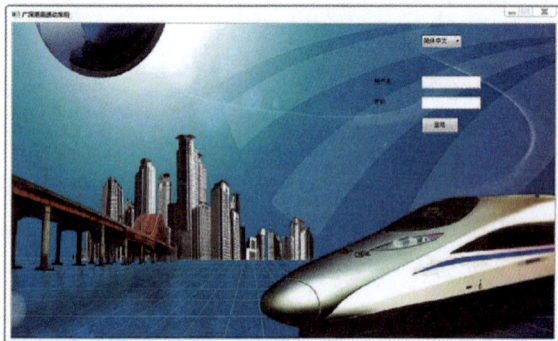

图 4-86　影视系统软件登录界面

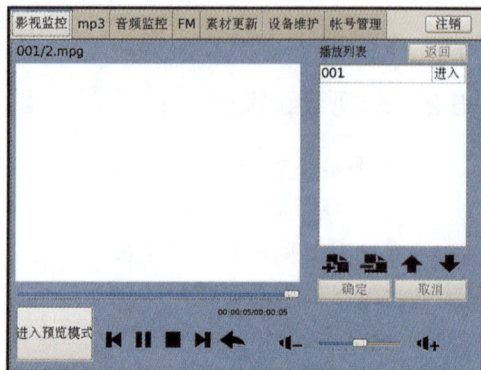

图 4-87　影视监控界面

影视监控功能主要实现对正在播放视频的监控、操作，以及对播放列表的编辑功能。影视监控界面划分为 3 个区域，中央视频显示区域、下侧播放控制区域、右侧播放列表区域。

（1）中央视频显示区域。

中央视频显示区域用于显示当前客室正在播放的视频。

（2）下侧播放控制区域。

① 正常模式与预览模式切换按钮：用于预览模式和实际模式之间的切换。按钮分别为【进入预览模式】和【退出预览模式】。

正常模式下，用户单击播放控制，各客室和监视屏会同时响应，并同步播放。

预览模式下，用户单击播放控制，监视屏会独自播放，其他客室会照常播放，不会响应监视屏发出的播放控制指令。

② 播放控制按钮：【播放/暂停】按钮，【停止】按钮，【上一个】按钮，【下一个】按钮，【从头播】按钮，【音量控制】按钮。

a）【播放/暂停】按钮：暂停或继续播放当前播放列表中的本地文件。

b）【停止】按钮：停止播放当前的本地视频文件。

c）【上一个】按钮：播放上一个本地视频文件。

d）【下一个】按钮：播放下一个本地视频文件。

e）【从头播】按钮：从播放列表中第一个文件开始播放。

f）【音量控制】按钮：用于控制各车厢的视频伴音的音量。单击【音量+】按钮或【音量-】按钮即可实现各车厢音量的调节。

（3）右侧播放列表区域。

右侧播放列表区域有两级界面：播放列表主界面与播放列表编辑界面。

播放列表主界面具有如下功能：

① 选择播放列表：在播放本地视频时，在列表框中选择播放列表，然后单击播放，播放区域将从选中的播放列表第一个影片开始播放。

② 新增播放列表：单击按钮【+】，弹出输入播放列表名界面，可以通过软键盘输入播放列表名，单击【确认】，则新增的播放列表将显示到列表框中。

③ 删除播放列表：选中要删除的播放列表，然后单击按钮【－】，弹出删除确认对话框，单击【确认】，选中的播放列表将被删除。

④ 编辑播放列表：选中播放列表，单击【确定】按钮，则进入播放列表编辑界面。

播放列表编辑界面如图 4-88 所示。

【+】：从本地媒体库中添加视频到播放列表，新添加的文件默认置于播放列表末尾。

【－】：将选中的文件从播放列表中删除。

【↑】：在播放列表中，将选中的文件从当前位置上移一个位置。

【↓】：在播放列表中，将选中的文件从当前位置下移一个位置。

【确定】：通过添加、删除、上移、下移等操作编辑的播放列表并不会生效，需要单击【确定】才会上传到服务器生效。

【取消】：通过添加、删除、上移、下移等操作编辑的播放列表，如果不想应用，则可单击【取消】还原到原来的播放列表。

【返回】：单击即可返回播放列表主界面。

4）MP3

如图 4-89 所示，单击【MP3】进入 MP3 设置界面。

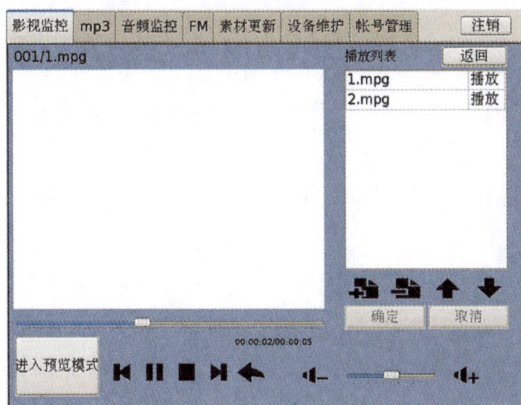

图 4-88 播放列表编辑界面

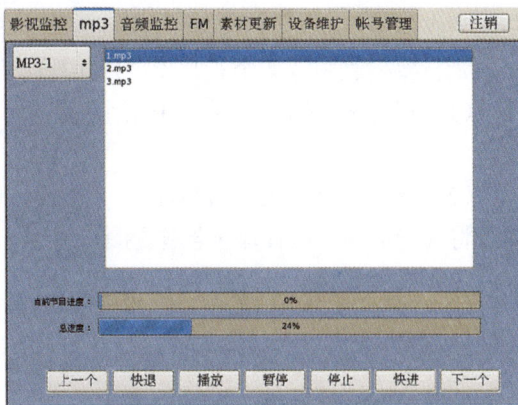

图 4-89 MP3 设置界面

通过 MP3 可以对 3 路 MP3 进行播放控制，包括上一个、快退、播放、暂停、停止、快进、下一个。

5）音频监控

如图 4-90 所示，单击【音频监控】，进入音频监控界面。

左边区域是设置监视屏耳机监听频道，可以设置为"视频伴音""MP3-1""MP3-2""MP3-3"。

右边区域是设置广播通道，默认是选择"视频伴音"。也可以选择"MP3-1""MP3-2""MP3-3""FM"中的任一路，单击【播放】，使广播系统播放所选择的声音。单击【停止】，恢复"视频伴音"。

6）FM

如图4-91所示，单击【FM】，进入FM设置界面。

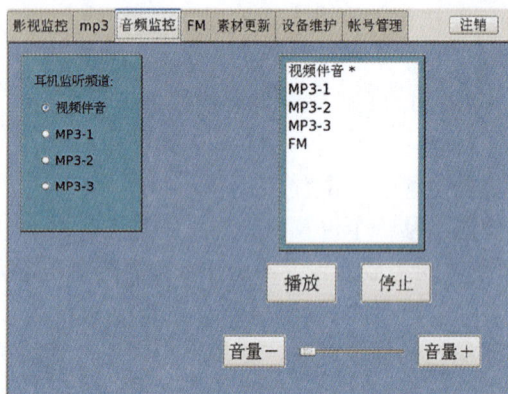

图4-90　音频监控界面

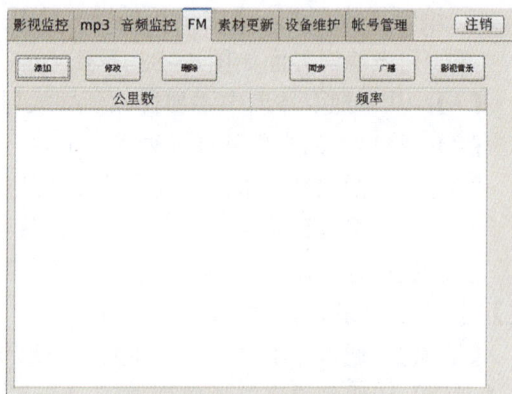

图4-91　FM设置界面

7）素材更新

如图4-92所示，单击【素材更新】，进入素材更新界面。

素材更新功能用于上传或删除媒体服务器中的视频和音频素材。界面分为左右两部分，左侧为媒体服务器上已有的素材库列表框，右侧为添加素材时可选择的列表框。

素材库列表中有4个素材库：公共视频库、公共音频库1、公共音频库2、公共音频库3。

（1）查看素材库。单击其中某个库，即可展开该库，显示该库中的文件列表。再单击一次，可收缩回来。

（2）删除素材。展开素材库后，选中素材，然后单击素材库列表下方的【删除】按钮，即可将选中文件从媒体服务器中删除。

（3）添加素材。

①在左侧媒体库列表中选择目标素材库。

②单击【浏览】按钮，弹出目录选择框，选中目录，然后单击【确定】，该目录下的素材将显示于右侧列表框。

③单击选择右侧列表框中的素材文件，然后单击【添加】按钮，则所选中的多个素材文件将被上传到媒体服务器。传输完毕后，左侧的素材库列表中的内容将被刷新。

8）设备维护

如图4-93所示，单击【设备维护】，进入设备维护界面。

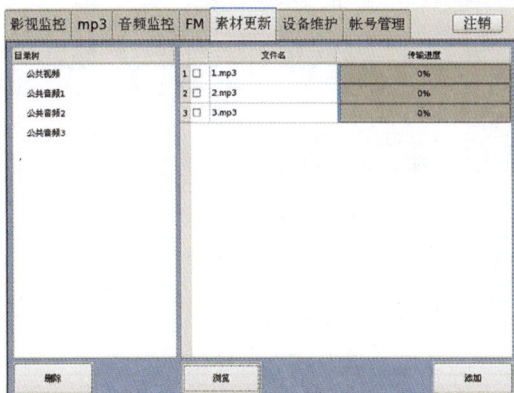

图 4-92　素材更新界面

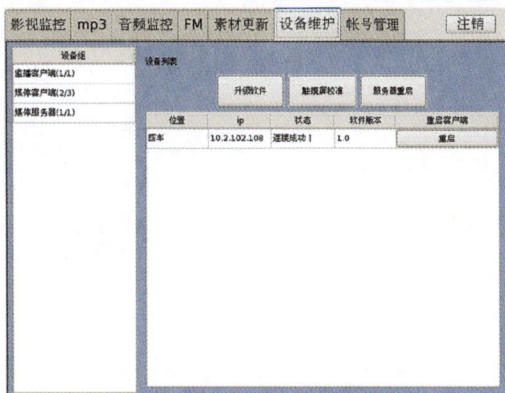

图 4-93　设备维护界面

设备维护功能主要用于维护和管理影视系统的硬件与软件。界面左侧为设备组列表，右侧为设备信息列表。

设备组列表中有 3 个分类：监播客户端、媒体客户端、媒体服务器。单击对应的分类，右侧的设备信息列表将显示对应的设备信息。

设备信息列表显示设备的位置、IP、与媒体服务器的连接状态及软件版本信息。

除了显示各设备的状态信息外，系统维护还提供以下 3 个功能。

（1）软件升级。

软件升级界面如图 4-94 所示。

软件升级功能能够更新影视系统的各个软件的版本。软件升级界面顶端有升级模块选择框，显示各模块的名称与升级服务器中各模块的版本号。界面下部是各模块的升级状态列表框，依次显示升级模块的 IP、位置、类型、版本、连接状态、升级状态、升级进度。

软件升级操作步骤如下。

步骤 1：将包含升级文件的移动存储盘插入媒体服务器。

步骤 2：在模块复选框中选择要升级的模块。

步骤 3：单击【升级】按钮，升级服务器将自动进行升级操作。在升级过程中将实时地显示升级的进度及状态。

升级完成后各模块将会自动重启。

（2）触摸屏校准。单击【触摸屏校准】按钮，系统将自动校准触摸屏。

（3）服务器重启。单击【服务器重启】按钮，媒体服务器将自动重启。

9）账号管理

如图 4-95 所示，单击【账号管理】，进入账号管理界面。

账号管理具有以下功能。

（1）添加账号。单击【添加】按钮，弹出添加账号界面，输入账号密码，并确认密码，即可完成账号的注册。

（2）删除账号。选中要删除的账号，单击【删除】按钮，如果拥有管理员权限，即可完成账号的删除。

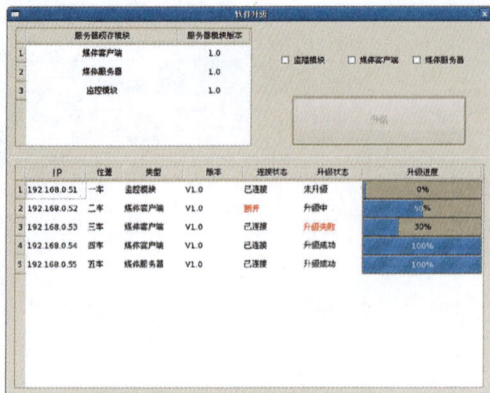

图4-94 软件升级界面

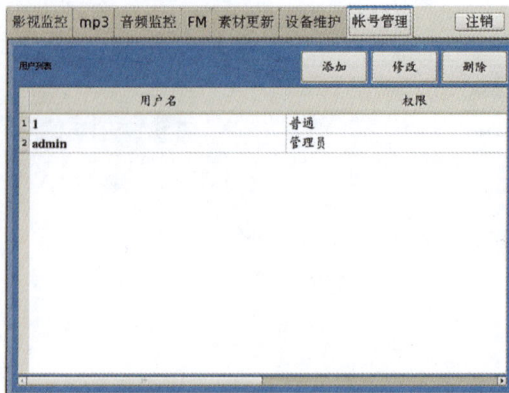

图4-95 账号管理界面

（3）修改密码。选中要修改密码的账号，单击【修改】按钮，弹出修改密码界面，输入旧密码及新密码，确认新密码，单击【确定】，即可完成密码修改。

4.5.3 烟火报警系统操作

烟火报警系统依据人体工程学对人机界面做了特别的优化设计，在每车配电盘内、厕所内、客室内均布有感烟探测器。下面重点介绍烟火报警系统控制盘的操作。

1. 控制盘操作键和指示灯

控制盘操作键和指示灯如图4-96所示。

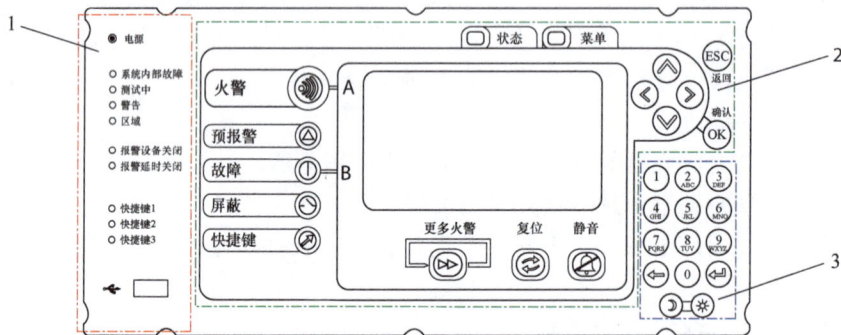

1—系统指示灯；2—操作控制键；3—数字键

图4-96 控制盘操作键和指示灯

1）系统指示灯

系统指示灯部分包括下列指示灯。

（1）"电源"指示灯。

"电源"指示灯为绿色，其常亮表示控制面板电源正常。

（2）"系统内部故障"指示灯。

"系统内部故障"指示灯为黄色，其闪烁表示系统至少存在一个严重的硬件故障。

（3）"测试中"指示灯。

"测试中"指示灯为黄色，其常亮表示至少有一个区域被设置在测试模式。

（4）"警告"指示灯。

"警告"指示灯为黄色，其常亮表示系统至少存在一个警告事项。

（5）"区域"指示灯。

"区域"指示灯为黄色，其常亮表示系统至少有一个探测器或区域被屏蔽了；其闪烁表示系统至少有一个感烟探测器或区域处于故障状态。

（6）"报警设备关闭"指示灯。

"报警设备关闭"指示灯为黄色，其常亮表示至少一种报警输出（例如警铃的输出）被关闭了；其闪烁表示至少一种报警输出有故障。

（7）"报警延时关闭"指示灯。

"报警延时关闭"指示灯为黄色，其常亮表示报警延时功能关闭。

（8）"快捷键 1"指示灯、"快捷键 2"指示灯、"快捷键 3"指示灯。

"快捷键 1"指示灯、"快捷键 2"指示灯、"快捷键 3"指示灯的显示功能与颜色可通过系统进行设置。

2）操作控制键

（1）"火警"键。按"火警"键直接进入火警清单。

（2）"预报警"键。按"预报警"键直接进入预报警清单。

（3）"故障"键。按"故障"键直接进入故障清单。

（4）"屏蔽"键。按"屏蔽"键直接进入屏蔽清单。

（5）"快捷键"键。按"快捷键"键直接进入用户设定的清单。

（6）"状态"键。按"状态"键直接进入系统状态清单。

（7）"菜单"键。按"菜单"键直接进入主菜单和系统功能入口。

（8）箭头键用于菜单的操纵和多选菜单的选择，箭头键如图 4-97 所示。

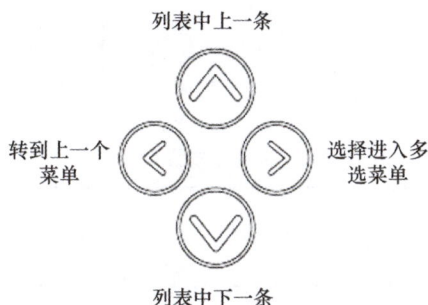

图 4-97　箭头键

（9）"返回"键。"返回"键用来返回开始的屏幕。

（10）"确认"键。"确认"键用来选中一个多选菜单或者选择一个功能。"确认"键也用来显示一个选中项目的详细情况。

（11）"更多火警"键。按"更多火警"键在不同的报警信息之间选择。

（12）"复位"键。"复位"键用来复位一个选定的报警或者复位一个屏蔽项。

（13）"静音"键。"静音"键用来确认一个报警。

3）数字键

（1）0～9 的数字键用来向系统输入信息。

（2）删除键。这个键用来删除文字显示中的字符。

（3）回车键。这个键用来确认一个功能项。

（4）白昼模式键。设置控制盘指示灯的亮度/对比度到白昼模式。

（5）夜间模式键。设置控制盘指示灯的亮度/对比度到夜间模式。

2. 控制盘的常用操作

1）当火警发生时

（1）火警报警静音。

火警报警静音操作如表 4−19 所示。

表 4−19　火警报警静音操作

动作	说明
按⊕键	内部蜂鸣器和外部报警设备静音，火警指示灯常亮不再闪烁（需要权限 2 或更高）
按⊕键	获取详请

（2）火警报警复位。

火警报警复位操作如表 4−20 所示。

表 4−20　火警报警复位操作

动作	说明
按⊕键复位当前的火警	如果火警现场的情况依旧，火警将不能被复位

2）当故障报警时

（1）故障报警静音。

故障报警静音操作如表 4−21 所示。

表 4−21　故障报警静音操作

动作	说明
按⊕关闭内部蜂鸣器	—
按⊕键	获取详情

（2）复位一个故障。

复位一个故障操作如表 4−22 所示。

表 4−22　复位一个故障操作

动作	说明
按⊕复位当前的故障	如果故障状况仍然存在，故障报警不能被复位。须检查并解决问题后，再复位故障

站车移动设备认知

✏️ **项目描述**

　　铁路站车移动设备包括列车移动补票机、站车无线交互系统设备、站车对讲设备等。本项目主要对列车移动补票机、站车无线交互系统设备、站车对讲设备进行介绍。

🚩 项目导入

加强铁路客运设备设施的研发和生产，促进铁路客运产品的升级和铁路客运服务质量的提升

　　列车乘务员常常拿着一台黑色的触屏"手机"，时不时看一看、点一点。"她们一边工作一边看手机，这样真的好吗？"曾有旅客发出这样的疑问。其实列车乘务员手中拿的并不是普通手机，而是站车无线交互系统设备，它可以帮旅客解决许多问题。

高铁上遗失的帽子被迅速找回

　　某日，武汉市民邬女士乘坐 G77 次列车前往长沙，10 时 19 分到达长沙南站。下车时，她不慎将一顶新买的帽子遗失在了座位上，出站时才发现。她第一时间拨打了 12306 铁路客服热线，并将她的座位信息 04 车 13D 告诉了客服人员。

　　没过多久，她就接到了列车长周女士的电话：帽子找到了。电话里，她和列车长约定了交接物品的方式。其实，邬女士能如此迅速找回丢失的物品，要归功于铁路企业开发的功能强大的站车无线交互系统设备。

　　客服人员受理了邬女士的诉求后，立即查询到了 G77 次列车的运行情况和值乘人员的情况，并将旅客邬女士遗失帽子的信息，以工单的形式发送到了列车长周女士的手持"交互机"上。列车长看到信息后，直奔 04 车 13D 座位，果然找到了仍然挂在衣帽钩上的帽子，并通过邬女士留的电话回复了她。

快速帮旅客查找座位信息

　　列车工作人员手持的站车无线交互系统设备，在外观上确实和普通手机没有太大区别，其实它集合了近 10 项功能。

　　大范围推广使用电子客票后，帮旅客查座位成了站车无线交互系统设备一个非常重要的功能。

　　以前旅客都是凭纸质车票进站上车，然后对号入座，乘务员基本上不需要帮旅客找座位。现在推广使用电子客票后，相当一部分中老年人都是子女帮忙买票，他们只需要刷身份证就能进站上车，有时候会忘了具体的车厢和座位号。

遇到查找座位的求助后，乘务员只要将旅客身份证放在终端机上"刷一下"，屏幕就会显示相应的座位信息，特别方便。

隧道里没有信号也不怕

遇到旅客在列车上突发疾病，但手机又没有信号打不出电话，实在是让人着急，铁路站车无线交互系统设备能很好地解决这一问题。

有一次，列车上一位旅客突发疾病，由于列车正好行驶在武汉至信阳区间，隧道一个接着一个，完全没有手机信号，想要通过普通手机联系前方车站给予接站帮助是不可能的。

站车无线交互系统设备使用的是铁路内部独立的网络，不受手机信号的限制。列车长当即通过站车无线交互系统设备联系到了调度中心和信阳站，相关单位提前安排医务人员在站台等候，突发疾病的旅客第一时间得到了救治。

武汉到信阳、合肥等区间，因为隧道众多、山谷地形多等原因，手机信号不佳，如果没有站车无线交互系统设备，列车将面临"失联"的窘境。

站车无线交互系统设备还有余票查询、挂失补办、中转换乘等功能，其不但提高了乘务人员的工作效率，也帮旅客解决了许多问题。

点拨要点、领会精髓：

（1）加强设备设施的研发和生产有助于产品的升级、服务质量的提升，也促进了生产力的发展和社会的进步。不断研发新的铁路客运设备设施也是为了完善铁路客运服务产品，更好地为人民服务、为旅客服务。

（2）对待新设备、新设施要持积极、主动的态度，要跟上时代的步伐，迎接科技大发展的"红利"。当前大数据、人工智能、"5G"通信等技术飞速发展，必将给铁路运输行业带来深刻变革。

任务 5.1   列车移动补票机认知

📢 知识目标

（1）了解列车移动补票系统的系统结构；

（2）掌握列车移动补票机的相关操作。

🔲 能力目标

（1）能辨识列车移动补票机；

（2）会熟练操作列车移动补票机。

🔳 素质目标

通过对列车移动补票机相关知识的学习，树立铁路职业意识。

为了满足在列车上对已经上车的无票旅客、升席旅客和延长区段旅客进行在线补票，站车无线交互系统连接地面客票系统共享票库信息，进行实时"扣票"，通过移动补票终端（列车移动补票机）打印购票凭证，以更好地服务广大旅客，提高旅客满意度。

列车移动补票系统采用集中接入、集中处理的方式，主要依托站车信息发布平台，一方面与客票系统进行数据交互，获取相关票务、车次信息；另一方面通过列车移动补票机完成在线补票操作。

5.1.1　列车移动补票业务规则

1．席位申请的规则

（1）发起申请的时间范围在始发站开车后，终到站到站前，当次车全程运行过程中。

（2）当次车全程运行过程中的任意时刻均允许补全程的席位，例如 G××次（北京西—广州）已运行至武汉，可在线申请北京西—广州的车票。

（3）需使用乘车人有效身份证件进行实名制补票。

（4）硬座、二等座不能申请席位，仅补无座；其他席别可以申请席位。

（5）可通过列车移动补票机提前录入补票需求，待网络通畅时手工逐条提交。

（6）第二个申请席位的请求必须在第一个申请席位的请求结束（结束标志：制票/席位取消/席位冲正）后发起。

2．席位取消的规则

（1）席位已经申请后，因放弃、作废等原因，需要取消该席位申请时执行此操作。

（2）仅允许取消最后一次的申请席位操作。

（3）暂未开放席位手动取消操作。

3．席位系统冲正

移动补票系统发出席位申请后，在一定时间范围内没有收到申请结果，将发起席位系统冲正。

4．对账

列车终到后，列车补票地面系统将补票存根上传至客票系统，铁路局集团有限公司（简称铁路局）对客票系统在线补票记录与移动补票系统有席补票记录进行核对，防范扣票不出票的隐患。

5.1.2　列车移动补票系统的系统结构

列车移动补票终端（机）通过蓝牙无线通信或串口有线通信向站车无线交互系统发起席位申请；站车无线交互系统的列车便携式移动终端收到业务请求后，通过站车 UDP 无线通道转发任务，等待站车平台处理结果并接收成功后，通过蓝牙无线通信或串口有线通信传输席位信息到列车移动补票机；列车移动补票机打印车票（乘车凭证）。

1．系统架构图

列车移动补票系统架构图如图 5-1 所示。

客　票　系　统

客票数据库主机　　　　　　　客票系统
接口服务器

信息获取服务

业务请求

安全隔离系统–网闸

站车信息发布服务器

站车无线交互系统
业务请求

安全隔离系统–防火墙

移　　　　　　　　　　　　　　　　　网

中国移动2G/3G/4G无线网络

动　　　　　　　　　　　　　　　　　络

业务请求

...

列车便携式移动终端1　列车便携式移动终端2　　列车便携式移动终端N

数据传输　　　数据传输 蓝牙无线通信或串口有线通信 数据传输

...

列车移动
补票机1　　补票机2　　　　　补票机N

列车移动　　　　　　　　　　　列车移动

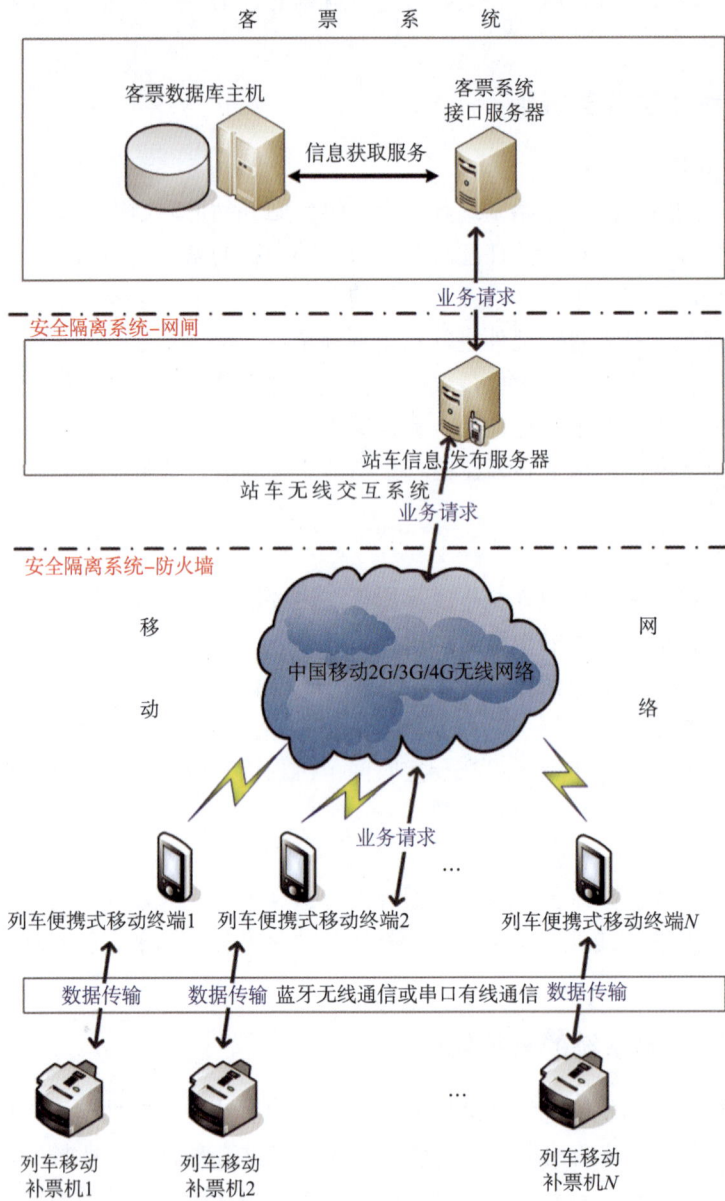

图 5-1　列车移动补票系统架构图

2. 系统流程图

列车移动补票系统补票流程图如图 5-2 所示。

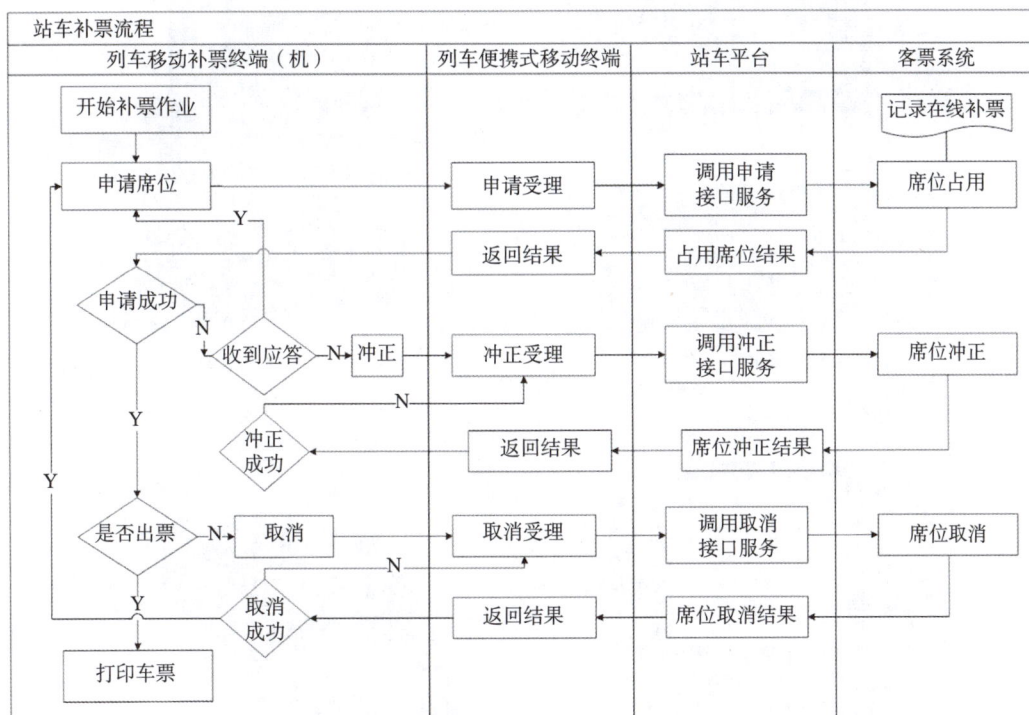

图 5-2   列车移动补票系统补票流程图

5.1.3   列车移动补票机类型

列车移动补票机型号较多，如 JWBP-IZ 型（见图 5-3）、JWBP-IZ2B 型（见图 5-4）、JWBP-IZ2C 型（见图 5-5）、JWBP-IZC 型（见图 5-6）、JWBP-IZ2 型（见图 5-7）。

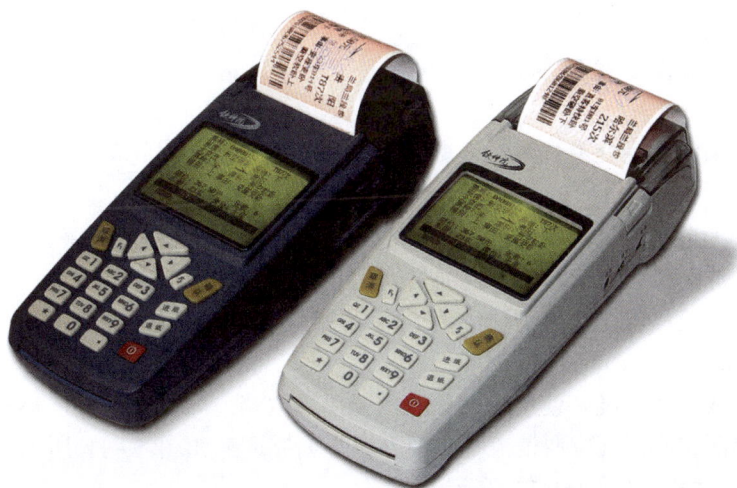

图 5-3   JWBP-IZ 型

图 5-4　JWBP-IZ2B 型

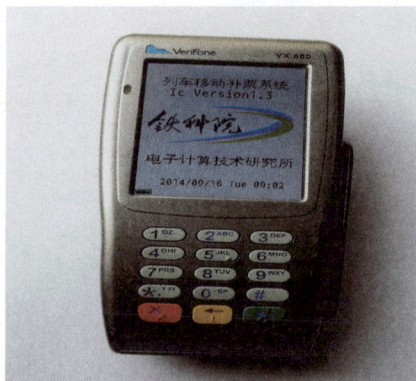

图 5-5　JWBP-IZ2C 型

图 5-6　JWBP-IZC 型

图 5-7　JWBP-IZ2 型

5.1.4　操作流程

1．席位申请

席位申请流程如图 5-8 所示。

2．席位冲正

冲正是售票系统认为交易失败时采取的业务纠正措施。冲正的目的是恢复到席位申请前的状态。

席位冲正分为自动冲正和手动冲正，当通信正常，获取席位时，若服务器没有返回数据，系统会进行自动冲正；当通信异常，需要等通信正常后进行手动冲正。

席位自动冲正流程如图 5-9 所示。席位手动冲正流程如图 5-10 所示。

3．席位取消

当申请席位成功后，没有使用该席位，需要手动取消。席位取消可在补票界面完成，也可在未完交易界面完成。席位取消流程（在补票界面完成）如图 5-11 所示。席位取消流程（在未完交易界面完成）如图 5-12 所示。

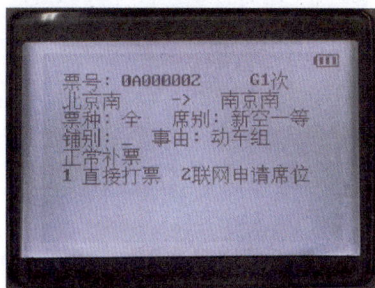

（a）第一步

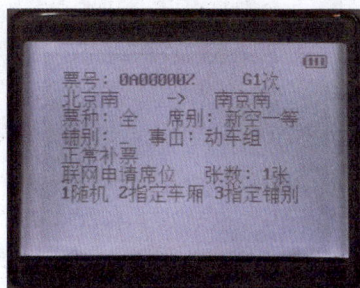

（b）第二步

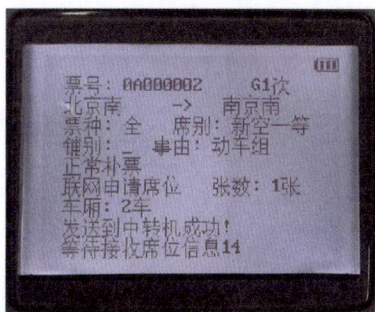

（c）第三步

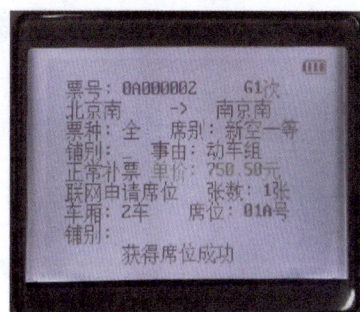

（d）第四步

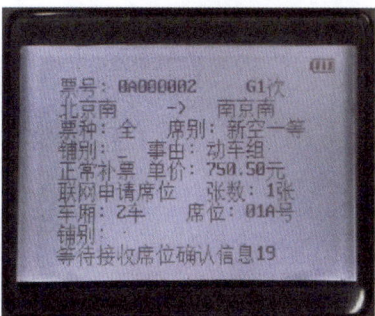

（e）第五步

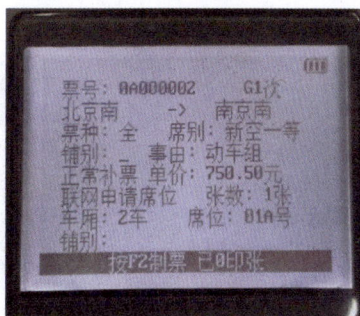

（f）第六步

图 5-8 席位申请流程

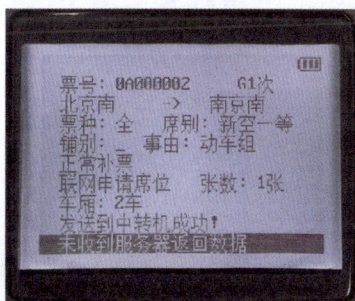

（a）第一步

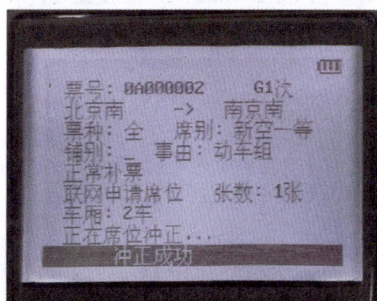

（b）第二步

图 5-9 席位自动冲正流程

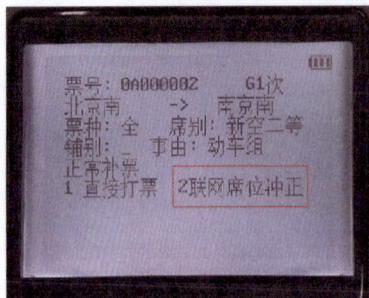

（a）第一步

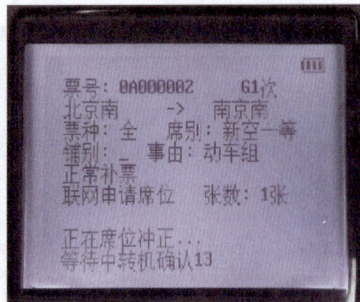

（b）第二步

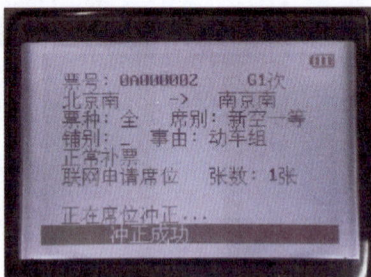

（c）第三步

图5-10　席位手动冲正流程

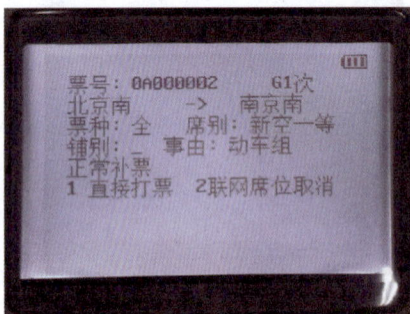

（a）第一步

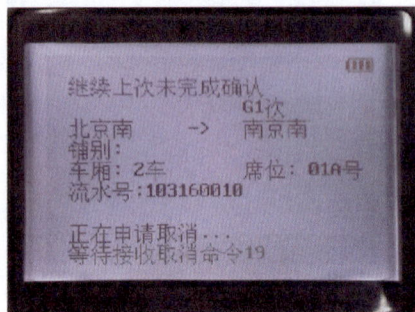

（b）第二步

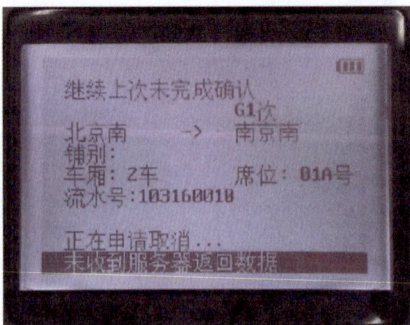

（c）第三步

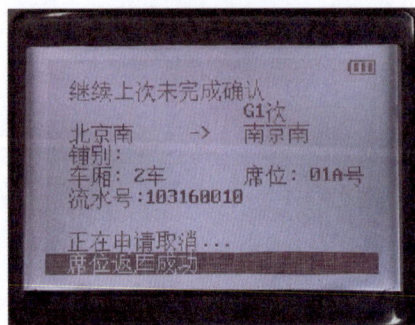

（d）第四步

图5-11　席位取消流程（在补票界面完成）

（a）第一步　　　　　　　　　　　　　（b）第二步

（c）第三步　　　　　　　　　　　　　（d）第四步

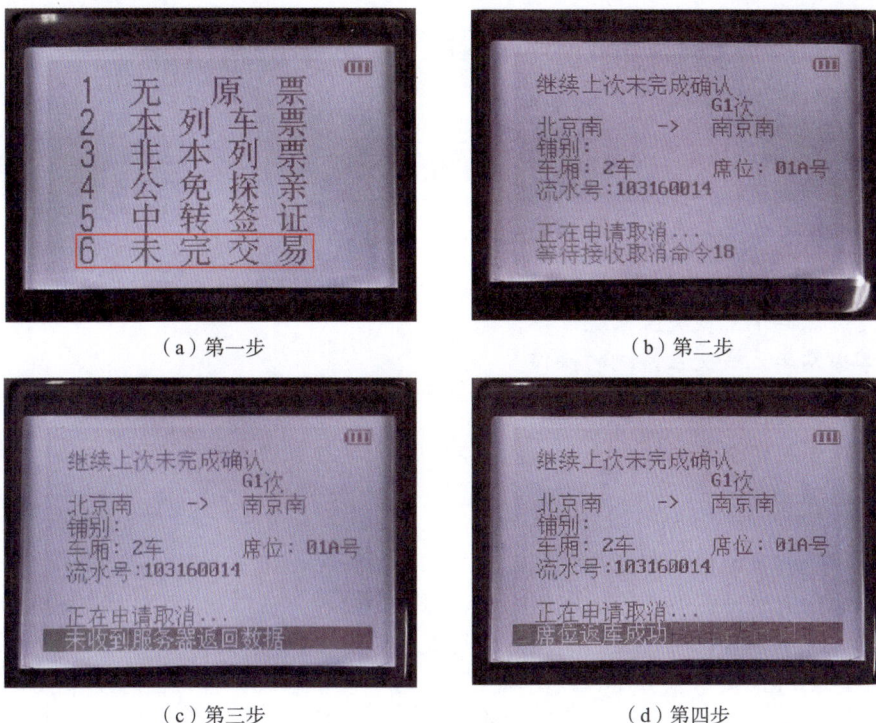

图 5-12　席位取消流程（在未完交易界面完成）

4．废票处理

申请成功并已制票的席位，在作废时，会先自动进行席位取消，取消成功后才允许作废；作废此种票不受作废权限的限制。废票处理流程如图 5-13 所示。

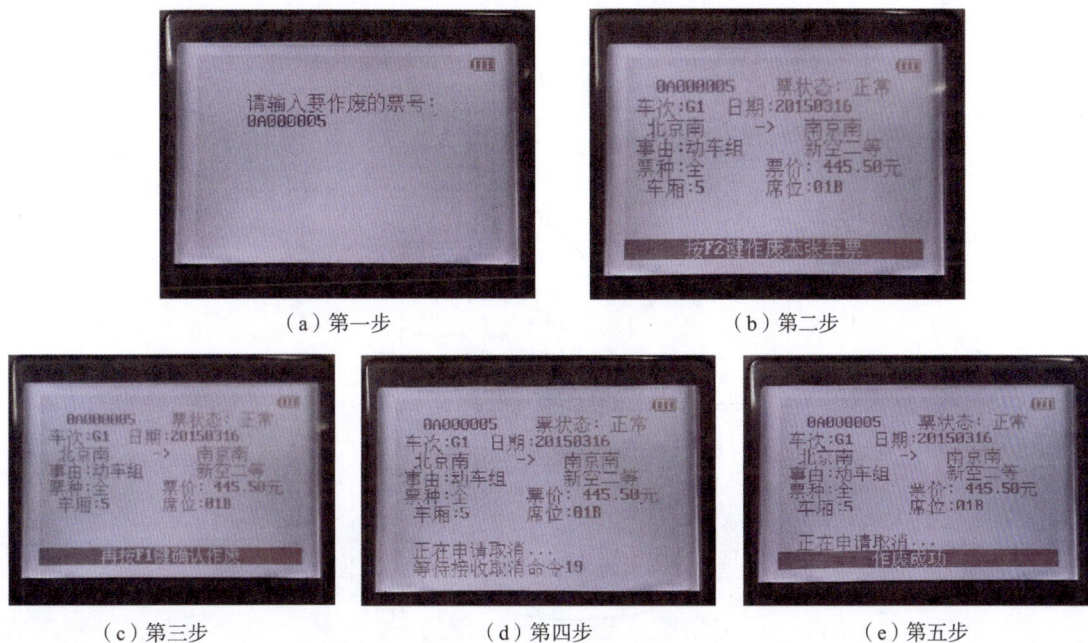

（a）第一步　　　　　　　　　　　　　（b）第二步

（c）第三步　　　　　　　（d）第四步　　　　　　　（e）第五步

图 5-13　废票处理流程

任务 5.2 站车无线交互系统设备认知

知识目标

（1）了解站车无线交互系统的概况；
（2）了解站车无线交互系统的功能。

能力目标

（1）能辨识站车无线交互系统设备；
（2）掌握站车无线交互系统的操作。

素质目标

通过对站车无线交互系统相关知识的学习，树立铁路职业意识。

5.2.1 系统概述

站车无线交互系统由列车便携式移动终端和地面设备组成。列车便携式移动终端分为配备双模无线通信的手持终端和笔记本电脑（计算机）两种，可以在 GSM 及 GSM-R 网络间切换；地面设备由设置在国铁集团的客票信息发布服务器、与 GSM 和 GSM-R 网络互联的信息交互平台 GPRS 接口服务器、路由器及防火墙等设备组成，客票信息发布服务器与既有客票信息系统互联。站车无线交互系统结构如图 5-14 所示。

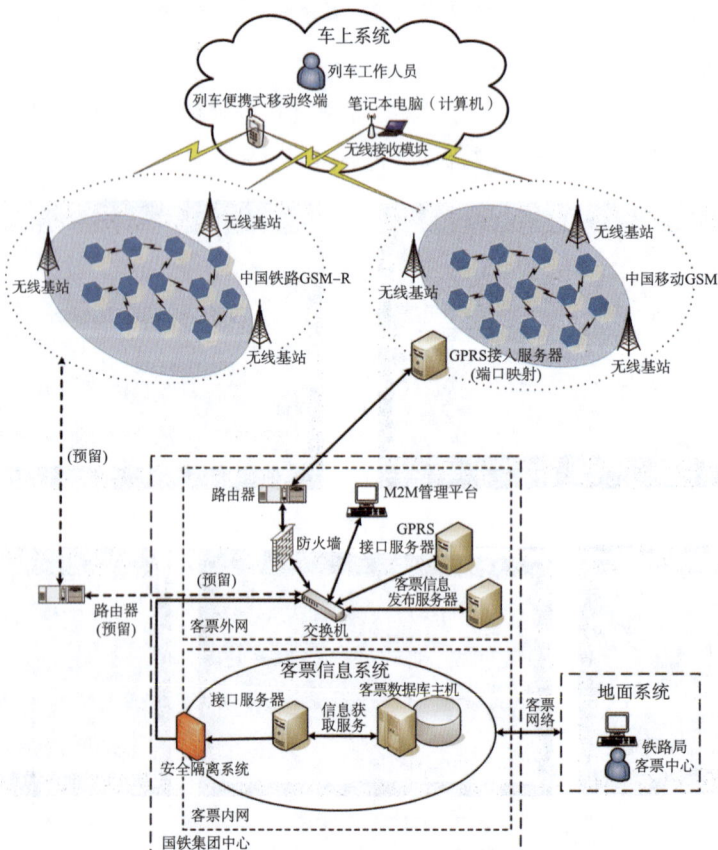

图 5-14 站车无线交互系统结构

为确保客票信息系统等信息系统的安全，GPRS 接口服务器通过路由器，采用专线方式与中国移动的 GPRS 网络连接；GPRS 接口服务器通过客票安全系统及防火墙与客票信息发布服务器连接；客票信息发布服务器连接国铁集团客票信息系统数据库。

列车便携式移动终端通过公用无线网（非公众网）经由信息交互平台，向客票信息发布服务器发送查询请求信息，客票信息发布服务器收到查询请求信息后，从客票系统获取该次列车席位等相关信息并反馈到列车便携式移动终端。

5.2.2　硬件和软件环境

列车便携式移动终端（手持终端设备）支持 GSM/GSM-R 无线网络，支持 GPRS 数据通信；运行 Android 4.0 及以上版本的操作系统；显示屏为触摸屏，尺寸为 4.3 英寸以上；运行内存在 1 GB 以上；可扩展存储空间在 4 GB 以上；配备 500 万及以上像素摄像头等组件。

5.2.3　软件使用

1. 软件安装

下载"客运站车.apk"安装包到计算机中；卸载手持终端设备中的 SD 卡，将 SD 卡装载到读卡器中，将读卡器插入计算机，在 SD 卡根目录下新建"客运站车"文件夹，将安装包复制到"客运站车"文件夹下；将读卡器从计算机中卸载，取出读卡器中的 SD 卡，将 SD 卡装载到手持终端设备上；操作手持终端设备操作系统，在 SD 卡里找到安装包并单击，开始进行安装，安装完成后手机屏幕上将出现图 5-15 所示的站车无线交互系统图标。

2. 程序启动

启动程序前，确保手持终端设备已安装 SD 卡、专用的 GSM-R 卡，并确认手持终端设备、SD 卡、GSM-R 卡信息已经注册。

单击"客运站车无线"图标，将出现程序启动界面（见图 5-16）。

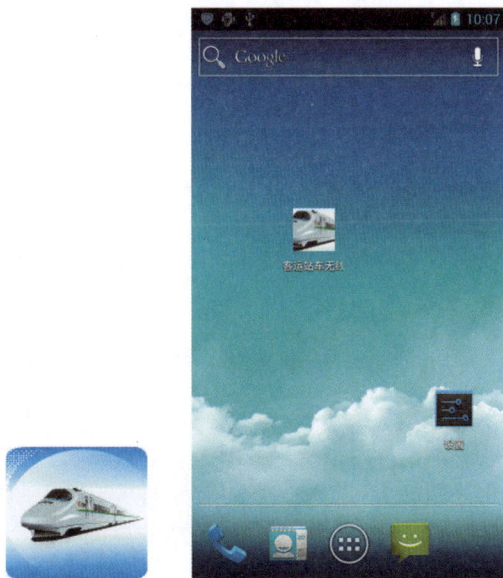

（a）图标　　　　（b）在主界面中的显示

图 5-15　站车无线交互系统图标

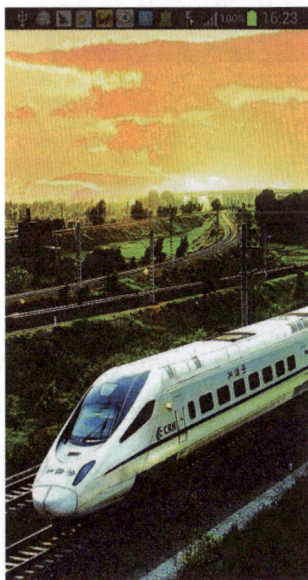

图 5-16　程序启动界面

程序启动成功后进入系统主界面（见图 5-17）。

中间业务功能区域显示了系统的主要业务功能按钮，按钮上以文字标明业务功能。可通过按钮上的颜色区分该功能是否可以使用：蓝色表示该功能按钮为静态功能按钮，持续处于可使用状态；绿色和灰色表示该功能按钮为动态功能按钮，绿色表示该功能按钮在当前状态下可以使用，灰色表示该功能按钮在当前状态下不可以使用。

下方系统功能区域以图标方式列出了常用的功能按钮，分别为【业务功能】【基础数据】【业务数据】【版本更新】【系统设置】。

3. 系统设置

单击系统主界面下方系统功能区域的【系统设置】，进入系统设置界面（见图 5-18）。

1）APN 设置

单击图 5-18 中的【APN 设置】，设置 APN，具体设置过程略。

2）服务器地址设置

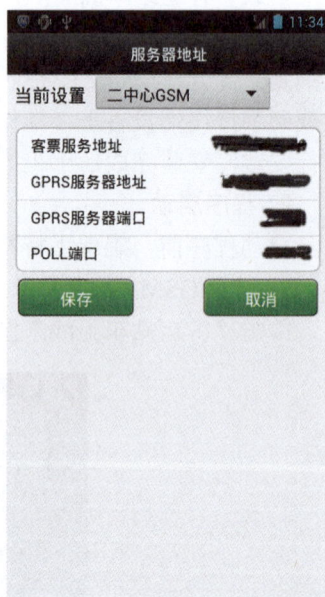

单击图 5-18 中的【服务器地址设置】，设置服务器地址。服务器地址设置界面如图 5-19 所示，具体设置过程略。

图 5-17　系统主界面　　　　图 5-18　系统设置界面　　　　图 5-19　服务器地址设置界面

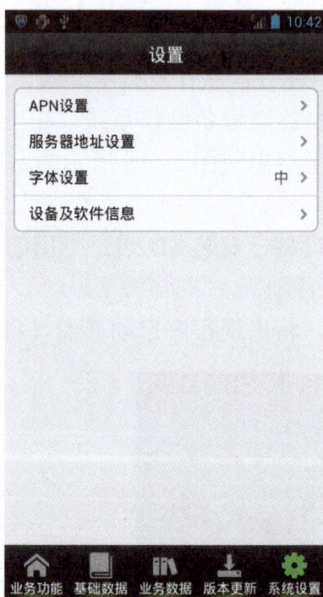

3）字体设置

单击图 5-18 中的【字体设置】，进入字体设置界面。如图 5-20 所示，根据用户使用习惯，可选择大、中、小字体。

4. 业务功能

单击系统主界面下方系统功能区域的【业务功能】，进入业务功能界面（与图 5-15 所示的系统主界面相同），在此界面单击相关功能按钮可以进入相应的业务功能界面。

1）登乘

系统初始状态是指系统没有进行过登乘操作或者完成一次匹配的登乘、退乘操作的情况。

初始状态下，进入系统主界面，可以看到【登乘】【电话管理】【数据连接】按钮为绿色，代表这些功能可以使用，其余动态功能按钮均不可单击；如果上次操作的最终状态是已经登乘（没有进行退乘操作），那么系统保持上次退出时的业务功能状态。

（1）界面介绍。

如图 5-21 所示，在初始状态下单击【登乘】，屏幕上会显示登乘界面，默认为当班（列）车长登乘，【当班车长】复选框为选中状态。

（2）操作说明。

在【始发日期】输入框输入列车始发日期或单击【选择】选择始发日期。

在【始发车次】输入框输入始发车次或单击【选择】选择始发车次。

如图 5-22 所示，匿名登乘时，【当班车长】复选框为未选中状态。

如图 5-21 所示，当班车长登乘时，【当班车长】复选框为选中状态，需要选择路局、客运段，并填写姓名和电话。单击【登录】，如图 5-23 所示，系统将弹出确认登乘的提示窗口。

确认输入车次及日期信息后，系统将自动通过无线网络 APN 数据连接通道连接到服务器，进行设备验证、GSM-R 卡信息验证等安全操作后自动登录至站车无线交互系统后台服务器，自动开始进行数据下载。

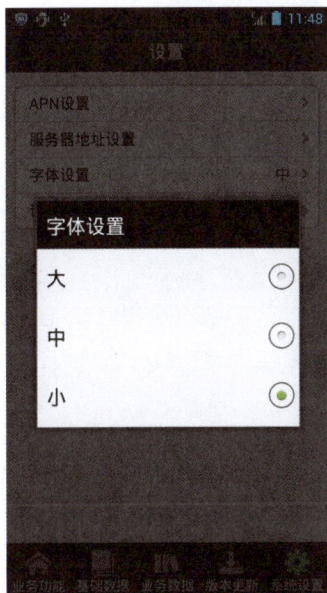

图 5-20　字体设置界面　　　图 5-21　登乘操作 1　　　图 5-22　登乘操作 2

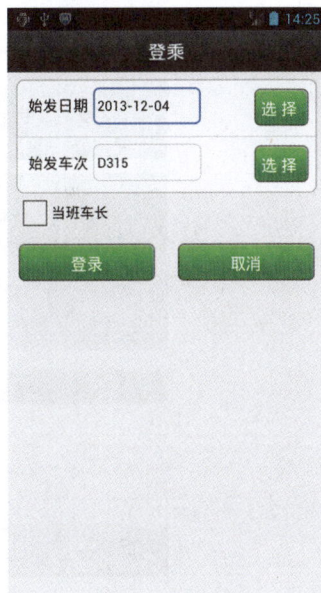

如图 5-24 所示，匿名登乘成功后，所有动态功能按钮为绿色可单击状态，【登乘】自动变为【车长登乘】；单击【车长登乘】后进入车长登乘界面（见图 5-25）。录入相关车长信息后，单击【确定】，系统完成当班车长登乘，车长登乘成功后，如图 5-26 所示，【登乘】自动变为【车长信息】。如图 5-27 所示，单击【车长信息】按钮进入车长信息界面，车长信息不可修改。

图 5-23　登乘操作 3

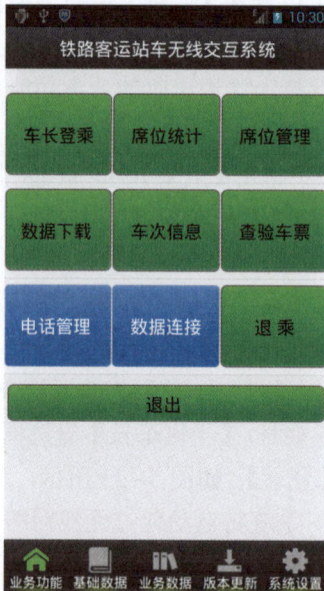

图 5-24　登乘操作 4

图 5-25　登乘操作 5

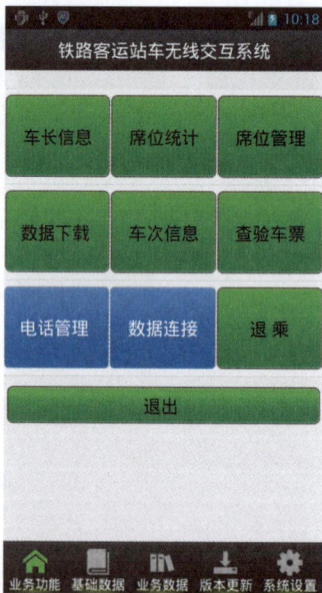

图 5-26　登乘操作 6

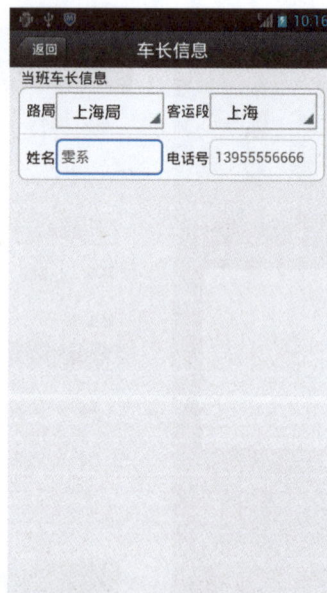

图 5-27　登乘操作 7

2）数据下载

系统允许查看基础数据、业务数据、版本更新数据的下载情况，屏幕显示分为两个区域：上方为固定提示信息显示区域，下方为以表格展示的数据下载状态区域。

固定提示信息显示区域内显示的信息为登乘车次的相关信息，包括始发日期、始发车次等，这些信息不可更改和操作。

当数据下载状态区域的表格信息超出屏幕显示范围时，可以通过滑动屏幕完成对数据的完整查看。

如果单击未完成的下载数据项，可以手动进行数据下载。

（1）基础数据。

单击下方系统功能区域的【基础数据】按钮，进入基础数据界面，如图 5-28 所示，在此界面可以查看基础数据的下载状况。

如果单击未完成的下载数据项，可以手动进行数据下载，系统将弹出图 5-29 所示的提示框。

登乘后如果本机时间与服务器时间不一致，单击【调整本机时间】，可进行时间设置。时间设置操作如图 5-30～图 5-33 所示。

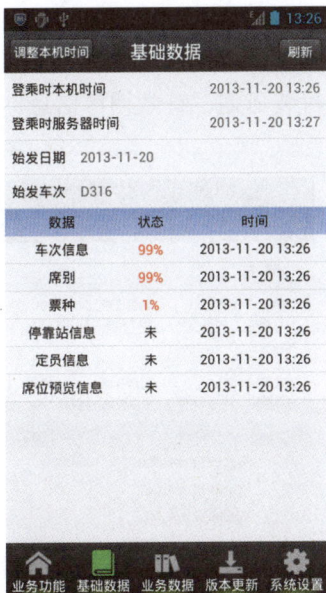

图 5-28 基础数据下载操作 1

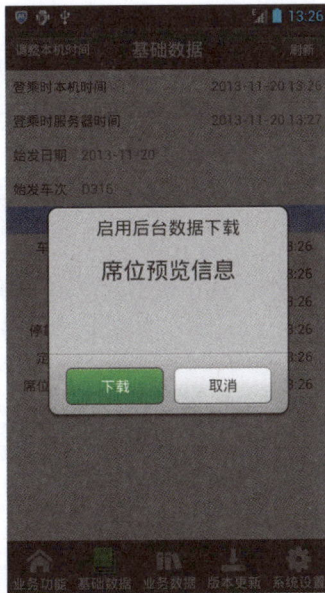

图 5-29 基础数据下载操作 2

图 5-30 时间设置操作 1

图 5-31 时间设置操作 2

图 5-32 时间设置操作 3

图 5-33 时间设置操作 4

（2）业务数据。

单击下方系统功能区域的【业务数据】按钮，进入业务数据界面，如图5-34所示，在此界面可以查看业务数据的下载状况。注意：只有在基础数据全部下载完毕后才可以查看业务数据的下载状况。

如果单击未完成的下载数据项，可以手动进行数据下载。系统将弹出图5-35所示的提示框。

（3）版本更新。

单击下方系统功能区域的【版本更新】按钮，进入版本更新界面，如图5-36所示，在此界面可以查看版本数据的下载状况。

当前版本信息显示了当前版本的版本（号）、封装号、封装日期、有效期等信息。

最新版本信息显示了最新发布版本的版本（号）、封装号、封装日期、有效期等信息。

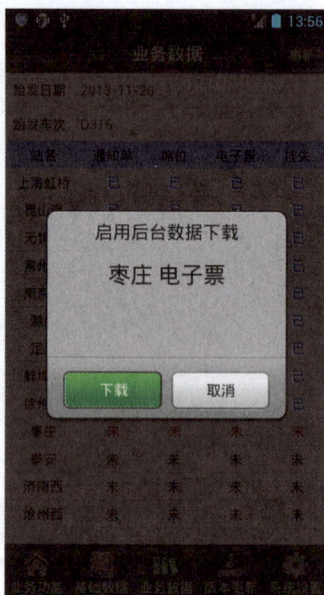

图5-34 业务数据下载操作1　　图5-35 业务数据下载操作2　　图5-36 版本更新界面

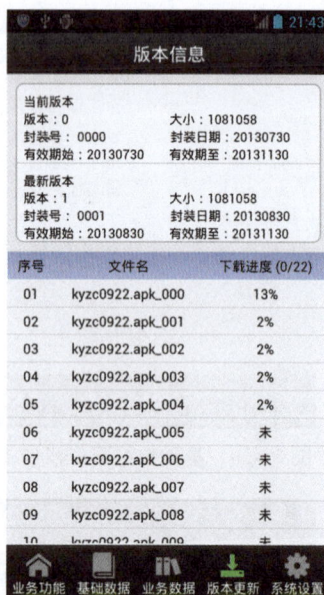

3）席位统计

（1）界面介绍。

进入席位统计功能后，如图5-37所示，屏幕上以表格为主要表现方式显示了电子化的【通知单】【车内人数】【密度表】。

界面分为三个部分：上方为固定提示信息区域，中间为以表格形式展现的数据区域，下方为操作区域。

（2）操作说明。

固定提示信息区域内显示的信息为登乘后车次的相关信息，包括车站、发车时间等，不可更改和操作这些信息。

当数据区域内的表格信息超出屏幕显示范围时，可以通过拖动或者单击数据区域的滚动条完成对数据的完整查看。

通知单是按车次沿途车站来进行数据组织的，如图 5-38 所示，可以通过选择车站下拉列表来进行不同车站的通知单信息的切换。

通过单击【车内人数】【密度表】，进行车内人数、密度表视图的切换，单击【车内人数】后的界面如图 5-39 所示。

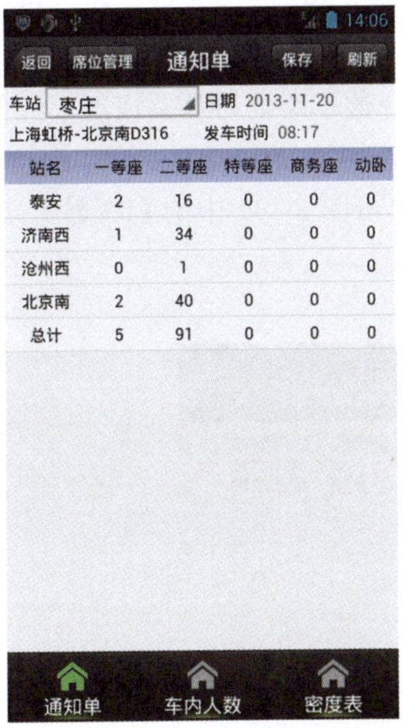

图 5-37（通知单 - 枣庄）

站名	一等座	二等座	特等座	商务座	动卧
泰安	2	16	0	0	0
济南西	1	34	0	0	0
沧州西	0	1	0	0	0
北京南	2	40	0	0	0
总计	5	91	0	0	0

图 5-37　席位统计操作 1

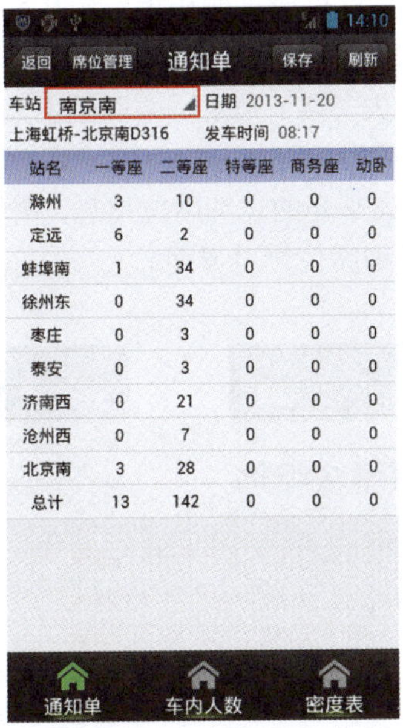

图 5-38（通知单 - 南京南）

站名	一等座	二等座	特等座	商务座	动卧
滁州	3	10	0	0	0
定远	6	2	0	0	0
蚌埠南	1	34	0	0	0
徐州东	0	34	0	0	0
枣庄	0	0	0	0	0
泰安	0	3	0	0	0
济南西	0	21	0	0	0
沧州西	0	7	0	0	0
北京南	3	28	0	0	0
总计	13	142	0	0	0

图 5-38　席位统计操作 2

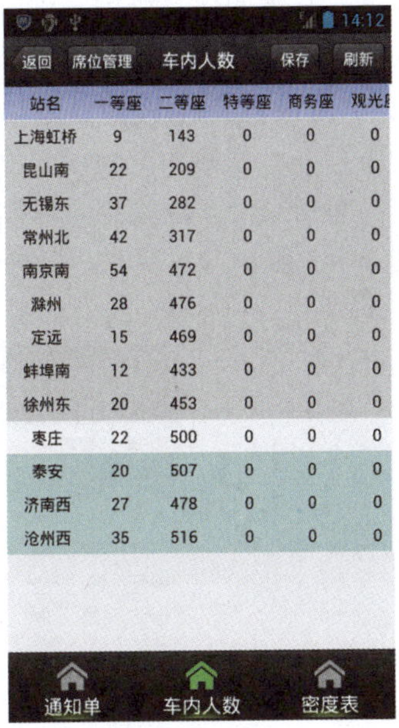

图 5-39（车内人数）

站名	一等座	二等座	特等座	商务座	观光座
上海虹桥	9	143	0	0	0
昆山南	22	209	0	0	0
无锡东	37	282	0	0	0
常州北	42	317	0	0	0
南京南	54	472	0	0	0
滁州	28	476	0	0	0
定远	15	469	0	0	0
蚌埠南	12	433	0	0	0
徐州东	20	453	0	0	0
枣庄	22	500	0	0	0
泰安	20	507	0	0	0
济南西	27	478	0	0	0
沧州西	35	516	0	0	0

图 5-39　席位统计操作 3

过站为灰色，当前站为白色，未到站为蓝色。

单击【密度表】后的界面如图 5-40 所示。

如图 5-41 所示，【通知单】【车内人数】【密度表】可以通过单击【保存】进行保存。

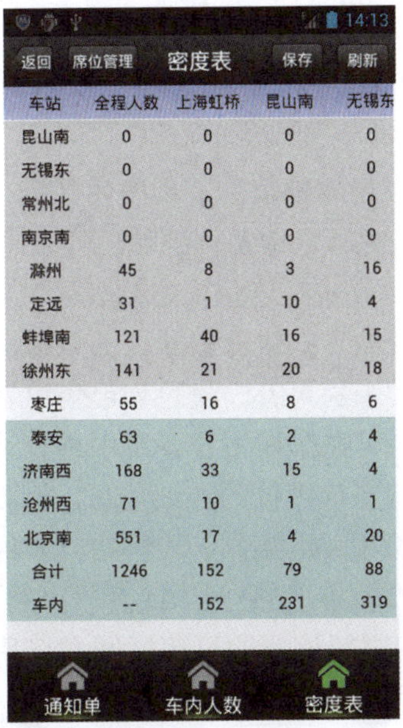

图 5-40（密度表）

车站	全程人数	上海虹桥	昆山南	无锡东
昆山南	0	0	0	0
无锡东	0	0	0	0
常州北	0	0	0	0
南京南	0	0	0	0
滁州	45	8	3	16
定远	31	1	10	4
蚌埠南	121	40	16	15
徐州东	141	21	20	18
枣庄	55	16	8	6
泰安	63	6	2	4
济南西	168	33	15	4
沧州西	71	10	1	1
北京南	551	17	4	20
合计	1246	152	79	88
车内	--	152	231	319

图 5-40　席位统计操作 4

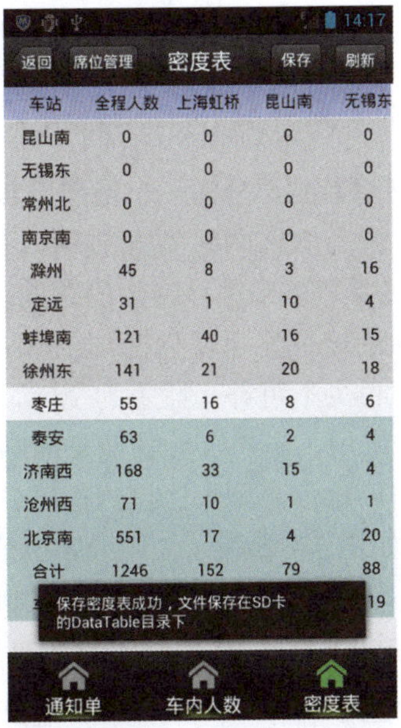

图 5-41（密度表）

车站	全程人数	上海虹桥	昆山南	无锡东
昆山南	0	0	0	0
无锡东	0	0	0	0
常州北	0	0	0	0
南京南	0	0	0	0
滁州	45	8	3	16
定远	31	1	10	4
蚌埠南	121	40	16	15
徐州东	141	21	20	18
枣庄	55	16	8	6
泰安	63	6	2	4
济南西	168	33	15	4
沧州西	71	10	1	1
北京南	551	17	4	20
合计	1246	152	79	88

保存密度表成功，文件保存在SD卡的DataTable目录下

图 5-41　席位统计操作 5

4）席位管理

席位管理所需的席位数据，是系统根据登录的车次信息按停靠站时间点进行自动下载的。

进入席位管理功能后，将显示车厢定员浏览界面，如图 5-42 所示，此界面分为三个区域：上方为车厢信息查询条件区域，中间为席位信息列表区域，下方为信息提示和功能操作区域。在车厢信息查询条件区域，可以通过选择【当前站】来进行席位的筛选，操作结果将在席位信息列表区域实时显示；席位信息列表区域中显示车厢、定员、实际（人数）、空闲（人数）、网售（票）、特殊（票）、挂失（票）信息，并以颜色来区分该车厢的可补票情况，红色为不可补，蓝色为空闲，紫色为可补。

单击某一车厢数据可以浏览该车厢的详细席位信息，例如单击图 5-42 中的【03 号】，如图 5-43 所示，出现 03 号车厢详细席位浏览界面。

图 5-42　席位管理操作 1 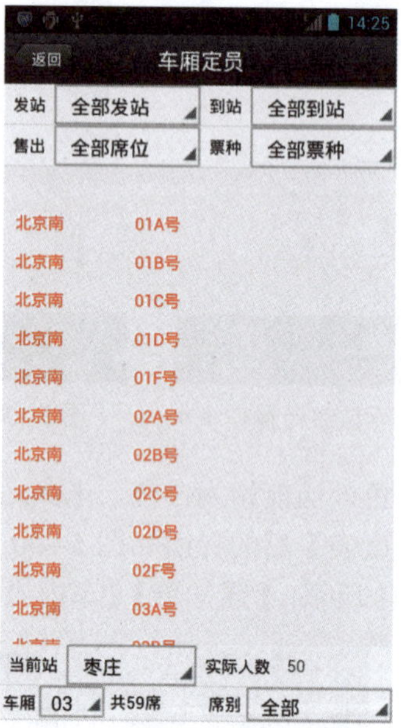　　　　图 5-43　席位管理操作 2

详细席位浏览界面，分为三个操作区域：上方为席位信息查询条件区域，中间为席位信息列表区域，下方为信息提示和功能操作区域。在信息查询条件区域，可以通过选择【发站】【到站】【售出】【票种】来进行席位的筛选，操作结果将在席位信息列表区域实时显示；席位信息列表区域中的席位显示以限售站/到站+席位号的方式进行显示，并以颜色来区分该席位的可补情况，红色为不可补，蓝色为空闲，紫色为未售可补，橙色为已售可补。

如图 5-44 所示，当想查看其他车厢席位时，可在车厢下拉菜单中进行选择来直接转到指定车厢。单击席位信息列表区域内的席位可以浏览该席位的详细信息，例如单击【北京南 01F 号】信息，如图 5-45 所示，详细席位信息包括发站、到站、限售站、车厢、席位、席别、票种及席位状态等详细信息。如果该席位状态为"未售""空闲"或者"可补"，则可以进行补票操作，【发站】【到站】【票种】下拉框会自动刷新该票的可售区间和可用票种（免票不可补）。

如图 5-46 所示，单击【席别定员】，可查看席别定员信息。

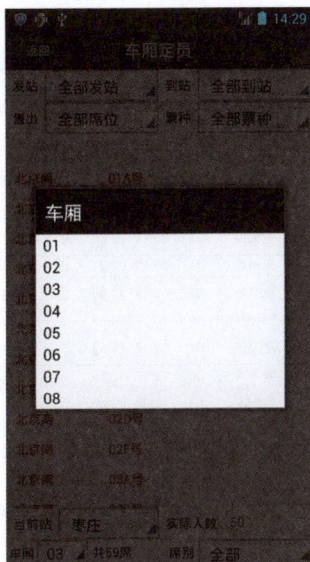

图 5-44　席位管理操作 3　　　图 5-45　席位管理操作 4　　　图 5-46　席位管理操作 5

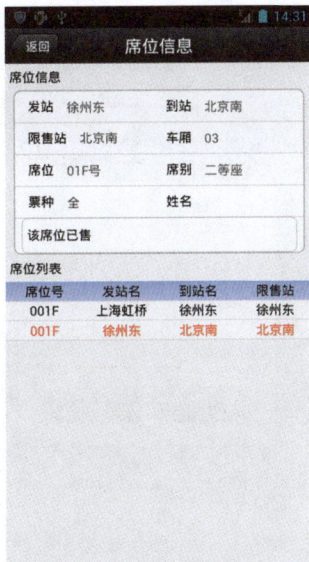

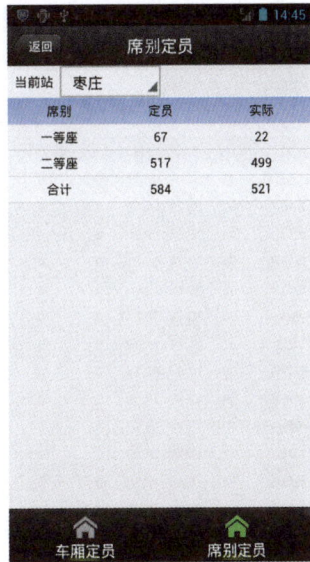

5）车次信息

车次信息主界面如图 5-47 所示。

如果列车晚点，系统仍然会根据准点时间进行下载轮询，这会导致频繁的轮询错误。为了避免由于晚点造成的大量提前轮询，可以通过晚点调整推迟轮询时间。晚点设置将作用于各个后续站，所以，一旦晚点状态发生变化，要及时进行修正。

单击【正晚点调整】，如图 5-48 所示，输入以分为单位的数值，0 表示准点，选择下拉框中要调整的站名，选择调整本站或调整后续站，正数表示晚点时间，单击【保存】，返回图 5-49 所示的车次信息，单击【取消】，返回车次信息主界面。如图 5-50 所示，选择【早点】复选框，输入提前时间，单击【保存】，返回如图 5-51 所示的车次信息。

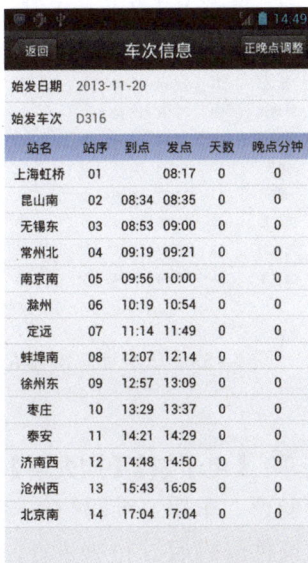

图 5-47　车次信息主界面　　　图 5-48　车次信息操作 1

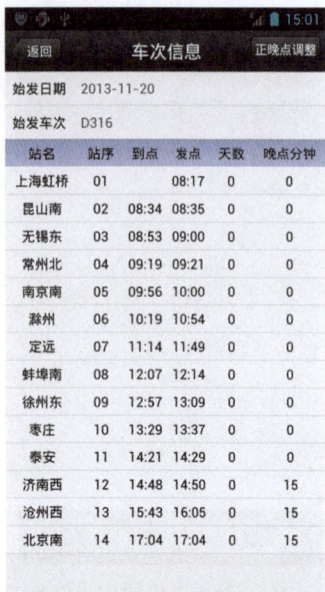

图 5-49　车次信息操作 2

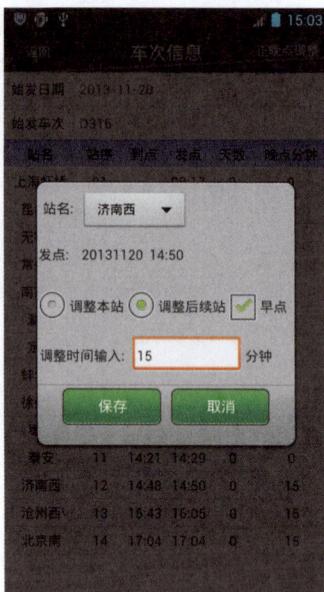

图 5-50　车次信息操作 3

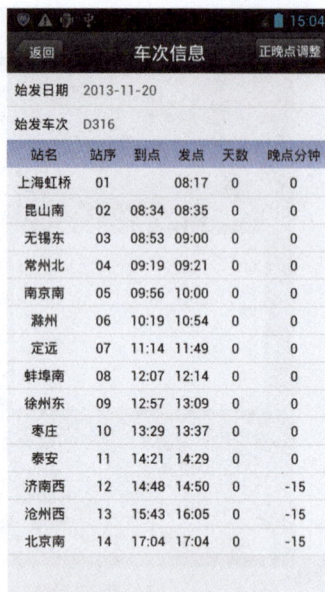

图 5-51　车次信息操作 4

单击车次信息的某一行数据，会进入这一行对应车站的正晚点调整界面，例如单击"南京南"这行数据，如图 5-52、图 5-53 所示，可以快速调整南京南站及后续站的正晚点信息。

图 5-52　车次信息操作 5

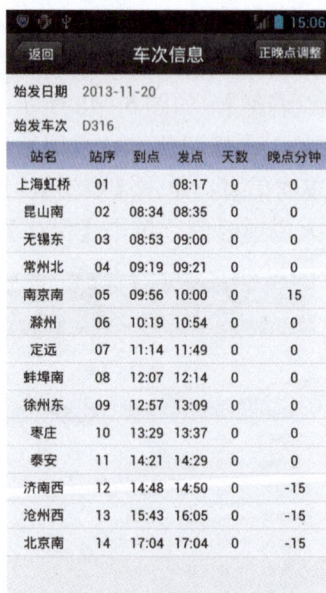

图 5-53　车次信息操作 6

6）查验车票

如图 5-54 所示，查验车票界面包括三个功能项：【电子票】【挂失票】【验票】，它们分别提供本趟列车电子票查询、挂失票查询、电子票验票、车票二维码扫描验票功能。

如图 5-55 所示，电子票信息查询可通过输入证件号码后 6 位来进行，也可通过选择车厢（见图 5-56）、发站等条件筛选电子票信息。如图 5-57 所示，输入证件号码后 6 位会自动查询结果，不需要进行其他操作。单击【清空】可以将输入框中输入的证件号消除。

查询结果中的"红色信息"表示当前已到达站在该电子票的乘车区间内，此电子票仍然有效；"灰色信息"表示当前已到达站已经超出该电子票的乘车区间，持此电子票的旅客应该已经下车了。如图 5-58、图 5-59 所示，【当前有效】选项可帮助筛选当前已到达站在该电子票的乘车区间内的"红色信息"。

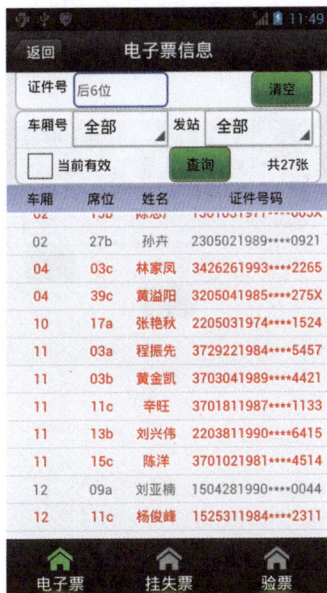

图 5-54　查验车票界面

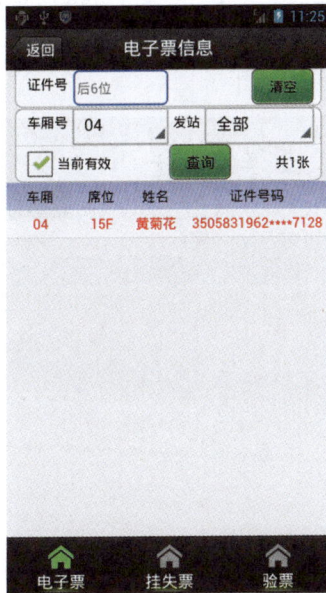

图 5-55　查验车票操作 1

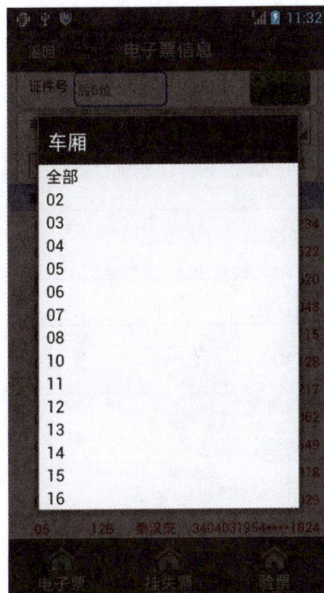

图 5-56　查验车票操作 2

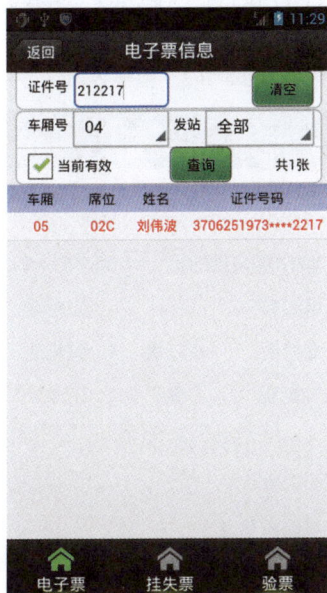

图 5-57　查验车票操作 3

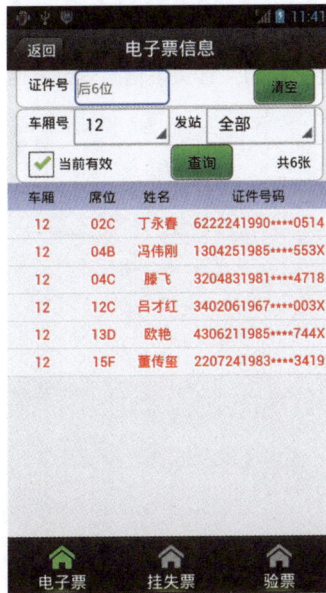

图 5-58　查验车票操作 4

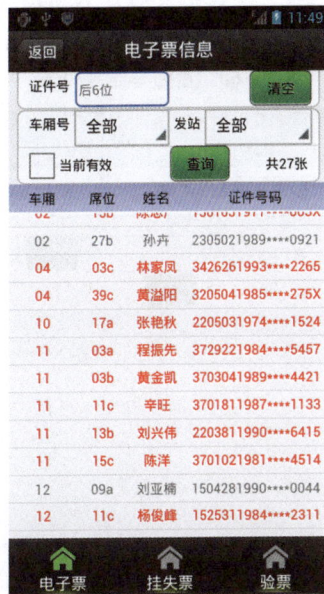

图 5-59　查验车票操作 5

如图 5-60 所示，单击查询结果中任一行信息可以查看该电子票的详细信息。

挂失票信息查询界面如图 5-61 所示，挂失票信息查询操作方式与电子票查询操作方式基本一致。

验票界面（见图5-62）能进行电子票订单信息查询、二维码验票操作。

如图5-63所示，查询电子票订单信息时，需要输入完整的电子票乘车人的证件号码，单击【选择日期】选择乘车日期后，单击【查询】按钮。

单击验票界面右上角的扫描车票二维码【</>】按钮，会进入摄像头扫描二维码模式，如图5-64所示，将摄像头对准车票二维码，尽量保持稳定，摄像头会自动对焦、扫描成功后，如图5-65所示，会显示车票二维码中的详细信息。由于电子（客）票的普及，车票二维码扫描验票功能目前主要用于查验列车补票。

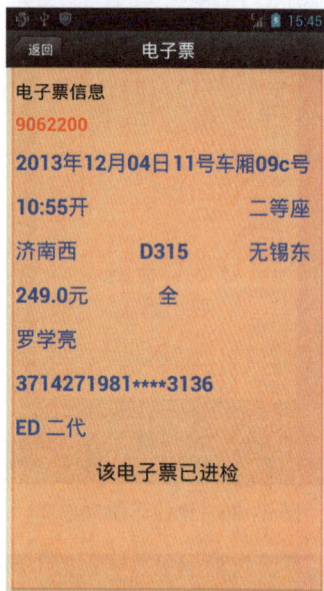

图5-60 查验车票操作6

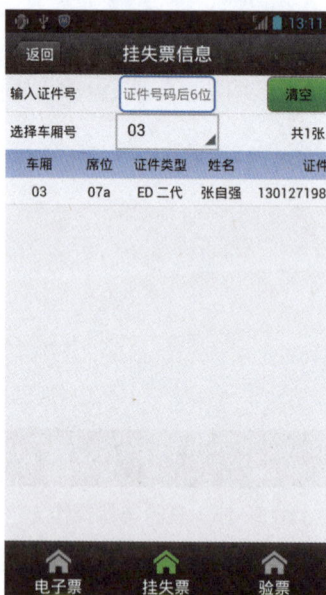

图5-61 挂失票信息查询界面

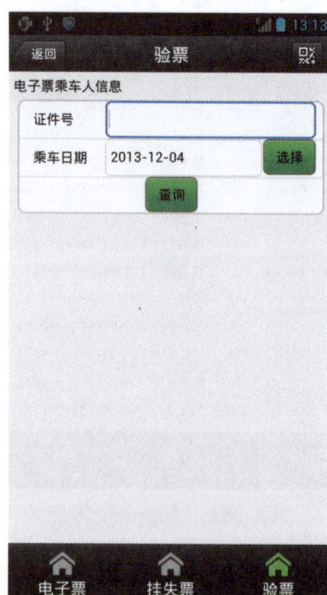

图5-62 验票界面

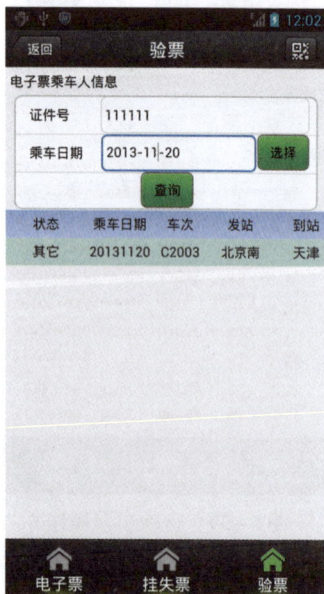

图5-63 验票界面

图5-64 验票操作1

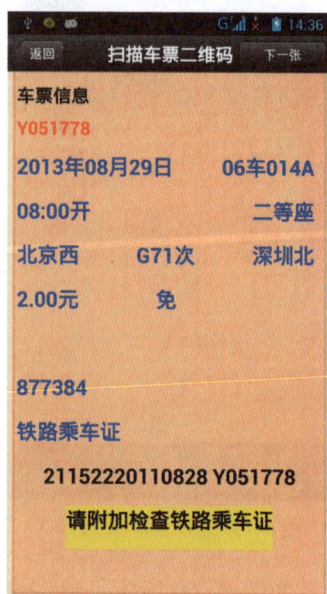

图5-65 验票操作2

7）退乘

当一次值乘作业完成后，可通过退乘功能自动清理本次操作的相关数据，并与地面设备系统交互释放相关资源，为下次业务开始做准备。退乘成功后将进入系统初始状态。

单击【退乘】，如图 5-66 所示，系统弹出退乘确认提示窗口。

单击【是】后，系统自动清理相关文件并从地面设备系统退出。退出成功后，返回到系统初始状态。

8）退出

退出程序后，将保留登乘状态和已下载的数据。再次启动程序时，将恢复到退出前的状态。

如果需要退出程序，单击【退出】，如图 5-67 所示，系统弹出退出确认提示窗口。

单击【是】后，系统自动清理相关文件并退出程序。退出成功后，系统返回应用程序启动界面。

图 5-66　退乘界面　　　　图 5-67　退出界面

9）异常处理

由以下原因引起的重新启动并不会影响软件系统的使用。

（1）出现网络异常引起应用软件"挂起"无法进行操作，可先在任务管理器中强制结束程序然后重启程序。

（2）其他异常操作引起应用软件"挂起"无法进行操作，可先在任务管理器中强制结束程序然后重启程序。

（3）出现耗尽电量引起的自动关机情况，更换电池后重启便可。

（4）系统下载的数据及界面操作状态将在关机前保存，程序重新启动后将自动进入主界面并恢复关机前的操作状态。

任务 5.3　站车对讲设备认知

知识目标
（1）了解站车对讲设备；
（2）掌握站车对讲设备的管理规定。

能力目标
（1）能辨识站车对讲设备；
（2）能按站车对讲设备管理规定使用站车对讲设备。

素质目标
通过对站车对讲设备相关知识的学习，树立铁路职业意识。

5.3.1　站车对讲设备基础认知

　　站车对讲设备是相关厂家根据铁路系统的实际工作需求研发的专用对讲设备。站车对讲设备一般有多个功能按钮，可满足平原、隧道、高原等不同通信环境的要求。由于列车行驶噪声很大，所以对站车对讲设备的音频输出要求很高，一般通过相关技术手段，使通话音质更加清晰。

　　站车对讲设备是保障列车运行安全、提供站车沟通功能的通信设备。站车对讲设备的管理要遵循《铁路通信维护规则》《站车对讲设备管理办法》等相关规定。

　　站车对讲设备的品牌众多。国外的品牌有摩托罗拉、建伍等；国产的品牌有雷曼克斯、好易通、环球通、科立讯、旭辉、北峰、健步、尤利尔、泉盛、迅尔、普星、海云通等。

　　常见的站车对讲设备如图 5-68 所示。

（a）　　　　　　　　　（b）　　　　　　　　　（c）

图 5-68　常见的站车对讲设备

5.3.2　站车对讲设备管理规定

1. 设备管理

（1）铁路电务部门是铁路系统无线电频率归口管理部门，未经许可，任何单位和个人不能私自修改站车对讲设备的频点及相关功能。

（2）站车对讲设备遵循统一归口管理的原则，由铁路局技术信息部门归口管理，列车、车站等单位负责日常使用管理。

（3）站车对讲设备实行定置管理制度，作业完毕后应及时将站车对讲设备归位，严禁随意放置。

（4）各单位根据运用需求，向铁路局提报站车对讲设备的采购或申领计划，按照站车对讲设备的产权性质做好设备的维护和管理工作。

（5）职教部门负责组织开展站车对讲设备使用人员的操作培训工作。

（6）使用单位指定专人负责站车对讲设备的管理，制定保管、使用、交接制度，建立、建全站车对讲设备管理台账。每月对站车对讲设备进行 1 次质量检查。

（7）站车对讲设备出现故障后，应及时送修，发生设备人为损坏或丢失须立即上报设备主管人员，并落实责任人。

2. 设备使用

（1）站车对讲设备使用范围按《铁路技术管理规程》及接发列车车机联控相关规定执行。

（2）使用前按规定提前进行试机。确认站车对讲设备信道为自己所在线别的信道，确认能监听到当前的语音信息。站车对讲设备通信信道选择、固定后，作业人员不能随意调整。

（3）站车对讲设备在使用过程中须严格按照操作说明进行操作。不得用于与行车、安全生产无关的通话。

（4）凡不按规定使用站车对讲设备，造成列车通信系统堵塞，将严肃追究相关人员责任。

由于站车对讲设备品牌、型号众多，且使用方法较为简单，因此，本书对站车对讲设备的具体使用方法不做具体介绍，学生可根据本校实训室或实习单位的站车对讲设备型号进行实地学习。

参 考 文 献

[1] 李飞，梁炜昭. 动车组认知与常用操作[M]. 北京：北京交通大学出版社，2018.

[2] 兰云飞，仝泽柳，石瑛. 高速铁路概论[M]. 北京：北京交通大学出版社，2016.

[3] 裴瑞江. 铁路客运设备设施[M]. 北京：中国铁道出版社，2015.